소논문 작성 가즈아~!!

황정훈 · 김철호 · 유지은 · 박찬흥

도서출판 청람

서 문

인생을 살면서 사람은 누구나 자신이 가야 할 길을 찾는다. 어디로 가야 할지, 어떻게 가면 되는지 끝없이 질문을 던지고, 스스로 결정한다. 여기에 교육은 참조할 지표와 조언을 제공해 왔다. 이렇게 교육은 사람의 삶을 행복하게 만드는 길을 찾는 데 도움이 되는 활동이어야 한다. 그러나 언제부터인지 교육은 학생들을 지식으로 통제하고 관리하는 존재가 되었다. 오늘도 학교에서 선생님들이 학생들에게 교과서 내용을 열심히 설명하고 암기시키고 있으니 말이다. 과연, 지식을 전달하는 것만이 교육일까? 지식을 설명하고 외우게 하면서 우리의 교육현장에는 질문이 없어졌다. 그냥 선생님이 읊어 주는 대로 받아 적고, 밑줄 긋고 외우면 된다. 궁금한 것이 있어도 그냥 참는 훈련을 시키는 것이 교육이 되었는지 모른다.

이러한 교육현장을 의심하면서 이 책을 쓰게 되었다. 학생들이 찾아야 할 인생 목표를 알려주기 위한 것은 아니었다. 학생들에게 목표 지점을 지정해 주기보다, 스스로에게 질문을 던지는 기회를 만들어 주고 싶었다. 그리고 자신의 질문에 답을 찾는 과정을 스스로 해보도록 돕고 싶었다. 그렇다고 내비게이션처럼 매순간 잔소리도 하면서 이끌어 갈 수 있는 것도 아니다. 스스로 감을 잡고, 직접 찾아볼 수 있는 대략적인 지도를 스케치해 주었다.

이 책의 저자들은 대학교수이거나 연구원이다. 평생을 논문 쓰는 직업에 종사하는 사람들이다. 논문을 쓰는 직업이라는 것은 논문을 써서 돈을 벌어 산다는 것이다. 보통 돈을 벌려면, 힘든 일을 하거나 아무나 할 수 없는 어려운 일을 해야 한다. 결국 논문 쓰는 것은 어려운 일이고, 아무나 할 수 없는 일이 된다. 그런데 정말 그럴까? 답을 말하자면, 논문은 연구원이나 교수만 써야 하는 것도 아니고, 어려울 필요도 없다. 왜냐하면 논문이라는 것은 사람이 살면서 궁금한 것이 생기는데, 그것을 해결하는 과정을 글로 옮겨 놓은 것이기 때문이다. 이런 이유에서 논문은 누구나 쓸 수 있는 것이고, 쉬워야 한다. 이와 같이 이 책은 질문을 해결하는 과정을 논문으로 쓰는 방법에 관하여 다루고 있다. 그런데 논문이면 그냥 논문이지 왜 '작은 논문', '소논문(小論文)'이라고 할까? 소논문은 누구라도, 비교적 쉬운 수준에서 적은 분량으로 쓸 수 있다는 뜻이다.

이러한 마음으로 쓴 이 책이 사람들의 호기심에 답하는 과정을 안내함으로써 진정한 교육의 길잡이가 될 수 있기를 바란다. 이 책이 나오기까지 함께 집필해 준 저자들과 편집에 노고를 아끼지 않은 도서출판 청람 이수영 대표님과 편집진께도 깊은 감사를 드린다. 또한 이 책의 주인공으로 이름을 빌려주고, 끝까지 교정을 해준 아들 황건희에게도 고마움을 전한다.

2018년 봄이 오는 문턱에서

대표저자 황정훈

■ 차 례 ■

Chapter 1 소논문이란?

Chapter 2 소논문 쓸 준비하기

Chapter 3 참고문헌 인용하기

Chapter 4 연구방법

Chapter 5 연구주제 정하기

Chapter 6 소논문의 틀 잡기

Chapter 7 연구계획서 작성하기

Chapter 8 선행연구 분석하기

Chapter 9 소논문 쓰기(1) : 문헌연구방법

Chapter 10 소논문 쓰기(2) : 조사연구방법

Chapter 11 소논문 쓰기(3) : 실험연구방법

Chapter 12 소논문 집필하기

Chapter

1 소논문이란?

1절 소논문이란 무엇일까?
2절 왜 소논문을 써야 할까?

자신이 지금 살고 있는 곳에서 독도까지 여행을 가야 한다는 요구를 받았다고 가정해 봅시다. 그러한 요구를 받았다면, 당장 무엇부터 해야 할까요? 어떤 사람은 지도를 살펴볼 것이고, 어떤 사람은 가장 편하고 빠른 교통편을 알아볼 것입니다. 어떤 사람은 일단 짐을 싸려고 할 것이고, 어떤 사람은 누구랑 갈지 진지하게 고민해 볼 것입니다. 일단 출발부터 하고 보는 사람도 있을 수 있겠네요. 하지만 이 모든 것보다 더 중요한 것은 '왜' 여행을 가는지, 이 여행이 나에게 어떠한 의미를 갖는 것인지를 분명히 해야 한다는 것입니다. 이 점을 충분히 생각해 보지 않았다면 그 시간이나 경험을 자신에게 의미 있는 것으로 남기지 못하고 단지 다녀왔다는 사실만 기억하는 경우도 종종 있습니다.

소논문 작성 역시 마찬가지입니다. 공부의 의미를 제대로 깨닫지 못하면 소논문을 쓰기 어렵고, 어떻게든 써내더라도 자신에게 의미 있는 경험으로 만들기 어렵습니다. 공부는 여러 가지 의미가 있습니다. 주어진 정보를 머릿속에 열심히 집어넣는 것만을 공부라고 생각해서는 제대로 된 소논문을 쓰기 어렵습니다. 공부는 세상 사람들이 이미 만들어 놓은 지식을 열심히 머릿속에 집어넣는 것을 포함하지만, 그 이상의 의미가 있습니다. 소논문을 이해한다는 것은, 바로 이 점을 깨닫는 것이기도 합니다.

학습 목표

- 소논문이 무엇인지 말할 수 있다.
- 소논문을 작성해야 하는 이유에 대해 말할 수 있다.

"나더러 소논문을 쓰라고?" 건희는 한숨부터 푹 쉬었습니다. 고등학교에 입학하고 나서부터 본격적으로 열심히 공부하겠다고 다짐했던 건희였습니다. 열심히 하는 친구들이 많아 경쟁심이 불붙기도 했지만, 한편으로는 해야 할 일이 예상보다 많아 당혹스러운 면도 있었습니다. 그래도 꾹꾹 참아가며 대학 입시를 위해 필요하다고 하는 것들을 해오고 있었는데, 게다가 소논문까지 써두면 좋다고 주변 친구들이 다들 나서고 있습니다. 거의 유행 수준입니다.

건희는 마음이 급해졌습니다. 다른 친구들이 다 한다고 하니 일단 건희도 뭔가 그럴듯한 소논문 한 편을 뚝딱 써내고 싶은 생각이 듭니다. 하지만 마음 한 구석엔 단순히 남들이 다 한다고 무턱대고 따라하는 건 아니라는 생각도 듭니다. 유행에 휩쓸리긴 싫지만, 가만히 있자니 불안한 상황입니다.

더군다나, 건희는 자신이 가장 기초적인 것조차 아직 모르고 있다는 점을 깨달았습니다. "근데 소논문이 뭐지? 교수님들이나 연구원들이 쓰는 거 아닌가? 고등학생이 어떻게 소논문을 쓴다는 거야? 일단 국어사전을 찾아봐야겠다."

표준국어대사전을 펼쳐봤더니 '소규모의 논문'이라고만 나와 있습니다. 그래서 건희는 다시 '논문'이라는 단어를 사전에서 찾아봤습니다. 두 가지 뜻이 나옵니다. '1. 어떤 것에 관하여 체계적으로 자기 의견이나 주장을 적은 글', '2. 어떤 문제에 대한 학술적인 연구결과를 체계적으로 적은 글.' 소논문이 무슨 뜻인지 알려고 사전을 펼친 건희는 또 다른 궁금증이 들었습니다. 1번과 2번의 차이는 뭐지? 학술이라는 건 또 무슨 뜻이지? 궁금증은 꼬리에 꼬리를 물고, 아무래도 소논문이 무슨 뜻인지 파악하는 것조차 만만한 일이 아니라는 생각이 듭니다. 왜 저렇게 어려운 말로 써놓은 건지….

1절 소논문이란 무엇일까?

1. 소논문 이해의 첫 걸음: 질문 떠올리기

소논문이 무엇인지 이해하려면 먼저 '논문'이 무엇인지 이해해야 합니다. 학자들이 어려운 말로 써내는 뭔가 그럴듯하거나 대단해 보이는 글 정도로만 생각해서는 안 됩니다. 논문의 본질에 대해 충분히 이해해야 소논문을 쓰면서 겪게 되는 크고 작은 어려움을 잘 헤쳐 나갈 수 있습니다.

세상에는 무수히 많은 지식이 존재합니다. 그리고 지식은 지금 이 순간에도 계속 생겨나고 있습니다. 어떤 사람들이 지식을 만들어 낼까요? 사람들은 지식을 만들어 내기 위해 어떤 방법을 사용할까요?

여러분이 학교에서 배우는 거의 모든 지식은 바로 어떤 '질문'에 대한 '답'입니다. 지식을 체계화시켜 세상 사람들에게 공개한 사람들은 지식을 만들어 내기 전에 공통적으로 스스로에게 일정한 질문을 던졌습니다. 그리고 자신이 스스로 던진 질문에 대해 답을 찾고자 노력했습니다.

질문에 대한 답을 찾는 방법은 무엇이 있을까요? 가장 쉬운 방법은 답을 알고 있는 사람에게 물어보는 것입니다. 답을 알고 있는 사람을 찾기 어렵다면 답이 나와 있는 책이나 다양한 문헌 및 자료들을 살펴보는 것입니다.

그런데 아직까지 아무도 답을 한 적이 없는 질문이라면, 그 답을 찾기 위해 어떻게 해야 할까요? 아무도 그 답을 모른다는 것은, 그 지식이 아직 세상에 존재하지 않는다는 것을 의미합니다. 연구란 바로 아무도 답을 한 적이 없는 질문에 답을 찾는 과정입니다. 만일 어딘가에 답이 있는 질문이라면, 그 답을 잘 찾기만 하면 됩니다. 하지만 아무도 답한 적이 없는 질문에 답을 한다는 건, 곧 새로운 지식을 만들어 내는 의미와 같습니다.

그렇다고 여러분이 쓰는 소논문이 전문적인 연구자들처럼 새로운 지식을 만들어 내야 한다는 이야기는 아닙니다. 다만 새로운 지식을 만들기 위해 학자들이 사용하는 것과 유사한 방식으로 주변의 사물이나 대상을 바라보고, 자신이 다룰 수 있는 흥미 있는 문제를 찾아 나름의 의미 있는 답을 찾아보자는 것입니다.

2. 질문을 떠올리는 것이 중요한 이유

새로운 지식을 찾는 방법은 질문을 하고 그 질문에 적절한 답을 찾는 것이라고 이미 설명하였습니다. 물론 우리의 소논문은 새로운 지식을 만들기 위한 것이 아닙니다. 하지만 일정한 주제에 대해 질문을 던지고, 이에 대한 답을 찾는 과정은 소논문 작성에서도 꼭 필요한 요소입니다. 그렇기 때문에 평소에 질문을 던지고 그에 대한 답을 찾는 훈련이 충분히 되어 있어야 합니다. 이 점을 이해하지 못하면 소논문은 단순히 정보를 수집해 나열하는 수준에 머무릅니다.

하지만 무턱대고 질문을 던지고 그에 대한 답을 구한다고 모두 그럴듯한 연구가 되는 것은 아닙니다. 동일한 대상에 대해 질문을 던지더라도, 질문의 방식에 따라 그에 대한 답의 성격도 달라집니다. 그렇기 때문에 어떤 식으로 질문을 하느냐는 매우 중요한 문제가 됩니다. 예를 들어 반짝이는 커다란 보석이 있다고 가정해 봅시다. 처음에는 다음과 같은 질문을 던질 수 있을 것입니다. "다른 돌과 달리 이 보석은 왜 이렇게 반짝이는 걸까?", "이 보석은 어떤 성분으로 구성되어 있지?", "이 보석이 발견되는 땅은 어떤 특징이 있지?" 이러한 식으로 질문이 이어진다면, 그리고 여기에 대해 보다 타당한 답을 찾기 위해 노력한다면 그 결과물이 모여, 바로 땅에 있는 광물에 대한 지식(지질학)이 됩니다. 학문은 이렇게 탄생하고 정립하여 발전해 갑니다. 하지만 질문의 초점을 조금 다르게 해봅시다. "왜 많은 사람들이 이 보석을 갖고 싶어 할까?", "사람들은 이 보석에 어느 정도의 값어치를 매길까?", "이 보석은 누가 갖고 있는 것이 가장 바람직할까?" 이러한 식으로 질문을 해나가게 되고 여기에 답을 찾고자 하는 과정이 이어지면, 그 결과물은 바로 경제에 대한 지식(경제학)이 되는 것입니다. 동일한 보석을 보고 질문을 품었지만, 질문의 방향이 어떤 식으로 전개되느냐에 따라 하나는 자연과학이 되었고 하나는 사회과학이 되었습니다. 질문을 던지되 어떠한 방향으로 전개해 나가느냐는 이처럼 매우 중요한 의미를 갖습니다.

소논문도 한 편의 글을 쓰는 과정입니다. 글을 쓴다는 것은 글씨 쓰기와는 엄밀

하게 구분해야 하는 개념입니다. 글을 쓰는 것은 글씨를 종이에 적거나 타이핑해 나가는 행위이기도 하지만, 의미를 구성해 가는 행위이기도 합니다. 의미를 구성해 가는 행위를 빼놓고는 글쓰기를 이야기할 수 없습니다. 그리고 소논문을 쓰기 위해 의미를 구성해 가는 행위의 대부분은 질문을 던지고 답을 찾는 과정입니다.

소논문을 작성하는 과정은 먼 길을 가는 여행길에 비유할 수 있습니다. 도착 지점은 보이지 않고, 무작정 걸어간다고 금방 도달할 수 있는 것도 아닙니다. 여러 가지 이동 수단을 이용하기도 하고, 중간에 휴식을 취하거나 음식을 먹어야 하는 상황도 있을 수 있습니다. 계획을 세워 출발하더라도 반드시 계획대로만 이루어지는 경우는 없습니다. 계획에서 벗어난다면 그 순간순간마다 계획을 수정하고 적절하게 대처해야 합니다. 그렇지 않으면 시간이 상당히 지체되거나 비용이 더 들 수도 있습니다. 정말 최악의 경우는 도착하려고 했던 곳에 도착하지 못하는 경우입니다. 이런 상황을 피하려면 여행길 내내 자신이 어디를 향해 가고 있고, 제대로 가고 있는지 끊임없이 점검해야 합니다. 여행이 갖고 있는 이러한 특징은, 소논문을 작성하는 과정과도 매우 유사합니다.

3. 소논문 쓰기는 자기주도적인 과정

소논문을 쓰기 위해서는 많은 과정을 거쳐야 합니다. 각각의 과정은 서로 연결되어 있고, 어떤 과정은 다른 과정의 하위 과정에 속하기도 합니다. 하지만 이 과정은 순서대로 이어지지 않습니다. 예를 들면 소논문의 초고를 거의 완성했다 하더라도 부족한 부분이 발견되면 앞의 과정으로 되돌아가 새로운 자료 찾기를 반복합니다. 이는 비단 고등학생들에게만 있는 일이 아닙니다. 전문적으로 연구하고 학술논문을 쓰는 사람들에게도 동일하게 나타나는 일입니다. 그런데 소논문을 제대로 쓰기 위해서는 이러한 복잡한 과정을 스스로 조절하고 통제할 수 있어야 합니다. 소논문 작성과정 자체가 자기주도적이어야 한다는 말은 바로 이 점을 강조하는 것입니다.

소논문을 쓰는 것은 책상 앞에 앉아서 한 번에 해치울 수 있는 간단한 일이 아닙니다. 실험이나 조사를 모두 성공적으로 마치고 나서 막상 글을 쓰려고 하는데 한참을 고민해도 한 줄도 나가지 못하는 경우도 있습니다. 일단 초고를 완성해 놓고도 마음에 들지 않아 한참을 고치거나 심지어 다시 쓰는 경우도 종종 있습니다. 이러한 어려움은 소논문 쓰기의 본질입니다. 이러한 과정을 거치지 않고 소논문을 쓰는 사람은 없다는 말이기도 합니다. 그렇기 때문에 한 편의 소논문을 완성하기 위해서는 높은 수준의 자기주도성, 혹은 자기조절능력이 필요합니다. 여기에는 소논문을 꼭 완성하겠다는 동기나 의지도 필요하며, 스스로의 소논문 작성과정을 조절하고 점검할 수 있는 능력도 매우 중요합니다.

건희는 처음에는 단순히 '소논문'이라는 단어의 정의를 알고 싶어 했을 뿐입니다. 그리고 고등학생이 소논문을 쓰는 게 정말 가능한지를 알고 싶었습니다. 하지만 일단 소논문의 세계로 문을 열고 들어가자, 본격적으로 소논문을 쓰기 전에 미리 알고 준비해 두어야 할 게 제법 많다는 것을 깨달았습니다. 그리고 자신이 논문이나 소논문에 대해서 오해하고 있었다는 점을 깨달았습니다. 아니, 오해라기보다는 아예 모르고 있었다는 게 더 적합하다는 생각이 들었습니다. 소논문의 개념에 대해 어느 정도 이해를 하고 나니 어떤 자세로 소논문을 써야 할지도 알겠고, 소논문이 무엇을 뜻하는지 어느 정도 알 것 같다는 생각을 했습니다. 하지만 아직도 풀리지 않는 의문이 있습니다. 교수님들이나 연구원들처럼 전문적으로 학술적인 연구를 하는 사람들이 논문을 쓰는 것은 당연한 일입니다. 하지만 고등학생들에게 소논문을 쓰라고 하는 것은, 아무리 공부를 위해서라고 하지만 여전히 이해가 되지 않습니다. 도대체 아직 대학 문턱도 밟아 보지 못한 학생들에게 왜 소논문을 쓰라고 하는 건지 답답하기만 합니다.

2절 왜 소논문을 써야 할까?

1. 소논문의 필요성 : 대학 입시

모든 대학들은 조금이라도 더 우수한 학생을 선발하여 입학시키고자 합니다. 그래서 대학에 지원한 학생들을 다양한 잣대로 평가해서 합격 여부를 결정합니다. 대학 입장에서 보자면 보다 우수한 학생을 선발하고자 하는 건 어찌 보면 당연한 일입니다. 대학 입학을 위한 선발과정은 어쩌면 대학이 여러분에게 다음과 같이 요구하는 것인지도 모릅니다. "학생은 다른 지원자들과 비교했을 때 어떤 점에서 보다 우수한 학생이라고 할 수 있나요? 정말로 그런지 입증해 주겠어요?" 이 질문에 보다 뛰어난 답변을 내놓는 학생에게 입학의 기회를 주는 것이 입시라고 할 수 있습니다. 이를 입증하기 위하여 수능 점수, 학생부, 자기소개서 등등이 일정한 비중을 갖고 활용됩니다. 그리고 여기에는 소논문도 포함될 수 있습니다. 다시 말해, 소논문을 쓴다는 건 다음과 같은 방식으로 질문에 답하는 것이기도 합니다. "저는 이러한 소논문을 쓸 정도로 일정한 주제에 대해 깊이 고민했고 문제를 발견했으며, 다양한 자료를 탐색하고 수집했으며, 복잡한 연구 절차를 거쳤고, 그 결과를 명확하게 정리하였습니다. 그리고 이 모든 과정을 주도적으로 관리해 나갔습니다. 이 소논문은 제가 이 대학에서 요구하는 능력을 갖추고 있다는 것을 보여주는 증거물입니다."

2. 소논문의 필요성 : 보다 제대로 공부하기 위하여

소논문은 왜 써야 할까요? 많은 학생들이 입시에 도움이 되기 때문이라고 합니다. 물론 맞는 말입니다. 그러면 왜 소논문이 입시에 도움이 될까요? 많은 대학이 소논문을 작성해 본 경험이 있는 학생을 보다 우수한 학생이라고 판단하기 때문이겠지요. 그러면 질문을 하나만 더 만들어 봅시다. 왜 많은 대학이 소논문을 작성해 본 경험이 있는 학생들을 우수한 학생들이라고 판단할까요? 바로 여기에 대한 대답이 여러분이 소논문을 써야 하는 또 다른 이유이자, 보다 본질적인 이유입니다. 소논문을 쓴다는 것은 매우 좋은 학습 경험이자, 매우 훌륭한 학습방법이기 때문입니다.

소논문을 쓴다는 것은 그 자체로 공부입니다. 여기서 공부를 한다는 것은 두 가지 의미를 갖습니다. 첫 번째는 소논문을 쓰게 됨으로써 자신이 다루고자 하는 주제를 매우 잘 알게 됩니다. 소논문을 쓰려면 자신이 선정한 주제에 대해 상당한 정도로 잘 알고 있어야 합니다. 만일 잘 알고 있지 못하다면, 먼저 관련 주제에 대해 잘 아는 상태로 만들어야 합니다. 바로 다른 이들이 쓴 책이나 논문들을 찾아 열심히 읽고 이해해야 하는 것이지요. 소논문을 쓰기 위해서는 관련 내용을 풍부하게 찾아 읽고 자신의 것으로 만들어야 합니다. 즉 소논문을 쓰는 것 그 자체로 공부가 됩니다.

소논문을 쓰는 것이 곧 공부라는 두 번째 의미는, 소논문을 쓰게 됨으로써 일정한 주제에 깊이 있게 생각하는 방법을 배울 수 있습니다. 앞서 첫 번째에서 말하는 공부가 무엇인가를 아는 것이라면, 여기서 말하는 것은 무엇인가를 할 줄 아는 공부입니다. 무엇인가를 할 줄 안다는 것은 무엇인가를 아는 것과는 상당한 차이가 있습니다.

비유를 들어보겠습니다. 자전거를 못 타는 사람이 이제 막 자전거를 배우는 상황을 가정해 봅시다. 자전거를 잘 탈 줄 아는 사람이 자전거 타는 방법을 아주 자세하게 글로 써서 주었습니다. 이제 막 자전거를 배우는 사람은 그 글을 아주 열심히 공부해서, 자전거 타는 방법에 대한 글을 술술 외울 정도가 되었다고 해봅시다. 이 사람은 자전거를 잘 탈 수 있게 될까요? 그렇지 않을 것입니다. 자전거를 제대로 타기 위해서는 올라타서 출발하기까지의 절차와 같은 지식을 어느 정도 알아야 하지만, 실제로 자전거를 타고 넘어져 보거나 기우뚱거리면서 체험을 해보아야 합니다. 실제로 해보지 않고서는 자전거 타기를 배울 수 없습니다. 바로 이 점이 무엇인가를 할 줄 안다는 것과 무엇인가를 아는 것의 결정적인 차이입니다.

소논문을 써 보았다는 것은 실제로 체험해 보지 않고서는 도저히 배울 수 없는 경험의 의미가 있습니다. 그것은 바로 어떤 주제에 대해 깊이 있게 생각할 줄 안다는 것입니다. 따라서 대학은 소논문을 작성해 본 경험이 있는 학생들은 일정한 주제에 대해 깊이 있게 생각'할 줄 알'고, 그것을 정련된 언어로 표현'할 줄 아'는 학생이라고 판단합니다. 소논문 작성이 곧 공부라는 이 두 번째 의미는 1절에서 말한 공부의 본질에 보다 밀접하게 관련이 있습니다.

학 | 습 | 활 | 동

1. 질문 만들기 연습

▶ 활동 안내

거의 모든 학술적인 내용은 어떠한 질문에 대한 답입니다. 그렇기 때문에 공부를 할 때, "이 내용은 어떤 질문에 대한 답일까?"를 고민해 보면 보다 논리적이고 체계적으로 공부할 내용을 파악할 수 있습니다. 다음의 절차와 예시를 보고 질문을 만들어 내는 방법에 대해 연습해 봅시다.

▶ 절차

1단계: 자신이 공부하고 있는 교재 중 한 가지를 택해 학습 내용의 제목을 확인한다.
2단계: 학습 내용에서 가장 중요하게 다루고 있는 핵심어를 찾는다.
3단계: 6하 원칙에 해당하는 요소들 중 한 가지를 고르고, 핵심어나 학습 내용의 주요 개념을 선정해 두 가지가 모두 포함되는 질문을 만들어 본다.
4단계: 가장 적합한 질문을 찾는다.

▶ 예시

학습 내용의 제목	만들어 낼 수 있는 질문의 예
소논문의 개념	소논문이란 무엇인가?
소논문의 필요성	소논문은 왜 써야 하는가?
소논문 작성방법	소논문은 어떻게 작성할 수 있는가?
소논문 활용방법	소논문은 어떻게 활용할 수 있는가?

▶ 활동

학습 내용의 제목	만들어 낼 수 있는 질문의 예

학 | 습 | 활 | 동

2. 질문과 답 찾기 연습

▶ 활동 안내

본격적으로 소논문을 쓰기 전에, 질문을 던지고 답을 찾는 과정에 익숙해질 필요가 있습니다. 다음의 절차와 예시를 보고 스스로 질문을 던지고 답을 찾는 과정이란 무엇인지 연습해 봅시다.

▶ 절차

1단계: 자신이 관심을 갖고 있는 대상을 떠올려 본다.
2단계: 1단계에서 떠올린 대상과 6하 원칙 중 한 가지를 결합하여 질문을 만들어 본다.
3단계: 질문에 대한 답을 스스로 떠올려 본다. 아무리 궁리해도 잘 떠오르지 않으면 다른 자료를 찾아보거나 검색을 통해서 확인한다.
4단계: 찾아낸 답 중에서 중요하다고 생각하는 단어를 선정한다.
5단계: 4단계에서 선정한 단어에, 다시 6하 원칙 중 한 가지를 결합하여 질문을 던져 본다.
6단계: 3단계로 돌아간다. (이하 반복)

▶ 예시

1단계: 관심을 갖고 있는 대상 "교육"
2단계: 만들어 낸 질문 "교육이란 무엇인가?"
3단계: 위의 질문에 대해 떠올려 본 답 "사람에게 무엇인가를 가르치는 행위"
4단계: 찾아낸 답 중 중요하다고 생각하는 단어 "가르치다"
5단계: 만들어 낸 질문 "어떻게 하면 잘 가르칠 수 있는가?"
6단계: 떠올려 본 답 "알려주기 전에 먼저 호기심을 유발시켜 준다."

※ 아래 빈 칸에 관심이 있는 대상을 찾아 단계별로 답을 찾아보세요.

▶ 활동

1단계:
2단계:
3단계:
4단계:
5단계:
6단계:

마무리

이 장에서는 소논문이 무엇인지, 왜 필요한지에 대해 살펴보았습니다. 소논문은 논문의 하위 유형으로, 적절한 질문을 던지고 그에 대한 답을 스스로 찾는 과정을 일정한 방법에 따라 정리한 것이라고 할 수 있습니다. 이러한 과정은 인류가 지식을 만들어 온 과정과 크게 다르지 않습니다. 중요한 점은 소논문을 쓰는 사람이 주체적으로 이러한 과정을 관리하고 점검하며 조절해 나갑니다. 이러한 연습을 통해 한 단계 높은 수준의 공부를 경험하게 됩니다. 이 책을 읽는 여러분은 아마도 대부분 당장 대학 입시에서 보다 유리한 위치에 서기 위해 소논문에 관심을 갖게 되었을 것입니다. 하지만 한 걸음만 더 들어가면 제대로 된 공부를 하기 위한 방편이 소논문이라는 점을 깨닫게 됩니다. 공부를 하면서 희열을 느꼈다는 여러 선학(先學)들의 고백을 여러분들도 체험할 수 있기를 바랍니다.

Chapter

2 소논문 쓸 준비하기

소논문을 쉽게 쓰는 사람은 아무도 없습니다. 소논문을 처음 쓰려고 시도하는 사람이라면 대부분 마음속에 크고 작은 부담을 안게 됩니다. 괜찮은 소논문을 써서 인정받고 싶은 마음은 누구나 비슷하겠지만, 그 방법이 간단하지 않고 때로는 분명하지 않기 때문입니다. 또한 어떤 이들은 연구를 하는 것보다 논문을 쓰는 것이 훨씬 어렵다는 이야기를 하기도 합니다. 일정한 주제에 대해서 골똘히 생각해 자신만의 생각을 펼쳐나가는 것은 즐거운 일이지만, 그걸 논문이라는 형식으로 풀어나가는 데에는 별도의 노력이 필요하기 때문입니다. 소논문을 써본 선배들 이야기를 들어 보면 어렵고 복잡할 뿐만 아니라 오랜 시간을 들여야 하고 꼼꼼하게 자료를 분석하고, 관련 자료를 인용하는 것도 필요하다는 이야기를 쉽게 접할 수 있습니다. 여러 과목 숙제와 공부도 많은데 이런 걸 어떻게 다 할 수 있을까요?

하지만 분명한 건 많은 이들이 성공적으로 소논문을 작성해 낸다는 것입니다. 많은 이들이 성공적으로 해냈다면, 여러분도 충분히 할 수 있습니다. 이 장에서는 성공적으로 소논문을 작성하기 위해 어떠한 준비가 필요한지에 대해 다루어 보고자 합니다. 소논문을 성공적으로 쓰기 위해서는 여러 가지 준비가 필요한데 이 장의 내용을 통해 자신이 소논문을 작성하는 데에 필요한 요소들을 얼마나 준비해 두었는지 점검해 보는 기회가 되기를 바랍니다.

학습 목표

- 소논문을 쓰기 위한 연구자의 마음가짐 및 태도를 이해할 수 있다.
- 소논문을 쓰기 위한 최적의 환경을 만들 수 있다.
- 소논문을 쓰기 위한 자료를 다양한 방법으로 찾을 수 있다.

건희는 왜 논문 생각만 하면 머리가 아플까요?

① 논문이 어렵다구요? 수학처럼 공식대로만 하면 됩니다~ 끝!

② 논문은 완벽해야 된다구요? 세상에 완벽한 것은 없어요. 효율적이면 됩니다~ 끝!

③ 글쓰기 공포증이 있다구요? 카톡으로 친구를 불러낼 수 있으면 됩니다~ 끝!

④ 숫자 공포증이 있다구요? 배달된 중국 음식값을 계산할 수 있으면 됩니다~ 끝!

논문을 쓰기 위해서 건희는 어떤 마음과 태도를 가져야 할까요?

1절 연구자의 마음가짐과 태도

일반적으로 논문을 쓰기 위해서는 많은 것을 알고, 논리를 정교하게 세워야 한다고 생각합니다. 즉 논문은 어떤 주제에 대한 완벽한 글이기 때문에 함부로 쓰기도 어렵고 읽기도 어렵다고 생각합니다. 이 때문에 논문은 공부를 많이 한 사람들이 쓰는 특별한 것이라고 여깁니다. 하지만 논문을 쓰는 것은 사람이 하는 일입니다. 따라서 아무리 지적 수준이 높은 사람이라도 논문을 쓰는 동안 많은 스트레스를 받게 되고, 마음 고생을 합니다. 그러므로 연구자의 감정을 잘 다스리는 게 매우 중요합니다.

1. 논문에 우선순위 두기 : 집중과 열정

논문을 쓰는 일은 지적인 활동이 중심이 되므로 집중이 필요합니다. 그러므로 연구자의 노력을 여러 가지 일에 분산시키지 말아야 합니다. 우선순위를 논문에 두어야 합니다. 어떤 문제를 해결하고자 한다면 다른 무엇보다도 그 문제에 많은 시간을 할애해야 합니다. 대부분의 경우 문제해결은 재능에 의존한다기보다는 오랜 시간의 '숙고'로 이루어지는데, 이때 열정은 하나의 문제를 해결할 때까지 연구자가 오랜 시간을 집중할 수 있게 하는 힘이 되어 줍니다.

2. 스트레스 다스리기

1) 어렵다는 스트레스 날리기

논문을 쓴다는 것은 교수, 연구원, 선생님들에게도 어렵습니다. 논문을 처음 쓰는 사람들은 더 어렵고 힘들게 느껴질 수 있습니다. 따라서 논문을 쓰는 일은 원래 어렵고 힘든 것이 당연하다고 생각하면 오히려 마음이 가벼워질 것입니다.

2) 자신의 한계에 도달하는 스트레스 날리기

논문을 쓰다 보면, 연구자들은 누구나 자신의 한계에 부딪히게 됩니다. 이럴 때마다 자신에게 비판적인 질문을 던지며 스트레스를 받게 됩니다. "나의 연구주제가 좋은가?", "연구방법은 올바른 것인가?", "논문을 끝까지 쓸 수 있을까?" 힘들 때마다 부정적인 의문이 꼬리를 잇게 됩니다. 논문을 쓰면서 이런 어려움을 겪지 않는 사람은 아무도 없습니다. 이런 어려움이 느껴지면, 논문을 정상적인 과정으로 쓰고 있다고 생각하면 됩니다.

3) 다른 사람과 비교하는 스트레스에서 벗어나기

많은 연구자들은 논문을 잘 쓰다가도 갑자기 한 글자도 쓰기 어려워지는 경우를 만날 수도 있습니다. 남들과 논문 쓰는 속도를 비교하면서 불안해하기도 합니다. 가장 심각한 문제는 논문을 한참 쓰다가 논문의 주제를 바꿔야 하는 상황이 발생하기도 한다는 점입니다. 다른 사람과 이야기를 하거나 비교를 하면서 이런 마음은 불안으로 바뀌고 스트레스는 커집니다. 하지만 이럴 때 낙담하거나 스트레스를 받을 필요는 없습니다. 모든 논문은 연구자의 처음 의도대로 진행되지 않고, 끊임없이 수정을 거치기 때문입니다. 만일 매우 잘 썼다는 생각이 드는 소논문을 보았다면 그 소논문은 틀림없이 매우 많은 수정을 거친 것이라는 점을 명심하기 바랍니다.

3. 완성도에 대한 욕심 내려놓기

논문을 쓸 때 꼭 내려놓아야 할 욕심이 있습니다. 논문을 잘 쓰려고 하는 욕심입니다. 열정과 욕심은 다른 것입니다. 글을 쓰는 과정에서 내용적으로 미진한 부분이 있더라도 우선 전체적인 틀을 완성하고 난 뒤 그 내용을 계속 보충해 나가야 합니다. 처음부터 완성도가 높은 글을 기대하여 초기단계에서 연구자가 지나치게 욕심을 가지게 되면 앞부분에만 매달리게 되어 논문이 진행되지 않고, 결국 마감일이 가까워지면 논문을 제출하지 못하게 됩니다. 일단 시작한 논문이라면 중간에서 포기하지 말고 반드시 완성시켜야 합니다. 연구자가 때로 자신이 기대했던 수준에 미치지 못한다고 하여 논문을 쓰다가 그만두고 싶은 경우가 생기는데, 조금 더 시간을 들이더라도 논문을 마무리 지어야 합니다. 다른 이들에게 인정받는다는 공식적 보상 외에도, 논문을 완성하기까지 연구자가 내면적으로 성장하는 기회를 열매로 맺어야 하기 때문입니다.

건희가 논문을 쓰기 위해서 해야 할 일이 무엇일까요?

① 논문 쓸 시간이 없다구요? 학교 시간표에 논문 쓰기 시간을 넣으면 됩니다~ 끝!
② 논문 쓸 장소가 없다구요? 학교 시간표로 정해진 활동에는 공간도 따라옵니다~ 끝!
③ 논문이 낯설다구요? 논문 설명회나 논문 쓰는 사람들을 만나 보면 됩니다~ 끝!

논문을 쓰기 위해서 건희는 무엇부터 시작하면 좋을까요?

2절 논문을 쓰기 위한 환경조성

1. 시간 확보하기

연구 초심자들이 논문을 쓰기 어려운 현실적인 이유는 시간과 장소를 구체적으로 정할 수 없기 때문입니다. 누구나 논문보다 더 급하고 중요한 일이 많습니다. 특히 학생들에게는 학원, 학교 과제, 가족 모임, 동아리 모임 등등…. 언제나 논문 쓰기를 방해하는 일들이 많습니다. 이런 중요한 일 때문에 논문 쓰기는 항상 우선순위에서 밀리게 됩니다. 논문 쓰기는 긴 호흡이 필요한 과정이기 때문에 확실히 구체적인 계획 없이는 제출 마감 시간에 벼락치기를 하게 되거나 포기하기 쉽습니다.

학교에서 소논문을 쓰기 위한 물리적 시간을 확보하는 방법은 두 가지입니다. 첫째는 정규 시간에 활동 시간을 반영하는 방법이고, 둘째는 방과 후 수업이나 동아리 형태의 모임을 구성하는 것입니다. 정규 시간에 소논문 쓰기 시간을 반영하는 것은 창의재량 및 체험활동 또는 자율적 동아리활동 시간을 활용하는 것입니다. 방과 후 수업 및 자율적 동아리활동은 참여자 간 합의를 통하여 시간과 공간을 확보하는 방법입니다. 학교에 등록을 신청하고 운영되는 동아리활동을 하면서, 안정된 팀을 만들고 방과 후 수업을 병행하는 것이 가장 이상적입니다. 학교마다 자율동아리 운영 계획서, 창의적 체험활동 일지, 활동 종합 결과물 보고서를 제출해야 하는 등 동아리를 구성하고 등록하는 과정이 다릅니다. 선생님께 구체적으로 문의하여 소논문을 쓰기 위한 자율 동아리를 구성해 보아야 합니다.

이런 방법의 장점은 생활기록부에 자신의 동아리활동 내용을 자세히 기록할 수 있습니다. 뿐만 아니라 방과 후 수업을 통해 논문을 쓸 수 있는 시간을 확보하고 선생님의 지도를 지속적으로 받을 수 있습니다. 결국 방과 후 수업을 통해 선생님의 이론 수업과 첨삭 지도를 받고, 동아리 시간에는 팀별 발표와 토론 등을 하면 시간 확보에 효율적입니다.

2. 공간 확보하기

논문을 쓰는 장소 중 추천을 하라고 한다면, 학교에서 컴퓨터를 자유롭게 사용할 수 있는 공간을 추천하고 싶습니다. 학교마다 컴퓨터 실습실이 있지만, 컴퓨터를 활용한 수업과 겹치기도 하고, 보안을 위해서 사용을 엄격히 제한하는 학교가 많습니다. 즉 학생들이 시간제한 없이 학교의 컴퓨터실을 빌려 쓰기가 힘든 상황입니다. 앞서 제시한 대로 창의재량 및 체험활동 또는 자율적 동아리활동 시간을 시간표상에 반영하거나, 방과 후 수업을 통해 시간을 확보할 수 있다면, 컴퓨터실 사용은 합법적으로 허용됩니다. 만일 이러한 방법이 허용되지 않는 상황이라면, 노트북을 확보하여 교실 및 도서관 등에서 논문을 쓸 수도 있습니다. 논문을 쓸 공간은 시간과 함께 고려해야 합니다.

3. 소논문과 친해지기

소논문 쓰기를 처음 시도하는 경우라면, 소논문 쓰기와 관련된 이해 수준을 넓혀야 합니다. 선배나 선생님 또는 교수님들을 만나 소논문 쓰기에 대한 의견을 들어볼 수도 있습니다. 막연하게 소논문에 대한 걱정으로 시간을 보내기보다는 다양한 사람을 만나 상담도 해보고, 소논문 관련 설명회 등에 참여하는 것이 큰 도움이 됩니다. 소논문과 관련된 다양한 정보나 상식들이 소논문에 대한 친밀감을 높여 줄 것입니다.

논문을 써보려 하지만, 왜 이렇게 막막하기만 할까요?

① 아는 게 없는데, 어떻게 하죠? 한 번도 가본 적이 없는 곳도 내비게이션만 있으면~ 끝!

② 어떻게 자료를 찾나요 ? 내비게이션을 따라 가듯, 직접 따라만 해보면~ 끝!

건희는 논문을 쓰는 데 필요한 자료를 어떻게 찾을 수 있나요?

3절 논문에 필요한 자료 찾기

논문 쓰는 것이 힘들고 어려운 이유는 관련 자료가 있는지 없는지에 달려 있습니다. 참고할 자료가 충분하다면, 논문을 위한 준비가 잘된 것이고, 참고할 자료가 없다면 논문을 위한 준비가 잘되지 않은 것입니다. 자료를 찾는 일은 대단히 중요해서 누가 좋은 자료를 빨리 찾아서 정확하게 읽느냐가 좋은 소논문을 쓰는 데에 상당히 큰 영향을 미칩니다. 이러한 자료들을 선행연구라고 합니다. 즉 소논문 쓰기를 시작하려면 선행연구물을 찾고 내용을 파악해야 합니다. 따라서 선행연구물을 자유롭게 찾고 읽을 수 있는 방법을 확인하고, 익숙하게 사용할 수 있도록 숙달해 두어야 합니다.

참고 자료는 크게 두 가지로 나눌 수 있는데, 하나는 단행본으로 출판된 책이고, 다른 하나는 개별 논문으로 된 것입니다. 단행본으로 출판된 책이라도 시중에서 판매되는 것과 시중에서는 판매하지 않고 도서관에서만 볼 수 있는 학위논문을 포함한다고 할 수 있습니다. 지금부터 이 두 부분을 나누어서 자료를 찾는 방법을 설명하도록 하겠습니다.

우선 단행본 자료를 찾을 경우는 도서관에 가서 찾는 경우가 가장 기본입니다. 그런데 이때 무작정 도서관으로 가지 말고 먼저 컴퓨터로 검색해 보는 것이 필요합니다. 요즘은 인터넷이 잘되어 있기 때문에 도서관에 가기 전에 가고자 하는 도서관 홈페이지에서 자신이 찾고자 하는 주제에 맞는 책들이 얼마나 있는지를 검색하고 분류번호를 인쇄해서 가지고 가는 것이 자료 찾는 데 드는 시간을 절약하는 방법입니다.

서울의 경우는 국회도서관과 국립중앙도서관이 가장 좋을 것이고 지방의 경우는 대학도서관이나 도립도서관 또는 시립도서관이 적절합니다. 모든 도서관이 인터넷으로 연결되어 있어서 목록 열람을 할 수 있도록 해놓았기 때문에 검색하는 일은 어려운 일이 아닙니다. 이렇게 해서 자신이 필요로 하는 자료가 그 도서관에 있는지 확인되면 이제 직접 도서관으로 가서 자료를 빌려서 읽거나 복사를 합니다.

도서관 홈페이지를 검색하기가 불편하다면 서점의 홈페이지를 이용하는 것도 괜찮은 방법입니다. 교보문고는 우리나라에서 가장 큰 서점이고 정리도 잘되어 있는 편인데, 홈페이지에 들어가면 교보문고에 있는 책을 검색해 볼 수 있습니다. 그 외에 종로서적이나 영풍문고 등도 이용할 수 있습니다. 그렇기 때문에 큰 서점의 홈페이지를 이용하여 자료를 검색하여 기초적인 지식을 갖는 것이 중요합니다.

그런데 대학에서 작성된 석사나 박사 학위논문은 서점에는 없습니다. 따라서 학위논문을 찾을 때는 대학들의 학위논문을 모아 놓은 국회도서관이나 국립중앙도서관 또는 지역 대학교의 도서관을 이용하는 것이 좋습니다. 자신이 필요로 하는 논문이 있는 것을 확인하면 국회나 중앙도서관의 경우 복사해서 우송해 주는 곳이 있기 때문에 요청을 하면 됩니다. 그러니 지방에 있는 사람들도 큰 어려움 없이 자료를 구할 수 있습니다. 만약 필요로 하는 논문이 자신이 있는 지방의 대학에서 나온 것이라면 그곳을 찾아가서 구해 보는 것도 한 방법입니다.

컴퓨터가 지금처럼 발달하지 못했을 때는 목록집을 찾아서 책을 확인하거나 직접 서점을 찾아가야 했습니다. 하지만 지금은 컴퓨터를 통해서 상당히 자세한 정보를 얻을 수 있기 때문에 시간 절약과 힘의 절약이 많이 되는 편입니다. '홍길동전'에 나타난 인물의 특징에 대해 살펴보아야 하는 상황을 예로 들어 보겠습니다. 먼저 도서관이나 서점 등의 홈페이지에 들어가서 '홍길동전'이란 단어로 검색을 시작합니다. 그러면 '홍길동전'이란 제목으로 된 단행본이나 학위논문의 목록이 화면에 나타날 것입니다. 그러면 자신이 필요하다고 판단되는 자료들에 대해서 상세 검색을 누르면 그 자료가 어떤 것인지를 비교적 자세하게 설명한 화면이 등장합니다. 이것을 참고로 하여 자료를 찾으면 됩니다. 그런데 여기서 주의해야 할 점은 '홍길동전'에 나타난 인물 특징에 대한 것이라고 하여 '홍길동전'이란 단어만으로 검색을 해보아서는 안 된다는 것입니다. 즉, 인물의 특성에 대한 것도 찾아볼 필요가 있는데, 예를 들면 선인형, 악인형 등에 대한 것이나 서사문학의 인물에 대한 연구 같은 관련이 있는 단어들을 입력해 보아서 관련이 있는 전체 자료를 모두 검색해 보는 것이 중요합니다. 이런 정도의 사전 지식을 가지고 도서관이나 서점에 가면 짧은 시간 내에 좋은 결과를 얻을 수 있을 것입니다.

다음은 소논문을 찾는 방법에 대한 설명입니다. 소논문을 쓸 때에는 자신이 필요로 하는 논문이 들어 있는 정기간행물이나 논문집을 찾아서 복사하거나 읽어 보아야 합니다. 당연히 이 작업을 수행하기 위해서는 어디에 무슨 내용의 논문이 있는지를 아는 것이 중요합니다. 자신이 필요로 하는 것에 맞는 소논문이 어디에 있을 것인가를 확인할 수 있는 방법은 위에서 설명한 방법을 활용하면 되겠습니다. 다만 도서관 홈페이지에 들어가면 단행본이나 학위논문 부분이 아닌 정기간행물 쪽을 선택해서 자료를 찾는 것이 보다 도움이 됩니다. 정기간행물을 선택한 다음 자신이 필요로 하는 주제에 가장 중심이라고 할 수 있는 단어부터 입력을 하여 검색을 시작합니다. 예를 들면 '4차 산업혁명과 미래교육에 관한 연구'를 찾는 경우를 봅시다. 먼저, '4차 산업혁명'을 핵심단어로 입력해서 검색된 논문 목록을 확인합니다. 그렇게 하면 '4차 산업혁명'과 관련이 있는 논문들이 많이 검색될 것입니다. 검색된 논문 중에서 제목을 보고 자신에게 필요한 것인지 판단합니다. 그런데 '4차 산업혁명'에 대해 살펴보는 것이 중요하지만, '미래교육'에 대한 내용도 필요하기 때문에 '미래교육'에 대한 것도 찾아보는 방식으로 검색의 범위를 확장할 필요가 있습니다. 그리고 4차 산업혁명과 미래교육에 대한 내용이 함께 관련된 내용의 논문도 찾아볼 필요가 있습니다. 이렇게 하면 자신이 필요로 하는 목록들이 대강 정리되어 화면에 나타나고 그것을 인쇄하면 좋은 자료 모음이 될 수 있습니다. 이렇게 하여 자신이 필요로 하는 논문의 목록을 확인하였다면, 그 논문의 본문을 구체적으로 어디에서 볼 수 있는지 다시 확인해야 합니다. 4차 산업혁명과 미래교육에 대한 연구논문이 '교육학연구'라는 정기간행물에 실려 있다고 나오면 그 정기간행물의 서지사항을 자세히 기록해 둡니다. 몇 년도에 어디에서 누가 출간한 것인가를 확인하는 것입니다. 도서관에서 정기간행물을 찾기 위해서는 반드시 이 서지사항이 있어야 합니다. 또한 자신이 소논문에서 각주로 처리할 때 이 점을 분명히 밝혀 두어야 하기 때문입니다(이와 관련된 내용은 3장, 7장, 8장에서도 중요하게 다루는 내용입니다). 물론 프린터로 인쇄해 두어도 좋겠습니다.

이렇게 해서 자신이 필요로 하는 논문이 어디에 실려 있는지를 확인했다면 그 다음으로는 그 정기간행물이 과연 어느 도서관에 있는가를 다시 확인해야 합니다. 이를 확인하는 방법은 위에서 설명한 방법과 마찬가지로 도서관을 뒤져서 찾아내야 합니다. 정기간행물은 최근 것만 큰 서점에 있고, 나머지는 없기 때문에 소논문을 찾을 경우는 거의 대부분의 경우 도서관을 이용하게 됩니다. 무슨 간행물 몇 호에 자신이 찾는 논문이 있는가를 확인하면 그 책을 빌려서 읽어 보고 필요하다면 복사를 하면 됩니다.

자신이 필요로 하는 자료는 될 수 있으면 복사를 해두는 것이 좋습니다. 왜냐하면 나중에 글을 쓸 때 참고문헌이나 각주로 달아야 하는데, 이때 서지사항과 페이지를 알지 못할 경우가 있기 때문입니다. 논문의 내용을 한 번에 다 외워버리지 않는 한, 복사를 해두는 것이 좋습니다. 이렇게 하여 자료를 수집하면 소논문을 쓸 때 많은 자료를 빠른 시간 안에 모아서 이용할 수 있습니다.

논문 자료 검색 홈페이지 안내

홈페이지 이름	홈페이지 주소	특징
국가전자도서관	www.dlibrary.go.kr	국립중앙도서관/국회도서관/법원도서관/한국과학기술원도서관/한국과학기술정보연구원/한국교육학술정보원/농촌진흥청 농업과학도서관/국방전자도서관 등 8개 공공기관에서 제공하는 단행본, 간행물, 학위논문 등을 검색가능하다(무료도 있지만, 유료 자료는 도서관에 직접 방문해야 한다).
디피비아	www.dbpia.co.kr	유료이며 상세 검색은 키워드에 따라 최대 7개까지 가능하다. 검색 조건을 분야에 따라 지정가능하고, 영어 외에도 불어, 중국어로 작성된 논문도 검색할 수 있다. 국내 최대 민간학술 데이터로 학생들이 주로 사용한다.
구글 학술 검색	scholar.google.co.kr	학술논문, 단행본, 초록이나 자료 등을 검색할 수 있으며 정부기관이나 연구소의 무료 원문 검색도 가능하지만 유료 자료도 포함하고 있다.
네이버 전문정보	academic.naver.com	논문, 국가 기록물, 통계, 리포트나 각종 서식도 제공하며 초록을 볼 수 있다. 유·무료 자료를 포함하여 원문을 열람할 수 있는 사이트나 도서관을 알려준다.
카인즈	www.bigkinds.or.kr	국내 최대의 뉴스 전문 검색사이트로 한국 언론계가 공동으로 참여해 만든 한국언론진흥재단의 정보제공서비스이다.
JSTOR	www.jstor.org	다양한 분야의 해외 저널이나 학술 자료를 검색가능하고, 한국어를 비롯한 다양한 언어로 제공된다.
특허정보넷 키프리스	www.kipris.or.kr	특허청에서 제공하는 특허 및 실용신안, 디자인, 상표나 해외 특허 등 다양한 자료를 검색할 수 있으며, 특허정보 검색을 효율적으로 사용할 수 있도록 검색 팁이나 노하우를 설명한다.
RISS	www.riss.kr	학술연구정보서비스, 전국 대학도서관 및 주요 도서관의 소장자료, 학위논문 등의 원문을 검색 가능하다.
NDSL(국가과학기술정보센터)	www.ndsl.kr	과학 기술 분야의 논문 검색서비스를 제공한다.
KOSIS(국가통계포털)	kosis.kr	국내, 국제, 북한의 통계 등 통계청이 제공하는 통계정보서비스이다.
법제처 국가법령정보센터	www.law.go.kr	법제처에서 운영하고 있으며, 우리나라의 법률정보를 제공한다.

학 | 습 | 활 | 동

자료(선행연구) 찾기 연습

1 상황 : '낮잠(午睡)이 학습효과에 미치는 영향'를 주제로 논문을 쓴다면, 어떤 선행연구를 찾아야 할까요?

2 선행연구를 찾기 위해 필요한 핵심 키워드를 적어 보세요.

키워드 순위	1	2	3
내용(단어)			

3 단행본 자료를 찾아보세요.

순	저자	출판 연도	제목	출판사
1				
2				
3				

4 논문을 찾아보세요.

〈학위논문〉

순	저자	출판 연도	논문 제목	학위 수준	대학명
1					
2					
3					

〈학술논문〉

순	저자	출판 연도	논문 제목	학회지명	권(호)	페이지
1						
2						
3						

학 | 습 | 활 | 동

5 신문(뉴스) 자료를 찾아보세요.

순	기자명	날짜	기사제목	신문사명	페이지/사이트
1					
2					
3					

6 인터넷 자료를 찾아보세요.

순	저자	출판연도	자료제목	웹사이트명	검색날짜	페이지
1						
2						
3						

마무리

이 장에서는 소논문을 쓰기 위해서 연구자가 가져야 할 마음가짐과 태도에 대해 살펴보았습니다. 또한 논문을 쓰는 데 필요한 여건을 조성하는 방법에 대해서 검토해 보고, 실제로 관련 자료를 탐색하는 방법을 숙달해 보도록 했습니다.

누구든 논문에 대한 부담감은 있습니다. 실제로 논문을 써보면 쉬운 일이 결코 아니기 때문입니다. 따라서 두려움과 스트레스를 가질 필요는 없습니다. 어렵고 힘든 게 당연하다고 생각하는 편이 마음을 가볍게 해줄 수도 있습니다. 획기적이고 학술적 가치가 높은 논문을 쓰겠다는 생각보다 자신이 말하고 싶은 내용을 솔직하게 표현해 보겠다는 마음이 필요합니다. 즉 완벽한 논문보다 자신의 주장을 효과적으로 표현해 보는 것을 목표로 삼는 것이 논문 쓰기에 대한 부담을 덜어 줄 것입니다.

Chapter

3 참고문헌 인용하기

1절 저작권과 표절은 다르다
2절 문헌정보 인용방법 세 가지
3절 주석과 참고문헌은 '실과 바늘'
4절 연구일지는 소논문의 튼튼한 밑거름

TV 뉴스에서 차기 OOO장관 내정자 석사학위논문 표절 의혹, 천재소년 OOO 논문 표절 의혹, 유명 올림픽 영웅 OOO 논문 표절, 공립대 교수의 논문 표절이란 소식을 한두 번은 들어 봤을 겁니다. 이들은 촉망받는 장관 내정자의 위치에서, 스포츠계의 국민영웅에서, 또는 청소년들의 희망에서 한순간에 나락으로 떨어진 사람들입니다. 왜일까요? 이들이 대학에서 졸업논문 또는 대학원에서의 석·박사 학위논문을 쓰는 과정에서 적절한 인용을 하지 않고 다른 사람의 문헌을 복제한 결과로 빚어진 결과입니다. 이는 표절에 해당합니다. 이 문제로 지금까지 쌓아 왔던 명성을 한순간에 잃어버리는 비참한 결과를 맞이할 수도 있습니다. 때로는 다니던 직장에서 파면되기도 하고, 징계를 받기도 합니다. 그럼에도 불구하고 아직도 다른 사람의 창작물을 자신이 쓴 글처럼 포장하여, 표절문제로 곤혹을 치르는 일이 일어나고 있습니다.

표절이란 출처를 밝히지 않고, 다른 사람이 쓴 글을 직접 베끼거나 유사하게 모방하면서, 자신이 직접 쓴 것처럼 공표하는 행위입니다. 하지만 많은 사람들이 인용과 표절의 경계를 정확히 모르고 논문을 쓰기도 합니다. 그러므로 논문을 쓰기 전에 저작권과 표절을 정확히 이해하는 것이 필요합니다. 이를 통하여 효과적인 참고문헌의 인용뿐만 아니라, 표절에서 벗어난 윤리적인 연구를 할 수 있습니다.

학습 목표

- 저작권과 표절의 개념을 이해하고 윤리적인 글쓰기를 할 수 있다.
- 참고문헌 인용방법을 이해하고 이를 활용할 수 있다.

건희는 소논문의 주제를 탐색하는 과정에서 많은 선행연구를 살펴볼 수 있었습니다. 그 과정에서 나름대로 중요하다고 생각되는 논문의 제목, 저자 등을 기록해 두었습니다. 그러다 며칠이 지난 후에 참고한 문헌을 다시 봐야 할 일이 생겼는데, 페이지를 표기해 놓지 않은 바람에 한 시간을 허비했습니다. 어떤 것은 발행연도를 표기하지 않아 다시 찾을 수 없는 것도 있었습니다.

건희는 소논문을 본격적으로 쓰기도 전에 머리만 지끈지끈 아파옵니다. "그냥 포기할까? 아니야, 꼭 하고야 말겠어."라는 생각이 하루에도 수십 번이나 교차합니다. 혼란스러운 상황을 해결해 줄 멘토의 도움이 필요하지만 마땅히 생각나는 사람도 없네요. 답답한 마음에 단짝 친구인 기혁이에게 전화를 걸어 하소연합니다. 하지만 단짝 친구 기혁이도 상황은 비슷합니다. "그냥 대충 정리하고 있는데 나도 잘 모르겠어."라며 오히려 건희에게 도움을 청합니다. 참 난감한 상황입니다. "그냥 포기할까?", "아니야 꼭 하고야 말겠어" 건희는 혼란스러운 마음을 진정시킨 후 저작권과 표절의 개념에 대해서 알아보기로 했습니다.

참고문헌을 정리하는 것은 결코 간단한 일이 아닙니다. 많은 이들이 참고문헌 정리방법을 처음에 익히는 데에 어려움을 겪습니다. 하지만 몇 가지 원칙만 지키면 크게 어렵지 않습니다. 이 단계를 소홀히 하는 것은 어떤 신호등 색깔이 정지 신호인지 모르고서 운전을 하는 것과 같습니다. 빨간 신호등이 켜져 있는데도 그 신호의 의미를 몰라 그냥 가버린다면, 결국은 신호를 위반한 것이 됩니다. "빨간 신호등이 정지 신호인지 몰랐어요"라는 변명은 어떤 경우에도 통하지 않습니다.

참고문헌 정리방법 역시 마찬가지입니다. 참고문헌을 어떻게 정리해야 하는지 모르고 소논문을 쓰게 되면 매우 높은 확률로 연구윤리를 위반하게 됩니다. 나중에 참고문헌 정리방법을 몰라서 그랬다고 변명하더라도, 그것이 연구윤리 위반에 해당한다는 점은 변하지 않습니다. 그렇기 때문에 참고문헌 정리방법은 매우 기초적이면서도 중요한 사항이라고 할 수 있습니다.

참고문헌을 찾아보기 위해서는 2장에서도 설명했듯이 여러 학술 자료 검색 사이트나 국회도서관, 혹은 집 주변의 대학도서관을 이용하게 됩니다. 여기에서는 학술연구정보서비스(RISS)를 예를 들어서 설명해 보겠습니다. 먼저 RISS 홈페이지에서 자료를 검색하면 많은 자료의 목록이 펼쳐집니다. 그 중에서 참고할만한 문헌의 초록을 살펴보거나, 결론 부분을 살펴보고 참고할 문헌인지를 결정한다는 점은 2장에서도 설명하였습니다. 그런 다음 문헌의 표지에서 문헌의 제목, 저자, 발행연도, 발행기관을 꼭 기록해 두는 것이 필요합니다. 중요한 점은 원문의 내용에서 인용할 부분은 직접 인용과 간접 인용으로 구분해서 기록하고, 해당 페이지를 꼭 표기해 두어야 한다는 점입니다. 이것을 소홀히 하여 참고문헌으로 활용하지 못하는 경우가 많기 때문에 유의해야 합니다. 만일 출처를 정확히 기록해 두지 않는 내용을 그대로 소논문에 사용하게 되면 그 행위가 곧바로 연구윤리 위반에 해당하니 매우 조심해야 합니다.

이러한 원칙은 알고 있는 것으로 끝나지 않습니다. 실제로 자신이 찾아본 모든 문헌의 출처를 남기는 것은 '습관'과 밀접한 관련이 있습니다. 자신이 다른 참고문헌을 찾아보는 행위가 연구윤리와 밀접한 관련이 있다는 점을 항상 마음속에 새기고 있되, 실제 다양한 참고문헌을 찾아보면서 거의 동시에 출처를 중요하게 기록해 두어야 합니다. 그리고 그 기록한 노트나 메모를 나중에 쉽게 찾아볼 수 있도록 보관하는 것도 매우 중요합니다. 만일 이 기록을 찾지 못해서 참고문헌의 출처를 소논문에 포함시킬 수 없다면 어떻게 해야 할까요? 두 가지 방법이 있습니다. 첫째는 다시 참고문헌의 출처를 기억을 되짚어 가거나 검색어를 다시 넣어 검색해 봄으로써 찾아내는 것입니다. 둘째는 참고한 내용을 소논문에 포함시키는 것을 포기하는 것입니다. 이 두 가지 방법 외에는 연구윤리 위반을 피할 수 있는 방법이 없습니다.

참고문헌 출처의 메모 작성방법은 이 장의 4절에서 다루겠지만, 그냥 아무렇게나 작성해 둔다면 나중에 활용하는 데에 별다른 도움이 되지 않을 수도 있습니다. 그러므로 연구일지 작성뿐만 아니라, 자료를 컴퓨터에 저장할 때도 아래의 예시와 같이 일정한 형식을 갖추어야 효과적으로 관리할 수 있습니다.

① 컴퓨터의 하드디스크에 '참고문헌' 폴더를 만든다.
② 파일이름은 다음과 같은 형태로 저장한다.
[저자]-[발행연도]-[문헌의 제목]
김기태-2008-저작권 편집자를 위한 저작권 지식

그럼 지금부터 소논문 작성에 밑거름이 될 저작권과 표절, 문헌정보 인용방법의 세 가지, 주석과 참고문헌, 연구일지 작성방법에 대해서 차근차근 알아보도록 합시다.

1절 저작권과 표절은 다르다

여러분은 소논문을 쓰기에 앞서 저작권과 표절의 개념에 대해서 꼭 짚고 넘어 가야 합니다. 왜냐하면 소논문을 쓰기 위해서는 다양한 선행연구를 참고하고 인용하는데, 이 과정에서 정당한 절차에 의하지 않고 무단으로 타인의 문헌을 사용했을 때는 저작권에 저촉될 수 있습니다. 뿐만 아니라 법적인 처벌이나 손해배상을 청구당할 수도 있습니다. 때로는 도덕성에 심각한 문제가 발생하여 지금까지 쌓아 온 사회적 명성을 한순간에 잃어버리는 경우도 존재합니다. 여러분도 장관 내정자가 논문 표절로 온 국민 앞에 머리를 조아리는 뉴스를 본 적이 있을 겁니다. 그러므로 연구자는 저작권 위반, 표절이나 위조 등 연구윤리에 위반되지 않도록 참고한 문헌은 출처를 정확히 밝혀야 합니다.

저작권이란 인간의 사상이나 감정을 독창적으로 표현한 것으로 저작물을 보호하기 위한 권리입니다. 즉 에세이, 시, 소설, 논문, 음악, 미술, 영화, 연극, 컴퓨터 프로그램 등과 같은 '저작물'에 대하여 창작자에게 부여한 권리입니다. 이 권리는 토지와 같은 부동산처럼 타인에게 매매하거나 상속할 수 있을 뿐만 아니라 빌려 줄 수도 있습니다. 이처럼 저작권에는 고유한 권리가 있습니다. 그러므로 저작권자는 다른 사람에게 저작권의 정당한 사용을 허락함으로써 경제적인 대가를 얻기도 합니다. 이것은 창작물에 대하여 저작권을 부여함으로써 창의적인 집필활동이 자유롭게 일어나도록 하는 효과가 있습니다.

그렇다고 모든 창작물이 저작권의 보호를 받을 수 있는 것은 아닙니다. 국민에게 널리 알림으로서 훨씬 유익한 효과를 얻을 수 있는 공익적인 것은 보호대상에서 제외하고 있습니다. 우리나라의 헌법이나 법률, 조약, 조례 등과 같은 일반 국민의 공중 이익을 위한 법률이나 고시, 훈령, 공고를 비롯하여 사실을 전달하는 시사보도 등은 저작권의 보호를 받지 못합니다. 이외에도 국가 또는 지방자치단체에서 발행한 편집물이나 번역물도 저작권의 보호에서 제외됩니다. 다만 이러한 경우에도 창작성이 인정될 수 있는 경우에는 예외적으로 편집저작물[1]로서 보호받을 수도 있습니다.

지금까지 저작물의 종류와 권한에 대해서 살펴보았는데, 저작권은 창작물에 일정 기간 동안 독점권을 부여하여 그에 따른 금전상의 이득을 저작권자에게 부여해 주는 제도입니다. 여기에 저작물의 무분별한 복제로 창작물 본래의 의미가 왜곡되지 않도록 보호하는 역할도 합니다. 그러므로 연구자는 어떤 경우에도 반드시 출처를 밝혀 주어야 합니다. 정확한 출처를 밝힘으로써 다른 사람의 글을 사용할 권리를 가질 수 있습니다.

1) 편집저작물이란 편집물로서 그 소재나 구성을 떠나 소재의 선택 또는 배열에 창작성이 있는 저작물을 말합니다. 편집물에는 논문, 수치, 도형, 기타 자료를 데이터베이스화하여 구성한 것으로 대표적으로 백과사전을 들 수 있습니다.

여기서 잠깐!

표절이란?

표절은 다른 사람의 글이나 사상, 생각, 주장 등을 가져와 자신의 글인 양 포장하는 행위입니다. 즉, 다른 사람이 연구한 문헌의 출처를 밝히지 않고 자신의 글처럼 쓰는 것입니다. 설령 원문의 내용을 요약하고 자신의 글로 표현하더라도 그것은 인용에 해당하므로 정확한 출처를 밝혀야 합니다. 소논문을 작성하다가 시간에 쫓기다 보면 표절의 유혹에 빠지기도 하는데 이 점에 주의해야 합니다.

2절 문헌정보 인용방법 세 가지

여러분이 소논문을 쓰기 위해서는 연구주제와 관련된 다양한 선행연구의 문헌을 인용하게 됩니다. 2장에서 소개한 바와 같이 문헌은 학회논문, 연구논문, 학위논문, 통계 자료, 뉴스 자료 등 매우 다양합니다. 이러한 자료를 활용함으로써 여러분이 쓴 소논문은 더욱 알차고 풍성해집니다. 그러기 위해서는 저작권과 표절에서 벗어난 정확한 인용방법을 알아야 합니다.

인용이란 다른 사람의 글, 사상, 생각 등을 가져와서 연구자 자신의 글이나 주장에 대한 이론을 정당화시키는 행위로 크게 세 가지로 나누어집니다. ① 선행연구의 문장 내용을 그대로 가져 오는 '직접 인용', ② 선행연구의 문장 내용을 연구자의 언어로 재해석하거나 분량을 줄여서 인용하는 '간접 인용', ③ 다른 사람이 인용한 선행연구를 다시 인용하는 '재인용'이 있습니다.

1. 직접 인용하기

직접 인용은 말 그대로 선행연구의 문장 내용을 그대로 가져오는 방법입니다. 즉 텍스트를 변경하지 않고 똑같이 인용하는 것입니다. 이때 세 줄 이하의 경우에는 인용문장을 큰 따옴표(" ")로 묶어 주고 저자명, 발행연도, 참고한 페이지 번호를 밝혀 주어야 합니다. 페이지 표기는 인용한 부분이 한 페이지이면 'p', 여러 페이지에 걸쳐 인용이 되었다면 'pp'로 표기 후 마침표(.)를 찍고 인용 페이지 번호를 표기하는 게 원칙입니다. 그러나 일반적으로 페이지 표기를 생략하거나 'p'를 생략하고 쌍점(:) 뒤에 페이지 번호를 표기하기도 합니다. 외국인 저자인 경우에는 성만 입력하고, 발행연도, 참고한 페이지 번호를 넣어 줍니다.

직접 인용해야 할 문장이 세 줄이 넘어가면 독립된 문단으로 구성하고 본문에서 한 줄을 띄웁니다. 문단의 좌우로 2~3칸을 들여쓰기하고 글씨체의 크기도 본문보다 1포인트 작게 써야 합니다. 이 경우에도 큰따옴표(" ")는 사용하지 않지만 출처는 꼭 밝혀야 합니다. 그리고 인용할 문장의 내용이 너무 많을 때는 3점 줄임표(…)를 사용하여 문단의 일부 내용을 생략할 수 있습니다.

[원문]

학령기 고등교육 기회에서 좌절된 여성은 배움에 대한 한으로 나타나며, 고등교육 참여 동기로 작용한다(김철호, 2015, p.115).

[세 줄 이하의 직접 인용 예시]

일반적으로 "학령기 고등교육 기회에서 좌절된 여성은 배움에 대한 한으로 나타나며, 고등교육 참여 동기로 작용한다"(김철호, 2015, p.115).

- ~참여 동기로 작용한다(김철호, 2015). ← 출처 페이지 생략의 예
- ~참여 동기로 작용한다(김철호, 2015, p.115~120) ← 115페이지부터 120페이지 내에서 인용되었을 때의 표기 예
- ~참여 동기로 작용한다(김철호, 2015: 115). ← 쌍점으로 인용 페이지를 표기한 예

*" " 안의 내용이 직접 인용한 부분입니다.

[세 줄이 넘어가는 직접 인용의 예시]

그녀의 말에 따르면 그 당시에는 배부르게 먹어 보는 것이 소원이었다고 한다. 다음은 그녀의 인터뷰 내용이다.

이미란의 어릴 적 꿈은 서예학원 원장이었다. 사춘기에 아버지의 죽음으로 고등학

교 진학이 좌절되면서 많은 아픔을 겪고, 20대 초반 이른 결혼을 했다. 결혼 후에도 미대 진학의 꿈을 이루기 위해서 3차례나 도전했지만, 자녀의 출산 등을 비롯한 가정 사정으로 번번이 좌절하고 말았다(…). 그녀의 확장된 꿈이다(김철호, 2015, p.80).

이미란의 예에서 보듯이 1970년대 이전의 청소년들은 배고픔을 겪은 세대이다.

* 위 예시의 두 번째 단락이 직접 인용한 부분이며, 첫 번째 단락과 세 번째 단락이 본문입니다.

2. 간접 인용하기

간접 인용은 선행연구의 문장 내용을 연구자의 언어로 재해석하거나 분량을 줄여서 인용하는 방법입니다. 즉 연구자가 이해한 내용으로 재구성하는 방법으로, 이때 원문의 의미 또는 뜻이 왜곡되지 않도록 하는 것이 중요합니다. "~에 의하면, ~에 따르면, ~는(은) ~ 같이 밝히고 있습니다." 등으로 표현하여 간접 인용이 되었음을 명확히 해야 합니다. 아래는 원문을 간접 인용한 예시입니다.

간접 인용의 방법은 다른 말로 표현하기와 요약 등이 있습니다. 다른 말로 표현하기는 동의어를 사용하거나 문장의 구조를 바꾸는 것입니다. 능동태의 문장을 수동태로, 또는 수동태의 문장을 능동태로 바꿔 주고 어구나 절을 줄이기도 합니다. 반면에 요약은 인용문헌에 기재된 단어와 순서를 다르게 하고 전체적인 뜻은 유지하면서 내용을 줄이는 방법입니다. 인용 출처의 표기방법은 직접 인용에서 설명한 내용과 같습니다.

[원문]

인간은 자신이 속한 집단 속에서 정체성을 함께 형성해 간다. 특히, 중년기 여성은 자신이 사는 지역의 또래 주부들과의 관계에서 자신의 위치를 확인하고, 스스로를 평가한다(김철호, 2015, p.91).

[간접 인용의 예]

김철호(2015: 91)에 따르면 중년여성은 지역의 또래 주부들과의 관계에서 자신의 위치를 확인하고, 정체성을 형성한다.

3. 재인용하기

소논문을 쓰는 과정에서 인용이 필요하면 원문에서 직접 하는 것이 원칙입니다. 그러나 원문을 찾기 어려운 경우나 외국어로 되어 있는 경우, 구하기 불가능한 자료는 다른 사람이 인용한 내용을 다시 인용하는 방법을 씁니다. 주의할 점은 재인용을 간접 인용 또는 직접 인용으로 표기하는 것도 연구윤리에 위반되는 행위임을 잊지 말아야 합니다.

[재인용의 예시]
양서류는 먹이사슬에서 중간단계에 위치하며 생태계 구성의 연결고리 역할을 하기 때문에 매우 중요하다(Parris et al., 2009; 기경석, 성찬용, 2014 재인용).

* 위의 재인용 예시는 (Parris et al., 2009)가 원문이며, (기경석, 성찬용, 2014)이 인용한 것입니다. 그러므로 여러분이 (기경석, 성찬용, 2014)의 문헌에서 인용을 하려면 (Parris et al., 2009; 기경석, 성찬용, 2014 재인용)이라고 표기해야 합니다.
외국인의 자료를 인용할 때 첫 인용 부분에는 저자가 여러명이라면 모든 저자의 성을 표기하고 두 번째 인용부터는 대표 저자의 성만 표기하고 'et al.'로 합니다. 인용을 할 때는 가능한 모든 저자의 성을 찾아 표기합니다.

지금까지 인용의 세 가지 방법인 직접 인용, 간접 인용, 재인용에 대하여 살펴보았습니다. 방법은 조금씩 다르지만 어떠한 인용을 하더라도 반드시 출처를 밝혀야 한다는 점을 꼭 기억해야 합니다.

3절 주석과 참고문헌은 '실과 바늘'

건희는 앞에서 참고문헌을 인용할 때는 3가지 방법이 있다는 점을 이해했는데, 주석과 참고문헌은 왜 필요한지 궁금증이 생겼습니다. 급한 마음에 네이버에서 참고문헌을 검색해 보았더니 아래와 같이 정의하고 있습니다.

연구논문의 작성을 위하여 참고한 문헌을 의미하며, 참고문헌의 서지사항(형식이나 체제)을 일정한 순서로 정리하여 제시한 목록을 참고문헌 목록이라고 부른다. 본문에서는 인용된 문헌에 대하여 저자명과 출판연도만을 표기하고, 참고문헌 목록은 본문 뒤에 제시한다. 참고문헌을 제시하는 목적은 다른 연구자들의 연구에 도움을 주는 데 있다. 즉 본문에 인용된 참고자료들의 출처를 찾아 이용할 수 있게 하기 위한 것으로, 저자, 출판연도, 제목, 출판지와 출판사에 대한 정보들을 정확하게 제공해야 한다.

[네이버 지식백과] 참고문헌 [reference, bibliography] (교육평가용어사전, 2004. 5. 31, 학지사)

위의 내용을 보고, 건희는 본문에서 인용된 문헌의 자세한 정보를 논문의 마지막 부분에 제시하는 것이 참고문헌 표기라는 점을 알았습니다. 그리고 앞에서 살펴본 인용의 세 가지 방법을 떠올렸습니다. 본문에서 참고문헌을 인용할 때 저자와 출판연도를 표기하는 것이 바로 주석의 내주에 해당합니다. 그러니까 본문에서 주석을 달았으면 반드시 논문의 마지막에 참고문헌으로 상세하게 기술해야 하므로 인용 표기 주석과 참고문헌은 바늘과 실처럼 뗄 수 없는 관계입니다.

주석과 참고문헌의 표기 형식은 APA 스타일, MLA 스타일, 시카고 매뉴얼 스타일, 밴쿠버 스타일 등으로 다양하게 나누어집니다. 이 중에서 APA 스타일은 미국심리학회에서 규정한 지침으로 교육학, 심리학을 비롯한 사회과학 분야의 논문에서 폭넓게 활용되고 있습니다. 이 책에서는 APA 스타일로 설명합니다. 소논문을 쓰는 과정에서 본문의 내용에 인용한 모든 문헌은 논문의 마지막 부분에 '참고문헌'이라고 표시합니다. 또한 인용한 문헌을 해당 페이지 아래에 표기하는 방법을 주석이라고 합니다. 아래에서 자세히 살펴봅시다.

1. 주석이란?

주석이란 논문의 내용 중 설명을 필요로 하는 단어나 문장에 대해서 별도의 표시로 설명을 붙이는 것을 말합니다. 주석을 적절히 활용하면 논문의 신뢰성과 정확성, 객관성을 높이게 되어 논문의 가치를 높일 수 있습니다. 그러므로 주석을 활용할 때는 정해진 형식과 기능에 따라 일관성을 유지해야 합니다. 주석은 기능에 따라 인용주, 해설주, 참조주 등으로 구분하고, 사용 위치에 따라 내주, 각주, 후주로 구분합니다. 일반적으로 사용 위치에 따른 방법을 주로 사용하므로 이 책에서는 사용 위치에 따른 기능으로 설명하고자 합니다.

1) 내주(본문주)

주석이 본문 내에 포함되어 있는 경우를 내주 또는 본문주라고 합니다. 참조한 내용에 덧붙여 해당 문헌의 저자와 발행연도만 표기하고, 자세한 정보는 책 뒷부분의 참고문헌에 표기합니다. 무엇보다 주석의 처리가 용이하여 가장 많이 활용되는 방법의 하나로, 미국의 심리학회와 언어학회에서 발간하는 학술지의 논문 투고 양식으로 권장되고 있습니다. 하지만 어떤 방식을 활용하는 것이 가장 좋은지에 대한 정답은 없습니다. 1차적으로는 자신의 소논문을 제출하고자 하는 쪽에 문의하는 것이 가장 좋습니다. 만일 특별한 제한이 없다면, 자신이 스스로 결정하면 됩니다. 다만 한 편의 소논문 안에서는 한 번 정한 방식을 통일시켜야 합니다.

[내주의 예시]
양서류는 먹이사슬에서 중간단계에 위치하며 생태계 구성의 연결고리 역할을 한다(기경석, 성찬용, 2014, p.155).

기경석과 성찬용(2014)에 따르면 양서류는 먹이사슬 중간단계에 위치하며, 생태계 구성의 연결고리 역할을 한다.

대체로 문헌의 집필자는 1명인 경우가 많지만, 때로는 여러 명이 공동으로 집필하는 경우도 있습니다. 일반적으로 2인 이하의 저자가 집필한 문헌을 인용을 할 때는 항상 저자명 전체를 표기합니다. 그러나 3인 이상의 저자가 집필한 문헌인 경우에는 첫 번째 인용에서는 저자명 전체를 표기하고, 두 번째 인용부터는 대표 저자명을 쓰는데, 'ㅇㅇㅇ 외'라고 표기합니다.

[3인 이상 저자의 내주 예시]
- 첫 번째 인용 표기의 예

소논문의 작성에 있어서 인용은 직접 인용, 간접 인용, 재인용의 표기방법이 있습니다(홍길동, 이순신, 김유신, 강감찬, 2016, p.100).

- 두 번째 인용 표기의 예

직접 인용은 말 그대로 선행연구의 문장 내용을 그대로 가져오는 방법입니다. 즉, 텍스트의 변경 없이 똑같이 인용하는 것입니다(홍길동 외, 2016, p.102).

2) 각주

본문의 내용과 구분하여 인용하거나 참고한 자료의 자세한 문헌정보를 해당 쪽(페이지)의 아래에 표기하는 방식이 각주입니다. 일반적으로 내용을 보충하여 설명할 때 사용하며, 상세한 문헌정보를 표기함으로써 일일이 참고문헌을 찾아볼 필요가 없습니다. 글씨체는 본문보다 1포인트 작게 하고 번호 뒤에 반괄호를 씁니다. 그리고 주석의 번호는 일련번호로 부여하는데 한글워드프로세서는 자동으로 일련번호가 부여됩니다. 다만 각주를 빈번하게 사용하면 문서의 통일성을 떨어뜨리고 시각적으로도 좋지 않은 단점이 있으니 꼭 필요한 경우에만 활용합니다.

[각주의 예시]
한글·동양어 문헌은 '홍길동 외'라고 하며, 서양어 문헌은 'Alexander, et al.'[1)]로 쓴다.[2)]

1) et al.은 et alibi(and elsewhere) 혹은 et alii(and other)의 약자로 사람과 장소 등을 열거할 때 사용된다. 예외적으로 출처 표기에서는 저자에 한하여 사용된다.
2) 박창원, 김성원, 정연경(2012). 서울: 이화여자대학교출판부.

* 위 각주 1)은 본문 내용에 대한 보충 설명이고, 2)는 출처 표시입니다.

3) 후주

후주는 인용한 본문에는 저자와 발행연도 등을 표기하지 않습니다. 본문 뒤에 일련번호만 표시하고 논문의 마지막에 참고문헌과 같은 자세한 정보를 제공합니다. 참고문헌과 다른 점은 본문에 표기된 일련번호를 후주에도 표기하는 점입니다. 인용문헌의 확인을 위해서는 일일이 마지막에 정리된 문헌을 찾아봐야 하는 번거로움 때문에 잘 사용되지 않기에 별도의 설명은 생략합니다.

[후주의 예시]
구성원의 나이가 20대 후반부터 50대까지 다양하다 보니, 서로의 가치관이나 사고방식에서 오는 갈등이 생기는 경우도 허다하다.[1)]

* 참고문헌에 대한 정보는 생략하고 일련번호만 표기하는 점이 특징입니다.

2. 참고문헌은 저자들의 정보 목록이다

참고문헌은 논문의 마지막 부분에 선행연구에서 인용된 저자들의 상세정보를 묶은 목록입니다. 이를 통하여 독자들이 문헌을 참고할 때 어떤 문헌들을 활용하였는지 알려주는 길잡이 역할을 합니다. 참고문헌을 작성할 때 지켜야 할 몇 가지 원칙은 아래와 같습니다.

① 배열순서는 먼저 동양문헌을 정리하고 뒤에 서양문헌을 정리합니다.
② 저자 성명은 동양인은 가, 나, 다 순, 서양인은 알파벳 순으로 배열합니다. 서양인은 성, 이름의 순서로 쓰는데, 성은 완전하게 쓰고 이름은 약자로 표기합니다.
③ 동일 저자의 참고문헌이 2개 이상이면 연도순으로 정리합니다.
④ 동일 저자의 동일연도 참고문헌이 2개 이상이면 연도 뒤에 a, b, c 순으로 부여합니다.
⑤ 단행본의 경우 동양문헌은 굵은 글씨체, 서양문헌은 이탤릭체로 표기합니다.
⑥ 문헌 구성의 줄이 바뀌면 4~8포인트 들여쓰기를 합니다.
⑦ 2인 이상의 공동저자일 때는 저자명 사이에 가운뎃점(・)이나 쉼표(,)로 구분합니다.

그러면 지금부터 참고문헌의 종류에 따른 기술 방식이 어떻게 다른지 예를 들어가며 살펴보겠습니다.

1) 학위논문

저자명(발행연도). 논문제목. 논문의 종류, 학위수여 대학.

[1인 논문 참고문헌의 예시]

김철호(2015). 중년기 여성의 고등교육 참여를 통한 학습경험에 관한 연구. 석사학위논문, 공주대학교 교육대학원.

Ross, J. A. (1984). *An analysis of the relationship between teacher training and teaching performance*. Unpublished doctoral dissertation, University of Texas.

* 서양문헌의 제목은 이탤릭체로 표기합니다.

[2인 논문 참고문헌의 예시]

김철호・김철수(2015). 중년기 여성의 고등교육 참여를 통한 학습경험에 관한 연구. 석사학위논문, 공주대학교 교육대학원.

* 2인 이상인 공동저자일 때는 저자명 사이에 가운뎃점(・)이나 쉼표(,)로 구분합니다.

2) 연속 간행물(매달, 매년 또는 연속적으로 발간되는 도서류)

저자명(발행연도). 기사 또는 간행물 명칭. 권(호). 면수.

[연속 간행물 참고문헌의 예시]
홍길동(1926). 홍길동전. 10(2). p.253.

3) 단행본 및 기타 참고문헌(비정기적인 도서류)

저자 1, 저자 2, 저자 3(발행연도). **도서명**. 출판지역: 출판사.

[단행본 및 기타 참고문헌의 예시]
김남석, 김기진, 김수경, 방대욱, 오동근, 이승희(2002). **주·참고문헌 어떻게 작성할 것인가**. 서울: 도서출판 태일사.

* 단행본의 제목은 굵은 글씨체로 표기합니다.

4) 학술지

저자 1, 저자 2(발행연도). 논문명. **학술지 이름**, **발행차수(권호)**, 페이지 번호.

[학술지 참고문헌의 예시]
김길중, 이병철(1972). 활성슬러지 공법에 관하여. **대한환경공학회지,** 3(1), pp.160-167.

* 학술지의 제목과 권 번호는 굵은 글씨체로 표기합니다.

5) 일반잡지의 기사

저자 1, 저자 2(발행연도, 발간월). 기사명. **잡지명,** **권호**, 페이지 번호.

[일반잡지 기사의 참고문헌 예시]
김종태, 정혜윤(2000, 12). 자바언어의 보안구조. **컴퓨터소프웨어,** **34**, pp.23-54.

6) 단체저자의 저서, 사전 등

협회 또는 발행기관(발행연도). 도서명. 출판지역: 출판사.

[사전의 참고문헌 예시]
국립민속박물관(2016). 한국민속대백과사전. 서울: 한국출판사.

7) 번역서

원저자 (발행연도). 도서명(번역 저자). 출판지역: 출판사. (원서 발행연도).

[번역서의 참고문헌 예시]
루트반, K. K. (1988). 페미니스트 문학비평(김경수 역). 서울: 문학과 비평사. (원서출판 1973).

8) 정부기관의 간행물

국가명. 발행기관(발행연도). 도서명. 출판지역: 출판사.

[정부기관 간행물이 참고문헌 예시]
한국. 건설교통부(1981). 도로용량 편람작성을 위한 기초연구(KHS-2000-10). 서울: 동부.

9) 신문기사

기자명(발행 년. 월. 일). 기사제목. **신문명칭**, 면 번호.

[신문기사의 참고문헌 예시]
정천기(1997. 7. 17). 왜곡된 가족 그려야 인기드라마. **세계일보**, p.20.

* 신문의 제목은 굵은 글씨체로 표기합니다.

10) 인터넷 자료

발표기관(발행연도). 자료제목. [검색 년. 월. 일]. 〈웹사이트 주소〉.

[인터넷 자료의 참고문헌 예시]
보건복지부(2000). 의약분업 실시에 따른 영향분석 설명자료. [2000. 6. 25]. 〈http://www.mohw.go.kr〉.

4절 연구일지는 소논문의 튼튼한 밑거름

소논문을 완성하는 데 가장 효과적인 방법은 목표를 세우고 매일 조금씩이라도 멈추지 않고 쓰는 일입니다. 흔히 어르신들은 어떤 일을 할 때 "오장육부에서 우러나도록 해야 한다"라고 합니다. 즉 몸에 배어 습관화되어야 한다는 의미입니다. 그런 만큼 소논문을 쓰기 위해서 가장 먼저 해야 할 일은 매일 또는 2~3일 간격으로 선행연구와 연구일지를 작성하는 일입니다. 물론 처음 며칠 동안은 힘든 일이지요. 그러나 한 달 정도만 꾸준히 노력하다 보면 몸과 마음이 일체가 되는 습관화에 이르게 됩니다. 이 단계에 이르면 여러분은 소논문을 완성하는 데 필요한 매우 중요한 역량 중 한 가지를 갖추게 된 것입니다.

소논문을 쓰기 전에 자신이 쓰고자 하는 관심 영역에 대한 문헌을 찾는 활동을 선행연구라 합니다. 선행연구를 통하여 자신이 쓰고자 하는 주제를 보다 구체화시킬 수 있을 뿐만 아니라, 소논문의 틀을 갖추어 가는 데 도움을 받을 수 있습니다. 여기에서 중요한 점은 선행연구를 통하여 찾아본 문헌은 반드시 연구일지 또는 연구노트를 작성해야 한다는 것입니다. 이때 가능한 워드프로세서를 이용하여 작성하는 게 좋은 방법입니다. 왜냐하면 선행연구에서 참고한 문헌은 소논문을 쓰는 과정에 요긴하게 활용이 되기 때문입니다. 즉 워드프로세서로 정리해 둔 연구일지의 내용은 키보드의 복사하기(Ctrl+C)와 붙이기(Ctrl+V) 기능을 활용하여 효과적으로 정리할 수 있습니다.

다음은 연구일지에 기록해야 할 내용입니다.

① **팀명**: 팀을 구성한 경우에 팀명을 기록합니다.

② **대표자와 팀원**: 팀을 구성한 경우에는 대표자와 팀원을 기록하고, 혼자 할 때는 대표자명만 기록합니다.

③ **일시**: 연구활동을 한 날짜와 시간을 기록합니다.

④ **활동단계**: 해당되는 단계에 '○' 표시를 합니다.

⑤ **연구주제/제목**: 연구제목이 확정되었으면 제목을 기록하고, 그렇지 않은 경우에는 연구주제를 기록합니다.

⑥ **활동 내용**: 참고문헌에서 인용하고자 하는 내용을 앞에서 배운 〈직접 인용〉, 〈간접 인용〉으로 분명하게 구분하여 기록합니다. 그리고 저자와 연도, 페이지도 기록하고, 필요한 경우에는 그래프나 사진, 그림 등도 삽입해 놓도록 합니다. 선행연구뿐만 아니라 실험결과나 조사결과를 기록할 때도 실험 내용이나 조사결과를 구체적으로 기록해야 합니다. 이를테면 실험결과를 기록한다면 실험 환경이나 관찰자, 실험 수행자, 실험 시간 등을 정확히 기록해야 합니다.

⑦ **연관 검색어**: 초록에 있는 연관 검색어를 기록해 놓으면 참고문헌을 찾아보는 데 용이합니다.

⑧ **참고문헌**: 참고한 문헌의 정보 중에서 제목, 저자, 연도, 발행기관, 권(호), 페이지 등을 기록합니다. 작성방법은 앞에서 배운 참고문헌의 방법을 참고합니다.

⑨ **다음 활동**: 다음에 활동할 날짜와 활동 내용을 기록합니다.

⑩ **지도교사의 확인**: 지도교사 이름과 확인 서명을 받아 놓습니다. 이 과정에서 연구의 방향을 잡는 데 도움을 받을 수 있으며, 연구 진행 중에 자신도 모르게 발생되는 오류를 미리 발견할 수 있습니다.

이렇게 작성된 연구일지는 학교 생활기록부에 소논문활동 자료로 쓰이고, 학생부종합전형에서도 연구과정을 보여주는 꼭 필요한 자료가 됩니다.

다음은 연구일지 작성의 예시입니다.

연구일지

〈2회차〉 작성자 : ○○○

<table>
<tr><th colspan="2">팀명</th><th>팀원 수</th><th>대표자</th><th>팀원</th><th>팀원</th><th>팀원</th></tr>
<tr><td colspan="2">○○○○</td><td>명</td><td>○○○</td><td>○○○</td><td>○○○</td><td>○○○</td></tr>
<tr><td>일시</td><td colspan="6">2017년 8월 15일(10:00~15:30)</td></tr>
<tr><td rowspan="3">활동단계</td><td>1단계</td><td>2단계</td><td>3단계</td><td>4단계</td><td colspan="2">5단계</td></tr>
<tr><td>탐색</td><td>주제 선정</td><td>계획서 작성</td><td>소논문 작성</td><td colspan="2">최종 완성</td></tr>
<tr><td>○</td><td></td><td></td><td></td><td colspan="2"></td></tr>
<tr><td>연구주제/제목</td><td colspan="6">고등학생의 소논문 쓰기가 학업에 미치는 영향</td></tr>
<tr><td>활동 내용</td><td colspan="6">〈직접 인용〉 “소논문을 쓸 때 가장 어려운 부분의 하나가 주제 선정이다. 주제 선정이 되면 본격적으로 소논문을 써 나가는 과정이기 때문이다. 그러나 소논문을 써나가는 과정에 주제가 변경될 수도 있다”(홍길동, 2017, p.26)
연관 검색어 : 논문, 고등학생 소논문,
〈간접 인용〉 박혜경(2016)에 따르면 중고등학생이 쓰는 논문을 통틀어 소논문이라고 한다. 소논문은 대체로 5페이지에서 25페이지 정도로 구성되어 학술 논문에 비하여 양이 적은 편이다. 내용의 구성도 일반적으로 학생 개개인의 관심 분야와 진로 또는 실험, 조사활동 등으로 되어 있다.
연관 검색어 : 논문, 고등학생 소논문,</td></tr>
<tr><td>참고문헌</td><td colspan="6">• 홍길동(2017). 고등학생의 소논문 쓰기가 학습 성취에 미치는 영향. 한국대학교대학원, p.38.
• 박혜경(2016). 고등학생의 쓰기 인식 및 소논문쓰기 지도방안. 교육교양연구회. 10(1), pp.321-348.</td></tr>
<tr><td>다음 활동</td><td colspan="6">2017. 8. 22(선행연구활동)</td></tr>
<tr><td>지도교사</td><td colspan="2">○○○</td><td colspan="2">지도교사 확인</td><td colspan="2">(인)</td></tr>
</table>

학 | 습 | 활 | 동

문헌 인용과 참고문헌

지금까지 문헌의 인용방법에 대해서 살펴보았는데, 몸에 익히는 과정이 필요합니다. 왜냐하면 단순히 몇 번 읽어 본다고 해서 쉽게 기억이 되지 않습니다. 여러분이 집 근처의 도서관에서 찾은 자료나 컴퓨터로 검색한 참고문헌을 사례에 알맞게 작성해 봅시다.

1 원문의 내용을 간접 인용으로 완성해 보세요.

> **[원문]**
> 청소년기는 사춘기, 또는 질풍노도의 시기라고도 한다. 이 시기는 신체의 성숙이 본격적으로 발달될 뿐만 아니라 심리적, 사회적, 정신적 변화가 일어나는 시기이다.
> 홍길동(2016). **청소년 시기의 발달 특성에 관한 연구.** 서울: 교학사.

위의 원문을 간접인용으로 바꾸어 보세요.

2 주석의 종류 중에서 내주와 각주를 완성해 보세요.

> **[원문]**
> 청소년기는 사춘기, 또는 질풍노도의 시기라고도 한다. 이 시기는 신체의 성숙이 본격적으로 발달될 뿐만 아니라 심리적, 사회적, 정신적 변화가 일어나는 시기이다.
> **〈참고문헌〉** 홍길동(2016). **청소년 시기의 발달 특성에 관한 연구.** 서울: 교학사.

학 | 습 | 활 | 동

위의 원문과 참고문헌을 이용하여 내주를 작성해 보세요.

위의 원문과 참고문헌을 이용하여 각주를 작성해 보세요.

마무리

이 장에서는 소논문을 쓸 때 꼭 알아야 할 저작권과 표절의 개념, 참고문헌의 인용방법에 대해서 살펴보았습니다. 저작권이란 창작자에게 부여한 권리로 침해하면 민・형사상 처벌을 받기도 합니다. 반면에 표절은 저작권의 유효기간이 지난 타인의 저작물을 출처 표시를 하지 않고 인용하는 행위이므로 민・형사상 처벌은 없지만 도덕성과 명예를 잃어버릴 수 있습니다.

그러므로 소논문을 쓰기 위해서는 참고문헌을 인용하는 세 가지 방법인 직접 인용, 간접 인용, 재인용의 방법과 주석의 사용 위치에 따른 내주, 각주, 후주의 활용 방법, 그리고 참고문헌의 표기방법을 정확히 이해하고 있어야 합니다. 특히 인용의 방법 중에서 간접 인용은 접속사 몇 개를 바꾸는 것이 아니라, 자신만의 언어로 재해석하는 점을 꼭 기억해야 합니다. 마지막으로 본문에서 참고한 문헌은 형식에 맞도록 논문의 마지막 '참고문헌'에 빠짐없이 표기합니다. 이 내용은 아무리 강조해도 지나침이 없습니다. 이와 관련된 내용은 8장에서 선행연구 분석방법을 다루면서 다시 한 번 다루게 될 것입니다.

이제 여러분은 소논문을 집필할 마음의 준비가 되었겠지요? 심호흡을 하고 다음 단계로 넘어가 봅시다.

Chapter 4 연구방법

1절 연구방법이란
2절 연구방법의 종류와 특징
3절 문헌연구방법
4절 경험연구방법

혼자 집에 남아 있을 때 한 번도 만들어 본 적이 없는 음식을 만들기 위해 시도해 본 적이 있나요? 무엇을 만들어 먹을지 고민하다가 어떤 음식이 생각나면, 그 음식을 만들기 위해 이런저런 준비를 하게 됩니다. 재료도 있는지 확인하고 음식을 할 수 있는 도구들도 살펴보아야 하지만 보다 중요한 건 음식을 만드는 방법을 알아야 합니다. 보통은 인터넷을 통해 요리법을 찾아보고, 그 중에서 자신이 이해할 수 있는 수준의 것을 한 가지 골라 따라 하게 됩니다.
소논문을 작성하는 것은 한 번도 만들어 본 적이 없는 음식을 만드는 것에 비유할 수 있습니다. 무엇을 먹을지 정해야 하는 것처럼 주제를 정해야 하고, 어떻게 그 음식을 만들어야 하는지를 알아야 하는 것처럼 소논문을 쓰는 방법에 대해서도 잘 알고 있어야 합니다. 요리법을 모르면 음식을 만들 수 없듯이 연구방법을 모르고 소논문을 작성할 수는 없는 일입니다. 이 장에서는 소논문의 연구방법을 소개하고 있습니다.

학습 목표

- 소논문을 쓰기 위한 연구방법의 중요성을 이해한다.
- 소논문을 쓰기 위한 연구방법의 종류와 특징을 설명할 수 있다.

소논문을 써보려 하지만, 왜 이렇게 막막하기만 할까요?
① 여행을 가고 싶은데, 길을 모르면 어떻게 하죠? 내비게이션을 따라 가면~ 끝!
② 요리를 해본 적이 없는데, 어떻게 하죠? 레시피를 따라 해보면~ 끝!
③ 연구를 해본 적이 없는데, 어떻게 하죠? 연구방법을 따라 해보면~ 끝!

건희는 연구주제에 맞는 연구방법을 어떻게 선택할 수 있나요?

1절 연구방법이란

연구는 조금 쉽게 말해서 '질문에 답하는 일'로 정의할 수 있습니다. 연구를 '질문에 답하는 일'로 정의하면, 연구방법은 '질문에 답하는 방법'이 됩니다. 즉 연구방법이란 연구를 통해서 알고자 하는 문제에 답을 찾는 방법입니다. 여행을 떠날 때 우리는 가장 먼저 목적지를 정합니다. 그리고 정해진 목적지를 어떻게 찾아가면 좋은지 방법을 찾게 됩니다. 목적지를 찾아가는 방법은 여러 가지가 있습니다. 여기에서는 세 가지를 생각해 보겠습니다. 첫째, 지도를 보면서 찾을 수 있습니다. 둘째, 길을 가면서 만나는 사람들에게 직접 물어 볼 수 있습니다. 셋째, 새로운 길을 찾기 위해 실험적인 시도를 해볼 수도 있습니다.

소논문을 쓰기 위한 연구방법도 여행의 목적지를 찾아가는 것에 비유할 수 있습니다. 연구문제의 답을 찾는 방법은 여행에 있어서 길을 찾아가는 방법과 비슷합니다. 여행에서 다양한 방법을 통해 목적지에 도착하는 것과 같이 연구에서도 다양한 방법을 통해 문제를 해결할 수 있습니다. 먼저 연구에서 지도를 보며 길을 찾는 것처럼 연구에서도 문헌(지도)을 보면서 답을 찾을 수 있습니다. 여기서 말하는 문헌이란 보통 책(단행본), 잡지, 논문 등을 말합니다. 이런 방법을 문헌을 참조하는 연구방법이라는 뜻에서 '**문헌연구방법**'이라고 합니다. 둘째, 여행에서 만나는 사람들에게 길을 물어 보면서 목적지를 찾듯이, 연구에서도 연구문제와 관련된 사람들의 의견을 조사해서 답을 찾는 방법이 있습니다. 이런 방법을 '**조사연구방법**'이라고 합니다. 셋째, 여행에서 어떤 사람들은 알고 있는 길로 가지 않고 새로운 길로 가보는 모험을 합니다. 이처럼 연구에서도 새로운 답을 찾기 위해서 실험을 통해서 답을 찾는 경우도 있습니다. 이런 방법을 '**실험연구방법**'이라고 합니다.

이와 같이 소논문을 쓰는 연구자에게는 연구문제를 해결하는 과정에서 해답을 찾기 위한 적절한 연구방법이 필요합니다. 연구대상을 관찰하고, 자료를 수집하고, 수집된 자료에서 의미를 밝혀내는 일을 통해 제기된 질문에 해답을 찾으려고 합니다. 이것이 연구방법을 통해 문제를 해결하는 연구의 과정입니다. 따라서 연구방법의 선택과 적용이 적절하지 않으면, 연구의 결과도 질문을 해결해 주는 유용한 해답으로 인정받지 못하게 됩니다.

2절 연구방법의 종류와 특징

연구방법의 종류는 분류하는 기준에 따라 다양합니다. 보통 다음과 같이 세 가지 분류기준으로 분류합니다. 첫째, 연구목적, 둘째, 자료 처리 방식, 셋째, 자료의 성격입니다. 세 가지 기준에 의한 연구방법을 정리하면 〈표 4-1〉과 같습니다.

〈표 4-1〉 연구방법의 종류

분류기준	연구방법	세부 내용
연구목적	실증적 연구	어떤 주장이 맞는 것인지, 틀린 것인지 증명하는 방법
	규범적 연구	어떤 주장이나 사상에 대해 선(善)과 악(惡) 등의 기준으로 바람직한 상태를 밝히는 방법
	처방적 연구	정해진 목표에 도달하는 방법을 발견하기 위한 방법
자료 처리	양적 연구	연구대상을 숫자, 도형, 그림 등으로 자료를 처리하는 방법
	질적 연구	연구대상을 관찰, 면접을 통해서 자료의 의미를 탐색하는 방법
자료 성격	문헌연구	연구에 필요한 자료를 문헌을 참조하여 획득하는 방법
	경험연구	연구에 필요한 자료를 경험을 참조하여 획득하는 방법

1. 연구의 목적에 따른 분류

연구목적에 따라 연구방법을 분류하면 '실증적 연구', '규범적 연구', '처방적 연구'로 나눌 수 있습니다. 실증적 연구는 '어떤 주장이 맞는지, 틀리는지 밝히기 위한 목적'으로 실제적인 자료들을 통하여 사실을 증명하는 연구방법입니다. 규범적 연구는 '어떤 주장이나 사상이 선(善)한지 악(惡)한지, 정당한지 부당한지 등 가치와 관련된 내용을 판단하기 위한 목적'으로 다양한 자료를 비교하고 검토하여 최종적인 판단을 구하는 연구방법입니다. 처방적 연구는 '도달하고 싶은 목표까지 최적의 방법을 발견하기 위한 목적'을 위한 구체적 수단, 절차, 비용 등을 집중적으로 탐색하는 연구방법입니다.

자료 처리 방식에 따라 연구방법을 분류하면 '양적 연구'와 '질적 연구'로 나눌 수 있습니다. 일반적으로 연구에 필요한 자료를 숫자, 도형, 그림 등으로 표현하고 정리하는 방법을 사용할 경우 양적 연구로, 언어적 표현(단어, 구, 문장 등)을 사용하면 질적 연구로 분류합니다. 양적 연구는 연구대상을 표준화된 도구를 통해 측량 또는 측정하여 객관적인 형태로 자료를 표현하는 방법이고, 질적 연구는 연구대상을 관찰하거나, 직접 면접을 보는 방법을 통해서 자료에 숨겨진 의미를 찾아내는 연구방법입니다.

자료의 성격에 따라 연구방법을 분류하면 '문헌연구'와 '경험연구'로 나눌 수 있습니다. 두 연구방법을 분류하는 기준은 자료가 문헌을 통해 얻어진 자료인가, 경험을 통해 얻어진 자료인가에 따라 구분됩니다.

위와 같이 연구방법은 분류기준에 따라 다양한 종류로 구별할 수 있습니다. 그런데 연구문제를 해결하는 데는 한 가지의 연구방법을 적용할 수 있는 것은 아닙니다. 연구문제의 성격이나 맥락에 따라 상호 보완적으로 다양한 연구방법을 활용합니다. 여기에서는 소논문 작성에 직접적으로 적용 가능한 문헌연구방법과 경험연구방법을 중심으로 그 특징을 살펴보기로 합니다.

3절 문헌연구방법

여행에서 여행 목적지(목표)를 찾을 때, 지도를 보는 방법이 있습니다. 지도(地圖)는 각종 지형지물, 건물, 산, 강, 바다, 도로, 다리 등과 같은 것을 기호나 그림으로 표시해 놓은 문헌입니다. 결국 여행 목적지를 찾는 데 필요한 정보(자료)를 지도라는 문헌을 통해서 얻는 것입니다. 이와 같이 연구에서도 문헌을 통해서 필요한 자료를 얻을 수 있습니다. 이를 문헌연구방법이라고 부릅니다.

즉 문헌연구방법은 문헌에서 자료를 찾는 연구방법이라고 할 수 있습니다. 연구자가 연구하려는 연구주제와 관련하여 이전(과거)에 수행되었던 연구의 동향과 결과를 살펴보는 것입니다. 사전적 의미로 문헌(文獻)이란 '옛날의 제도나 문물을 아는 데 증거가 되는 자료나 기록'을 말합니다. 상식적으로 문헌이라는 것은 책, 잡지, 신문, 논문, 각종 유인물 등을 말합니다. 또는 국가의 정책보고서, 정기간행물, 사회 및 관습에 대한 조사결과, 사회지표 및 각종 통계자료 등도 문헌이 될 수 있습니다. 즉 문헌이란 특정 주제에 대한 의미 있는 내용을 기록해 놓은 자료를 말합니다. 결국 연구에서 활용되는 문헌은 '연구의 자료가 되는 서적이나 문서'를 말합니다.

문헌을 이용하여 연구에 필요한 자료를 얻는 것을 선행연구라 하며, 이 문헌을 선행연구물이라고 합니다. 연구주제를 설정하고 연구문제를 구체화했다면, 연구에 필요한 정보(자료)를 어떻게 확보해야 하는지 탐색해야 합니다. 이를 위해 동일하거나 유사한 주제 및 연구문제에 대하여 과거에 완성된 연구가 있는지 확인해야 합니다. 문헌분석은 과거에 어떤 연구가 있었고, 과거의 문헌들이 자신의 연구에 어떤 정보를 줄 수 있는지를 비판적으로 검토하는 활동입니다. 문헌분석을 통해 수행하려는 연구에 정보가 될 만한 사례를 수집・정리하고 이전 문헌들을 통한 시사점을 제시할 수 있게 됩니다. 따라서 문헌분석은 기존의 문헌들을 분석하고 선행연구 결과를 일반화하여 해당 연구문제와 선행연구 결과 사이의 관련성을 논리적으로 확인하는 활동입니다.

결국 문헌연구방법은 선행연구물을 중심으로 자료를 찾고, 연구하려는 연구주제를 비교하거나 분석을 통해서 연구 질문의 해답을 찾는 연구방법입니다.

1. 왜 문헌연구를 할까?

연구의 질문에 답하기 위하여 문헌을 검토하여 연구하는 방법을 문헌연구방법이라고 했습니다. 문헌을 분석하고 정리하는 이유는 비슷한 연구주제에 대한 여러 가지의 참조점을 얻기 위함입니다. 그 참조점에는 다음과 같은 것들이 있습니다. 첫째, 비슷한 연구주제에 대한 연구의 경향 및 추세 등을 정리해 봄으로써, 다양한 힌트를 얻을 수 있습니다. 둘째, 연구문제를 이론으로 답변할 수 있는 범위와 수준을 파악해 봄으로써 연구문제의 범위와 깊이를 점검할 수 있습니다. 셋째, 문헌을 분석함으로써 역사적 관점에서 해당 연구의 위치를 확인할 수 있으며, 불필요한 연구를 반복적으로 하는 것을 예방할 수 있습니다. 넷째, 새롭게 얻게 된 지식을 지금까지 사용된 지식체계에 관련시킬 수 있으며, 후속연구에 대한 시사점을 얻을 수 있습니다.

2. 문헌을 분석한다는 것의 의미

문헌을 분석한다는 것은 기존 연구문헌의 결과를 요약, 정리해서 옮겨 적는 것이 아닙니다. 문헌분석은 선행연구의 단순 요약이 아니라, 일정한 체계를 세우는 과정입니다. 문헌연구에서 많은 연구자들은 선행연구의 결과를 단순히 요약하려는 경향이 있습니다. 물론 문헌을 많이 읽고, 요약을 하면 연구자에게 지적 충만함과 심리적 안도감이 생기는 것이 사실입니다. 하지만 문제는 연구를 진행하는 데 별로 도움이 되지 않는다는 점입니다.

어떤 소논문들의 이론적 배경은 손쉽게 문헌을 요약한 내용으로 작성되기도 합니다. 원래 문헌분석의 가장 간편한 방법은 선행연구물의 내용이나 결과를 잘 요약하고 연구를 통해서 조사한 것과 발견한 것을 단락별로 요약하고 정리해 보는 것입니다. 이렇게 하는 문헌분석은 문헌을 요약하는 수준에 머물기 때문에 기존의 문헌을 설명해 주는 기능밖에 없습니다. 즉 문헌분석이라기보다는 기존연구를 설명하는 내용으로 양을 줄이는 일이 됩니다.

문헌분석의 본래 의미는 기존의 문헌 내용을 요약하되, 스스로 그 문헌들을 이해하고 그 가운데 깨달은 바나 알게 된 내용을 다른 이들이 이해하기 쉽게 정리하는 것입니다. 이를 통해 다른 이들에게 자신이 어떻게 공부를 했고 무엇을 깨달았는지를 보여 줄 수 있습니다.그리고 다음과 같은 것들이 가능해지기도 합니다. 첫째, 개별적인 선행연구들이 어떻게 연관되는지 이해할 수 있게 됩니다. 둘째, 선행연구들이 공통적으로 지지하는 내용은 무엇이고, 아직 발견하지 못한 부분은 무엇인지를 파악할 수 있게 됩니다. 셋째, 문헌분석의 결과는 연구자가 추진하려는 연구와 어떤 관련이 있는지 등의 지식과 정보를 얻을 수 있습니다.

4절 경험연구방법

여행에서 여행 목적지(목표)를 찾을 때, 다른 사람에게 물어보거나, 무작정 이리저리 길을 헤매고 다녀 보는 것도 방법이 될 수 있습니다. 다른 사람에게 길을 묻게 되면, 그들의 경험을 통해서 여행에 필요한 정보를 얻게 됩니다. 한편, 아무것도 모르는 상태로 길을 헤매고 다니는 것도 결코 쉬운 일은 아니지만 그만큼의 경험을 얻게 됩니다. 이와 같이 다른 사람의 경험을 빌리거나 자신이 스스로 체득한 경험을 통해 여행 목적지에 도달할 수 있습니다. 이와 같이 연구에서도 '다른 사람의 경험'이나 '연구자 자신의 경험'을 통해서 필요한 정보(자료)를 얻을 수 있습니다. 이를 경험연구방법이라고 부릅니다.

즉 경험연구방법은 경험을 통해서 자료를 찾는 연구방법이라고 하는데, 크게 다음의 두 가지로 구분할 수 있습니다. 다른 사람의 경험을 조사하여 자료를 획득하는 연구방법을 '조사연구방법'이라고 합니다. 연구자가 스스로 다양한 실험을 통해 새로운 경험을 확보하는 연구방법을 '실험연구방법'이라고 합니다. 이 절에서는 이 두 가지의 연구방법을 살펴보기로 합니다.

1. 조사연구방법

1) 조사연구방법이란?

조사연구는 다른 사람의 경험을 조사하여 정보를 획득하는 연구방법이라고 할 수 있습니다. 자연스러운 상태의 사람(연구대상)에게 묻고, 답변을 듣고, 말로 표현되지 않는 행동을 유심히 관찰하면서 각종 자료를 얻는 것입니다. 얻은 자료를 통해서 비교하고자 하는 변수 간의 관계를 밝히는 연구방법입니다. 여기서 말하는 변수란 상황에 따라서 값이 변하는 수(기호로도 표기함)를 말합니다. 조사연구는 비교적 많은 사람들(연구대상)에게서 자료를 수집하는 것입니다. 또한 여러 가지의 조사방법을 통해서 자료를 수집하거나 측정하는 것을 의미합니다. 조사 연구에서 연구대상(사람)에게 자료를 수집하는 이유는 연구자가 자신이 제시한 가설을 확인하기 위함입니다. 한마디로 조사연구는 잘 수집된 자료를 바탕으로 연구자가 설정한 가설을 검증하는 것입니다. 따라서 조사연구에서는 측정된 자료를 분석할 수 있는 능력이 꼭 필요합니다. 여기서 측정된 자료를 분석한다는 것은, 과학적인 방법으로 자료들이 의미하는 바를 해석해 내는 것을 말합니다. 얻은 자료를 분석할 수 있는 능력을 가지고 있으면 변수와 변수 간의 관계 혹은 변수에 미치는 영향력들을 구분해 볼 수 있게 됩니다. 이렇게 보면 조사연구에서 분석능력은 필수 요소입니다. 조사연구는 자료수집 방법의 측면에서 볼 때, 다른 연구방법에 비해 명료하게 연구를 진행할 수 있습니다. 연구방법이 쉬운지, 어려운지를 평가하는 것은 별로 의미가 없지만, 상대적으로 조사연구는 연구의 실패율이 적은 방법이라고 할 수 있습니다. 반면 연구자의 분석능력에 따라 연구의 결과와 수준에 차이가 생긴다는 점을 고려해야 합니다.

2) 어떤 경우에 조사연구방법을 사용할까?

경험연구방법에서 조사연구와 실험연구를 구분할 수 있는 차이점은 '통제'[1] 여부라고 할 수 있습니다. 자연스런 상황에서 자료를 수집하는 것은 조사연구이고, 연구자의 실험계획에 따라 통제를 하여 연구를 진행하는 것이 실험연구입니다. 연구대상을 통제하지 않고 '자연스러운 상태'에서 주로 질문과 대답을 통해 자료를 획득하고, 변수 간의 관계를 밝히는 경우에는 조사연구를 실시합니다.

조사연구는 전체(모)집단의 특성을 표현(기술)하기 위하여 실시합니다. 다시 말하면, 조사연구는 관심을 갖고 있는 집단의 특징을 보다 합리적이고 과학적인 방식으로 설명하기 위한 목적으로 수행하는 것입니다. 연구대상 전체가 규모가 클 때, 전체를 연구대상으로 할 수는 없기 때문에 모집단 중의 일부를 선택(표집)하여 연구하는 것이 일반적입니다. 이를 통해 전체집단의 평균적 상황을 이해하는 것입니

1) 실험연구에서 '통제'는 연구를 통해서 얻고자 하는 결과에 영향을 미치는 요인을 '제한'하거나, '조작'하는 것입니다. 예를 들어 "토론법 수업이 성적에 미치는 영향"을 연구한다고 가정해 봅시다. 이를 위해 연구대상을 실험집단과 통제집단으로 나누어 비교를 합니다. 실험집단은 토론법 수업을 하고, 통제집단은 토론법 수업을 하지 않는 것입니다. 이 경우, '통제'라는 말은 토론법 수업이라는 요인을 '제한한다'라는 의미입니다. 한편, 연구를 위해 두 집단을 비교하려면, 실험집단과 통제집단의 구성원들이 같은 수준의 능력을 보유하고 있어야 합니다. 일반적으로 남학생보다 여학생들이 언어능력이 우수하므로 토론법 수업에 더 유리할지도 모릅니다. 따라서 통제집단과 실험집단의 남녀 학생들의 숫자를 비슷하게 조정해 주어야 합니다. 이런 경우에 '통제'라는 말은 '조작'의 의미입니다.

다. 따라서 개별적인 상황을 이해하는 데는 한계가 있습니다. 특수한 대상이나 연구 대상 전체가 비교적 적은 인원인 경우에는 조사연구를 선택하는 것이 부적절할 수 있습니다.

결론적으로 조사연구는 비슷한 문제 상황에 대한 이해를 위해서 다양한 사례와 경험을 통해 문제 상황을 입증하거나 대상에 대해 보다 정확하게 이해해야 할 필요가 있을 경우에 반복적으로 여러 집단을 대상으로 조사를 통해 연구목적을 달성하는 연구방법입니다.

2. 실험연구방법

1) 실험연구방법이란?

실험연구방법은 실험을 통해서 연구질문의 해답을 찾는 연구방법입니다. 자연적인 상황에서 실시하는 조사연구방법과 달리 실험연구방법은 인위적인 통제 상황에서 실험을 합니다. 즉 인위적으로 통제하는 상황에서 변수 간의 인과관계를 밝히고자 실시하는 연구방법입니다. 변수의 의미는 앞에서 설명했습니다만, 예를 들어 "수업 방식(A)은 학습효과(B)에 어떤 영향을 미치는가?"라는 연구질문에서 수업 방식(A)과 학습효과(B)는 일정한 조건에 따라 서로에게 미치는 영향의 정도가 '변하는 수(변수)'입니다. 수업 방식(A)을 체험식, 토론식, 강의식, 게임식 등으로 조작하면, 학습효과(B)는 어떻게 변하게 되는지 확인한다고 할 때, A가 변하면, B도 변하게 된다는 것입니다. 보통 사회과학 분야의 연구에서 변수의 원인을 탐색하기 위해 상황을 완벽하게 통제하기는 불가능합니다. 따라서 실험연구를 실시하더라도 인과관계까지 밝히는 것은 어렵고 복잡한 일입니다.

결국 실험연구는 실험설계를 통해서 독립(A)변수가 준거(B)변수에 미치는 효과를 입증하는 연구라고 할 수 있습니다. 예를 들어 체험식, 토론식, 강의식 수업으로 형태를 다르게 변수를 정하고, 학습효과의 정도를 세 개 수준(예를 들어 상-중-하)으로 달리하는 변수로 정할 수 있습니다. 또는 실험집단에는 어떤 프로그램을 제공(투입)하고 통제집단에는 아무것도 투입하지 않을 수 있습니다.

이와 같이 실험연구에서는 변수 간의 영향을 확인해 보는 것으로, 실험연구를 위해서 실험설계에 대한 이해가 필요합니다. 실험은 매우 구체적으로 설정하게 되므로 실험에서 다루어질 변수들에 대해 잘 알고 있어야 합니다. 변수의 이름은 조사연구에서 활용되는 것과 동일합니다. 다만 조사연구를 포함한 일반적인 연구 상황에서 사용하는 변수 이름이 실험연구에서는 다른 이름으로 사용될 수 있음을 참고합니다.

〈표 4-2〉 실험연구에서 사용되는 변수들의 이름

변수명(이름)	실험연구에서 활용되는 변수의 명칭
독립변수(A)	**독립변수**, 처치변수, 실험변수, 조작변수
종속변수(B)	**종속변수**, 준거변수, 결과변수
매개변수	**매개변수**, 혼재변수, 잡음변수, 외재변수, 외래변수, 공변수

2) 어떤 경우에 실험연구방법을 사용할까?

일반적으로 실험연구에서는 실험을 시작하기 전에 연구가설을 제시하게 됩니다. 연구의 가설은 실험을 통해 연구자가 예상하는 결과이며, 이를 연구 시작 전에 미리 제시하는 것입니다. 이때에는 독립변수(A)와 종속변수(B) 간의 관련성이나 예상했던 원인을 밝히려는 목적으로 실험을 진행합니다. 예를 들어 황정훈(2012)은 “대학생들의 문화자본(A)이 학업성취(B)에 어떤 영향을 미치는가”에 대하여 연구하였습니다. 이 연구에서는 대학생들의 가정환경, 경제력, 문화 수준 등을 문화자본으로 정의하여 독립변수[2]로 지정하였고, 학업성취를 종속변수[3]로 정하였습니다. 이를 통해 실험에서 문화자본(독립변수)이 학업성취(종속변수)에 영향을 줄 것이라는 가설을 제시하고 실험을 통해 증명한 것입니다.

결국 실험연구는 독립변수의 효과를 확인하기 위해 실시하기도 합니다. 체험식 수업의 효과를 확인하기 위해 실험연구를 실시할 수 있습니다. 독립변수인 체험식 수업을 실시한 학급의 학생들의 문제해결력이 더 높을 것이라는 가설을 입증하기 위해 실험설계를 할 수 있습니다. [그림 4-1]은 독립변수의 효과를 종속변수를 통해 입증하기 위한 실험모형입니다. 독립변수에 '특정한 처치를 적용하는 집단'을 실험

2) 독립변수: 실험연구에서 실험을 위해 투입하는 요인의 의미를 가지며, 영향을 주는 요인이다.
3) 종속변수: 실험연구에서 독립변수로부터 영향을 받는 요인을 의미한다.

집단으로, 아무런 '처치를 받지 않는 집단'을 통제집단으로 구분합니다. 또는 실험집단에 대비해 비교집단이라는 용어를 사용할 수도 있습니다. 학교에서 두 학급을 선정하여 한 학급에는 체험식 수업방법을 실시하고, 다른 집단에는 강의식 수업방법으로 수업을 실시하는 것으로, 통제집단이라기보다 비교집단으로 표현하는 것이 이해하기 쉬울 것입니다.

[그림 4-1] 실험연구의 실험설계

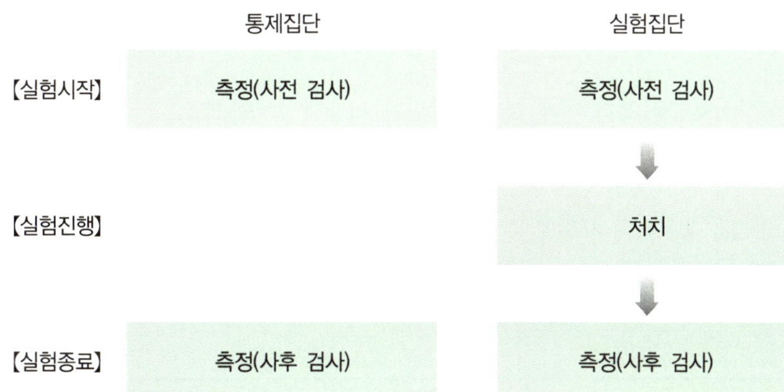

학 | 습 | 활 | 동

1 다음에 제시된 연구질문에 답을 찾기 위한 연구방법은 무엇이 좋을까요?

(1) 조선시대 교육기관의 종류와 특징은 무엇일까?
(2) 한국 청소년들이 여름방학에 가고 싶어 하는 해외 여행지는 어디일까?
(3) 온실효과가 지구 온난화에 미치는 영향은 무엇일까?
(4) 5년 후 미래 사회에 사라질 직업은 무엇일까?
(5) 학생들에게 낮잠을 잘 수 있게 해주고 오후에 수업을 하면, 학업성적은 어떻게 될까?
(6) 4차 산업혁명을 통해 미래 사회의 교육은 어떻게 변화될까?

2 다음 연구방법을 활용하여 해결할 수 있는 연구질문을 2가지 작성해 보세요.

(1) 문헌연구방법

① ______________________________

② ______________________________

(2) 조사연구방법

① ______________________________

② ______________________________

(3) 실험연구방법

① ______________________________

② ______________________________

마무리

이 장에서는 연구질문에 답을 찾기 위한 연구방법의 종류와 특징을 알아보았습니다. 연구질문에 답을 찾기 위해서는 자료(정보)가 필요합니다. 문헌을 통해서 자료(정보)를 얻는 방법과 경험을 통해서 자료(정보)를 얻는 방법으로 구분할 수 있습니다. 즉 문헌을 참조하여 자료(정보)를 획득하는 방법을 문헌연구방법이라고 합니다. 경험을 통해서 자료(정보)를 획득하는 방법은 경험연구방법이라고 합니다. 조사연구방법은 자료를 획득하기 위해 다른 사람들에게 묻고, 조사활동을 합니다. 이에 비해 실험연구방법은 새로운 시도나 실험을 통해서 얻어진 경험을 통해서 자료를 획득하는 것입니다. 그러나 질문에 답을 찾기 위해 적용하는 연구방법은 위에서 제시한 문헌연구, 조사연구, 실험연구방법만으로 제한되어 있는 것은 아닙니다. 이 장에서 소개한 연구방법 이외에 다양한 연구방법이 있습니다. 따라서 연구방법을 적용할 때, 연구방법 한 가지를 적용하는 경우도 있고, 2~3가지의 연구방법을 동시에 적용하는 경우도 있습니다. 이런 점에서 연구방법은 연구주제나 연구질문에 적합한 것을 연구자가 합리적으로 선택하여 적용하는 것입니다.

Chapter

5 연구주제 정하기

1절 좋은 주제의 요건
2절 따라서 해보는 주제 찾기

소논문을 써야겠다고 굳게 마음을 먹더라도, 그것만으로 소논문을 성공적으로 쓸 수 있는 것은 아닙니다. 마음을 먹은 뒤에 해야 할 중요한 일 중 하나는 주제를 정하는 것입니다. 바로 "무엇에 대해서 쓸 것인가?"라는 질문에 답하는 과정이기도 합니다.

특히 '연구'에서 주제를 결정하는 일은 무척 중요합니다. '연구주제'는 연구를 수행하는 방법과 밀접한 관련이 있습니다. 심지어 연구결과의 질이나 수준에도 영향을 미칩니다. 물론 연구주제를 쉽게 잡는 경우는 찾아보기 어렵습니다. 어떤 친구들은 주제가 중요하다는 점을 알기 때문에 주제 선정에 몇 날 며칠을 고민하기도 합니다. 하지만 고민과정 자체가 너무 고통스러운 나머지 글을 써보겠다는 굳은 다짐은 온데간데 없이 사라지고 시작도 못하고 포기하는 친구들이 발생합니다. 모처럼 쓰고 싶은 주제를 찾은 친구들도 이게 과연 소논문 내용으로 적당할까 고민하다가 시간만 흐르는 경우도 많습니다. 또 어렵게 찾은 주제로 멋지게 글쓰기를 시작했더라도 중간에 너무 어려워 포기하는 친구들도 있습니다. 그러면 어떤 내용이 논문의 주제로 적당한 것일까요? 또 어떤 주제로 글을 써야 포기하는 일 없이 논문을 쓸 수 있을까요?

학습 목표

- 좋은 주제의 요건을 말할 수 있다.
- 주제 선정방법을 활용하여 자신의 연구주제를 도출할 수 있다.

소논문을 쓰는 과정 중에서 주제를 정하는 일은 생각보다 쉽지 않습니다. 많은 학생이 주제를 정하지 못하고 허송세월만 보내기도 합니다. 그러나 소논문의 시작은 주제 정하기부터라고 말할 수 있을 만큼 연구주제는 중요합니다. 흔히 "내가 쓰려고 하는 연구주제는 벌써 다른 사람이 연구를 해버려서 쓸 게 없다."라고 하는데 이것은 연구주제에 대한 고민을 해보지 않았기 때문입니다. 쉽게 말하자면 틈새만 잘 공략하면 무궁무진한 연구주제를 찾을 수 있습니다. 시작이 어렵지, 시작만 하면 틀림없이 주제를 찾아내어 성공적으로 소논문 쓰기를 할 수 있습니다.

이 장에서는 소논문의 주제를 어떻게 정하는지 사례를 들어가면서 알아보겠습니다. 중요한 것은 소논문 쓰기를 틀림없이 끝내겠다는 자신과의 굳은 약속입니다. 그럼 "나는 할 수 있다."라고 큰 소리로 자신과 약속을 해봅시다. 여러분은 틀림없이 소논문 쓰기를 훌륭하게 수행할 수 있습니다.

1절 좋은 주제의 요건

1. 좋아하는 과목은 밤을 새워서 공부할 수 있다

건희는 학교 수업 중 과학을 제일 싫어합니다. 그래서인지 지난 중간고사에서 과학 과목의 성적이 좋지 않습니다. 기말고사에서는 성적을 올리겠다고 다짐했지만, 시험공부도 제대로 못한 채 기말고사 날짜가 하루 앞으로 다가왔습니다. 최후의 수단으로 오늘 밤을 새워 보기로 했습니다. 오늘은 반드시 끝까지 공부한다고 결심을 하고 책을 펼칩니다. 이윽고 어느 정도 공부를 했나 시간을 확인해 보니 자리에 앉은 지 겨우 10분밖에 되지 않았습니다. 건희는 자신의 집중력을 한탄하며 다시 마음을 가다듬고 공부를 합니다. 꽤 시간이 흐른 듯하고 시간도 늦었는지 잠이 쏟아집니다. 다시 한 번 시간을 봅니다. 이번에는 30분이 흘렀지만 이대로 있다가는 잠이 들 것 같다는 생각이 듭니다. 마침 내일 건희가 좋아하는 역사 시험도 같이 있어 잠시 역사 과목을 복습하기로 합니다. 옛날이야기 같은 역사 이야기에 푹 빠져 책을 읽다가 문득 과학 시험이 생각납니다. 시계를 보니 벌써 두 시간이나 흘렀다는 걸 알고 건희는 시간이 흘러가는 속도가 신기하기만 합니다.

위의 이야기는 건희만의 이야기는 아닙니다. 누구나 재미있는 방송을 시청하거나 친구들과 재미있게 이야기를 나눌 때에는 시간이 지나갑니다. 하지만 잠과 사투를 벌여야 하는 5교시 수업시간이나 시험을 못 봤다며 꾸중하시는 부모님의 잔소리를 듣는 시간은 10분이 100분처럼 느껴진 경험이 있을 겁니다. 이처럼 대부분의 사람들은 자신이 좋아하는 일을 할 때에는 즐겁기 때문에 시간의 흐름을 인식하지 못하지만, 자신이 흥미가 없는 일을 할 때에는 집중하지 못하고 시간을 더디게 느낀다고 합니다.

연구는 기말고사를 준비하는 것과 달리 정해진 주제에 대하여 여러 가지 방법으로 긴 시간 동안 공부해야 하는 과정입니다. 긴 시간 동안 한 가지 주제를 계속 공부하다 보면, 좋아하는 내용이라도 지치기 마련입니다. 건희처럼 연구를 시작한다고 할 때, 평소에 흥미도 없고 잘 알지도 못하는 과학 내용을 긴 시간 동안 공부할 수 있을까요? 물론 가능한 친구도 있겠지만, 대부분의 친구들은 어렵고 힘든 과정에 포기하고 맙니다. 그러므로 건희가 끝까지 연구를 수행하기 위해서는 자신이 평소에 좋아하는 과목과 관련된 내용이나 자신이 평소에 관심이 있었던 내용을 주제로 선정하는 것이 좋습니다.

2. 연구주제는 '○(A)와 △(B)'의 관계이다

연구를 시작하기로 한 건희는 선생님이 해주신 조언에 따라 자신이 진짜 궁금했던 '여자친구' 관련 내용으로 주제를 고민했습니다. 건희는 앞으로 '나를 좋아해 주는 여자들'이 궁금했기 때문입니다. 그래서 어떤 사람이 나를 좋아할지를 미리 알고 싶은데, 이 내용이 연구주제로 가능할까요?

위 지문에서 건희의 연구주제는 무엇일까요?

아마도 대부분의 친구들은 '여자친구' 또는 '나를 좋아해 주는 여자'라고 말할 것입니다. 하지만 안타깝게도 '여자친구'는 글쓰기의 '제재(중심소재)'일 뿐, '주제(중심생각)'는 아닙니다. 건희의 연구주제(중심생각)를 표현하기 위해서는 건희가 궁금한 내용을 정확하게 표현할 필요가 있습니다. 윗글에서 건희는 어떤 여자들이 자신을 좋아하는지를 알고 싶어 합니다. 이럴 때에는 '○(A)와 △(B)'의 관계로 표현하면 좋습니다. 그러므로 건희의 연구 관심은 '여자친구'가 아닌 '건희를 좋아하는 여자들(○)과 그 여자들의 특성(△)'으로 표현할 수 있습니다. 즉 건희의 정확한 연구주제는 '건희를 좋아하는 여학생들(○)의 특징(△)에 관한 연구'으로 표현할 수 있습니다. 이처럼 연구주제는 자신이 궁금했던 내용을 '○(A)와 △(B)'의 기본 구조를 중심으로 상세하게 표현해 나가는 과정입니다.

3. 좋은 연구주제는 많은 사람들이 궁금해한다

앞선 내용에서 건희의 연구주제는 '건희를 좋아하는 여학생들(○)의 특징(△)에 관한 연구'입니다. 이 주제가 좋은 연구주제일까요? 아마도 대부분의 학생들은 '아니오'라고 대답할 것입니다. 좋은 연구주제는 연구자 본인이 궁금하고 재미있는 내용 외에도 무언가 다른 조건이 필요하다는 생각이 듭니다. 그럼 어떤 조건이 더 필요한 걸까요?

연구주제의 요건을 생각하기 위해서 '연구'라는 단어의 의미부터 알아보겠습니다. '연구'의 정의를 백과사전에서 찾아보면 "어떤 일이나 사물에 대하여 깊이 있게 조사하고 생각하여 진리를 따져 보는 일(네이버 백과사전, 2016-8-29 검색)"이라고 설명합니다. 이 뜻에서 '연구주제'의 요건을 유추해 본다면, '깊이 있게 조사하고 생각하여 진리를 따져볼 만한' 가치 있는 내용이어야 합니다. 그렇다면 '깊이 있게 조사하고 생각하여 진리를 따져볼 만한' 가치 있는 내용을 판별하는 기준에 대해서 생각해 봅시다.

연구는 많은 사람이 그럴만한 가치가 있다고 인정해야 합니다. 건희가 선택한 '건희를 좋아하는 여학생들(○)의 특징(△)'이라는 주제는 건희 자신에게는 무척 궁금하고 유익한 주제입니다. 하지만 이 글을 읽는 학생 중에 내가 직접 알지도 못하는 건희를 좋아하는 여자들의 공통점이 궁금한 친구는 한 명도 없을 것입니다. 따라서 이 연구를 다른 친구들이 궁금해하도록 바꾸는 방법이 있습니다. 건희라는 특수한 사람을 이야기하는 것이 아니라 다른 친구들도 해당할 수 있도록 일반화시켜 보는 것입니다. 건희뿐만 아니라 건희가 속한 연극반 친구들을 연구대상으로 확대하여 '연극반 남학생을 좋아하는 여자들의 특징'으로 조금 더 일반화해 봅시다. 건희가 처음 계획했던 '나를 좋아하는 여학생들의 특징'은 다른 독자에게는 별다른 궁금증이 없는 내용이며, 전혀 중요한 문제가 아닙니다. 하지만 '연극반 남학생을 좋아하는 여학생들의 특징'이라는 주제는 현재 연극반과 관련 있는 사람들은 모두 궁금해할 것입니다. 이처럼 좋은 연구주제는 특정 개인에 한정된 주제가 아니라 많은 이들이 궁금해하는 내용이 좋습니다.

4. 내가 연구할 수 있는 구체적 범위를 결정해야 한다

건희는 선생님의 조언을 통하여 '건희를 좋아하는 여학생들(○)의 특징(△)'을 다른 사람들도 궁금해 할 수 있는 주제인 "연극반 남학생을 좋아하는 여학생들의 특징에 관한 연구"로 바꾸기로 했습니다. 그런데 조사를 하려고 보니 '연극반'은 건희네 학교 외에도 다른 학교에도 많이 있습니다. 어디까지 조사해야 하는 걸까요?

연구는 "어떤 일이나 사물에 대하여 깊이 있게 조사하고 생각하여 진리를 따져 보는 일"입니다. 그러므로 연구는 꼬리에 꼬리를 물고 점점 깊이 파고 들어야 합니다. 그런데 연구범위를 너무 넓게 선정한다면 중간과정에서 지쳐버릴 수 있습니다. 앞선 건희의 사례에서 보다 정확한 결과를 위해서는 우리 지역의 연극반 친구들을 대상으로 모두 조사하는 것이 좋을 것입니다. 하지만 건희가 살고 있는 지역의 모든 고등학교 연극반 남학생을 파악하는 데에도 한 달 가량의 시간과 노력이 필요합니다. 하지만 우리가 궁금한 부분은 연극반 남학생을 좋아하는 여학생들에 관한 이야기입니다. 그러므로 연극반 남학생을 만나 연극반 남학생에게 자신을 좋아하는 여학생들에 관한 이야기를 들려 줄 것을 요청해야 합니다. 우리 학교 학생이 아닌 다른 학교 학생들을 만나서 이야기를 나누려면 이야기를 나눌 시간과 장소도 필요합니다. 그러나 고등학생인 건희의 시간과 비용을 고려할 때, 같은 지역의 모든 고등학교 연극반 학생을 대상으로 하는 것은 무리가 있습니다. 그러므로 좋은 연구주제는 건희가 연구를 수행할 수 있는 범위인 '건희가 속한 고등학교의 연극반 남학생을 좋아하는 여학생들의 특징'으로 축소하는 것이 좋습니다.

5. 선행연구에서 실마리를 찾는다

건희는 연구의 범위를 자신의 고등학교 연극반 남학생들을 좋아하는 여학생들을 대상으로 연구범위를 축소시켰습니다. 그러나 건희는 자신이 연구를 하려고 했던 처음의 생각을 다시 떠올려 보았습니다. 건희는 자신을 좋아하는 여학생들의 특징이 궁금했던 것이었습니다. 따라서 남학생들을 좋아하는 여학생들의 특징을 알아보아야 하는데, 어떻게 하면 될까요? 어떻게 시작해야 좋을까요?

건희의 이러한 의문은 선행연구를 검토하는 방법으로 해결할 수 있습니다. 남학생을 좋아하는 여학생들의 특징은 여러 가지가 있을 것입니다. 제일 쉽게 파악할 수 있는 외모, 객관적으로 나타나는 성적, 친구들과의 관계, 성격까지 여러 가지를 확인해 볼 수 있습니다. 하지만 이들을 모두 조사한다면 좋겠지만, 우리는 앞에서 연구에 허용할 수 있는 시간과 노력을 고려하여 연구범위를 축소해야 한다는 사실을 배웠습니다. 그러므로 여기에서도 관련이 없는 요소들은 과감히 제외하는 것이 필요합니다. 그리고 건희의 막막함을 해결하기 위하여 비슷한 연구가 있는지 찾아보는 노력이 필요합니다. 연구논문을 모아놓은 사이트(여기에서는 '구글 학술검색(스콜라) : scholar.google.co.kr'를 활용)에서 관련 논문을 검색해 보았습니다. 여학생들의 어떤 특징이 남학생을 좋아하는 데 영향을 끼치는지 확인하기 위하여 '외모, 성격, 호감, 직업' 등의 검색어를 중심으로 검색해 보았습니다.

[그림 5-1] 구글 스콜라에서 '외모, 직업, 호감'을 Keyword로 검색한 결과

학술검색 검색결과 약 1,110개 (**0.02**초)

학술자료
내 서재

모든 날짜
2016 년부터
2015 년부터
2012 년부터
기간 설정...

관련도별 정렬
날짜별 정렬

전체 웹문서
한국어 웹

특허 포함
서지정보 포함

알림 만들기

성인 남성의 **외모**관리행동과 특성에 관한 연구
정의정 - 한국인체미용예술학회지, 2011 - scholar.dkyobobook.co.kr
... 로 **외모**관리를 위한 행동과 특성을 알아보기 위하여 각 연령별, 수입규모, **직업**에 따른 **외모** 관리 특성과 행동이 어떻게 다른 양상으로 나 ... **외모**관리 이유에 있어서 전체적으로 50% 이 상이 자기만족을 위해 **외모**를 관리한다고 응답 한 가운데 연령이 낮을수록 이성에게 **호감**을 ...
9회 인용 관련 학술자료 인용 저장

외모 장식이 여성의 전문직 이미지에 미치는 영향
이명희 - 한국의상디자인학회지, 2012 - dbpia.co.kr
... 선호도는 자극물로 제 시된 인물의 **외모** 장식에 대하여 선호하는 정도 를 조사하는 3개 형용사를 사용하였으며, **호감** 이 가는, 내가 좋아하는, 보기 좋은을 포함하였 다. 자극물 인물의 연령과 **직업**을 조사하는 문 항을 포함하였는데, 연령은 제시된 인물의 연령 이 몇 살로 보이는지를 ...
3회 인용 관련 학술자료 인용 저장

미혼 여성이 선호하는 남성의 이상형과 **외모**관리에 대한 인식
홍수남 - 한국의상디자인학회지, 2013 - dbpia.co.kr
... 이명희 (2012)는 **외모** 이미지에 따라 **직업**을 추론할 수 있으며 개인의 이미지 평가에 긍정적인 효과를 준다고 하였고, 임경복(2012)은 **외모**관리에 있어 서 남성은 ... 남성의 **외모**관리행동에 대해서 박혜란(2007) 은 20-30대 남성의 **외모**관리 이유는 자기만족과 이성에게 **호감**을 얻기 ...
1회 인용 관련 학술자료 전체 2개의 버전 인용 저장

보문: 대학생이 선호하는 여교수의 리더십 유형과 **외모** 이미지
황미애 , 장미숙 - 대한미용학회지, 2013 - papersearch.net
... 대학 교수라는 전문 적 특성이 강한 **직업**으로, 여대생이 가장 선호하는 **직업**군 (헤럴드생생뉴스 ... 본 연구에서는 전공을 불문하고 일반적인 남녀 대학생이 선호하는 여교수의 리더십 유형과 **외모** 이미지에 대해 ... 이를 통해 유능한 여성 리더로서, **호감**가고 신뢰성 있는 효과적인 리더십과 **외모** ...
1회 인용 관련 학술자료 인용 저장

남성의 **외모**관리 허용 수위와 **외모**불안 지대
임인숙 - 한국사회학, 2005 - dbpia.co.kr
... Page 11. 남성의 **외모**관리 허용 수위와 **외모**불안 지대 97 〈표 1〉심층면접 대상자의 특성과 **외모**관리 실태 No 나이 전공 운동 종류 (기간) - 운동 목적 성형/ 화장/ 패션 희망**직업** 남 성 1 26 사회과학 헬스(1개월) - 체중증가/체력 코 성형 의향, 기초화장1) 기자 ...
24회 인용 관련 학술자료 인용 저장

남성의 수염디자인이 인상 형성에 미치는 영향
강대영 , 안종숙 - 한국디자인문화학회지, 2012 - papersearch.net
... 미친다. **외모**의 중요성이 부각되면서 여성에 비해 상대적으로 사회 참여가 높은 남성들 사이에서도 매력적인 **외모**나 **호감** 가는 인상은 사회적 지위나 **직업** 내 성취에 중요한 지침이며 목표달성의 수단으로 사용된다. 이에 본연구에서는 ...

출처: https://scholar.google.co.kr/scholar?q=%EC%99%B8%EB%AA%A8+%EC%A7%81%EC%97%85+%ED%98%B8%EA%B0%90&btnG=&hl=ko&as_sdt=0%2C5, 2016-09-05 검색

하지만 아무리 찾아도 남학생을 좋아하는 여학생들의 특징을 파악한 연구는 없어 보입니다. 그러므로 건희가 이 연구를 진행하기 위해서는 먼저 여학생들의 특징과 이성에 대한 호감도에 대한 연관성을 밝힌 후, 연극반 남학생들을 좋아하는 여학생들의 특징을 정리해야 합니다. 이럴 때에도 역시 선행연구를 참고하는 것이 좋습니다.

이성 간 인상 형성에서 일어나는 단편 판단 (Thin-slice Judgement) 의 성차
강평원 , 설선혜 , 최인철 - 한국심리학회지: 사회 및 성격, 2011 - dbpia.co.kr
... 그러나 흥미롭게도 **이성** 간 인상 형성에서 나 타나는 단편 판단의 성차를 성격과 **외모** 측면에서 종합적으로 살펴본 연구는 아직까지 없다. ... 적합한 배우자의 속성과 직결되 는 정보(성격과 신체특성)를 정확하게 파악할 수 있는 지를 알아보고 이러한 정보가 **이성**에 대한 **호감**에 어 떠한 ...
1회 인용 관련 학술자료 전체 4개의 버전 인용 저장

한국 중, 고, 대학생들의 **이성**친구 선택기준에 관한 연구
최인수 , 원윤선 - 한국심리학회지: 발달, 2000 - dbpia.co.kr
... 그에 의하면 남자는 우선 여자의 신체적인 매력을 더 선호하며 여자는 남 자의 사회적 성격측면 즉, 좋은 **직업**, 학벌, 경제 한국 중 · 고 · 대학생들의 **이성**친구 선택21준에 관한 연구 ... 는 배우자를 선택하게 될 것이고 그 기준으로는 배우자의 젊음, **외모** 등을 중시하게 된다는 것이 다. ...
2회 인용 관련 학술자료 전체 3개의 버전 인용 저장

알림 만들기

Gooooooooooogle >
1 2 3 4 5 6 7 8 9 10 다음

Google 학술검색 정보 개인정보취급방침 약관 의견 보내기

위와 같은 방법으로 관련 논문을 검색해 보니 “한국 중 · 고 · 대학생들의 이성친구 선택기준에 관한 연구”라는 논문을 찾았습니다. 건희가 궁금했던 ‘여학생들의 특징’과 완전히 같지는 않지만 이 논문의 ‘이성친구 선택기준’이 여학생들의 특징이 될 수도 있을 것 같습니다. 이럴 때에는 논문을 다운로드받아서 내용을 살펴보아야 합니다. 논문을 다운로드받아서 살펴본 결과, ‘이성친구 선택기준’에 관한 상세한 내용을 표로 기술한 부분이 있습니다. 이 부분을 ‘여학생들의 특징’으로 보아도 될 것 같습니다. 이렇게 찾은 여학생들의 특징이 ‘연극반 남학생’들을 좋아하는 것과 관련이 있는지를 밝혀야 합니다. 이 과정은 나중에 설명할 기회가 있습니다. 만일 계속 진행하는 것이 현실적으로 어렵다는 판단이 든다면, 선행연구를 바탕으로 어렵지 않으면서 재미있게 시도해 볼 수 있는 다른 주제로 바꾸는 것도 좋은 대안이 될 수 있습니다.

다른 주제로 바꾸기 위하여 앞에서 보았던 선행연구를 다시 검토해 보겠습니다. 우리가 다운로드해서 내용을 보았던 “한국 중 · 고 · 대학생들의 이성친구 선택기준에 관한 연구”는 건희와 비슷한 고등학생을 대상으로 한 연구이며, 건희가 궁금했던 요소 중 ‘여학생들의 특징’을 포함하기도 한 연구입니다. 그러나 이 연구를 건희의 관점으로 표현하자면, ‘여학생들의 특징’이 아니라 ‘여학생들이 이성친구를 선택하는 기준’입니다. 건희가 원래 의도했던 자신을 좋아하는 여학생들의 특성을 찾아내기는 힘들겠지만, 원 논문이 일반적인 친구들을 대상으로 한 만큼 대상을 줄여서 연

극반 남학생을 이성친구로 둔 여학생들을 대상으로 해보는 건 어떨까요? 원 논문에서 밝힌 일반적인 친구들의 선택기준과는 다른 기준을 보일 것 같다는 생각도 듭니다. 최종적으로 건희의 연구주제는 '연극반 남학생을 이성친구로 둔 여학생들의 이성친구 선택기준'으로 결정했습니다. 우리는 이처럼 선행연구를 통하여 이전에 결정했던 연구주제를 바꾸거나 구체화하며 자신이 다룰 수 있는 연구로 만들어 나갈 수 있습니다.

2절 따라서 해보는 주제 찾기

1. 주제는 내 주변에 숨어 있다

앞서 이야기했던 것처럼 주제는 자신의 관심 분야에서 궁금했던 내용을 선정하는 것이 좋습니다. 자신이 좋아하는 과목 또는 최근에 관심이 가는 분야를 네모 안에 적습니다.

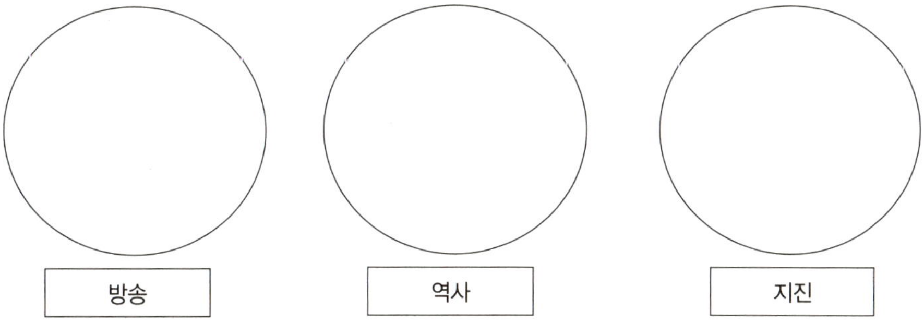

여기에서는 방송을 좋아하는 사람의 예를 들겠습니다. 예능, 드라마, 다큐멘터리 모든 장르를 좋아한다고 가정해 봅시다. 사극을 통해 조선시대의 많은 이야기를 보며 역사에 관심이 생겼을 수 있고, 얼마전 다른 나라에서 주로 발생하던 지진이 우리나라를 덮치지 않을까 걱정을 할 수도 있습니다. 평소에 이러한 생각을 하고 있었다면 네모 안에는 일상적인 관심 분야인 '방송'과 '역사', '지진'을 적을 수 있습니다.

2. 내가 궁금했던 내용을 작은 동그라미 안에 단어로 적는다

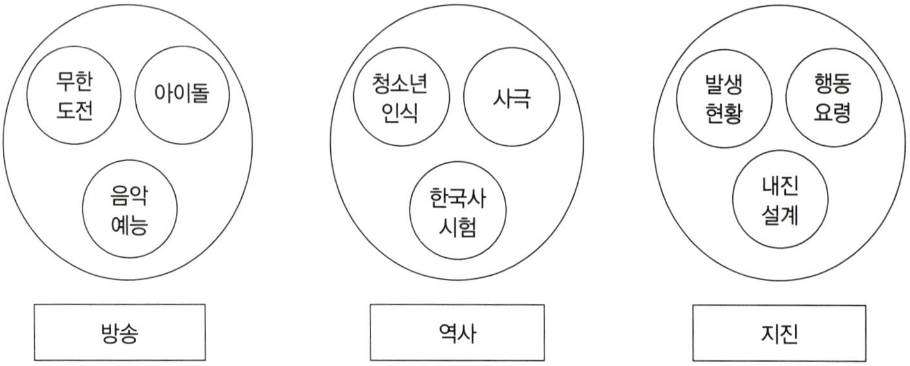

이제는 자세하게 써볼 단계입니다. 위에 적었던 '방송'과 '역사'라는 분야는 평소에 관심이 있었다 하더라도 분야가 너무 넓어 모든 것을 연구하기에는 한계가 있습니다. 그러므로 연구를 위해서는 내용을 구체화할 필요가 있습니다.

이를 위해 좀 전에 선택했던 '방송' 분야에서 더 관심이 있거나 알고 싶었던 내용이 있었던 세부 분야 중에서도 관심이 있는 것들을 적을 수 있습니다. 여기에서는 첫 번째 동그라미에는 평소에 좋아하는 TV 프로그램인 '무한도전'을 적었고, 두 번째 동그라미에는 가수 외에도 MC, 배우 등 다방면으로 활동하고 있는 '아이돌'을 적었습니다. 마지막 동그라미에는 예능 프로그램에서 음악을 연주하여 재미있게 음악도 들을 수 있는 '음악예능'까지 적었습니다.

'역사' 분야는 '방송'과는 달리 세부 분야가 아닌 '역사' 분야를 중심으로 사회 분야로 확대해 볼 수 있습니다. '역사' 자체 문제에도 관심이 있지만, 사회 속에서의 역사 분야에도 관심이 있다고 가정해 보았습니다. 그러므로 사회 분야 속에서의 역사를 파악하기 위하여 세 가지 관심 분야인 '역사에 대한 청소년 인식', '역사 지식을 측정하는 한국사 시험', 그리고 마지막으로 '역사적 사실을 각색한 사극'을 적었습니다.

'지진' 분야는 잘 알지는 못하지만 관심이 있는 경우에 해당합니다. 이런 경우 연구를 하고 싶은 욕심이 있기에 '지진'이라는 키워드로 인터넷 검색을 해서 관련 내용을 채우는 것도 가능합니다. 관련 검색어 및 주요 뉴스 기사의 키워드 중 '국내 지진 발생 현황', '행동요령' 그리고 지진 방지를 위한 건물의 '내진설계'를 선정하였습니다. 그래서 이 세 개를 동그라미 안에 적어보도록 하겠습니다.

3. 가장 궁금한 몇 가지를 ○와 △의 관계로 서술한다

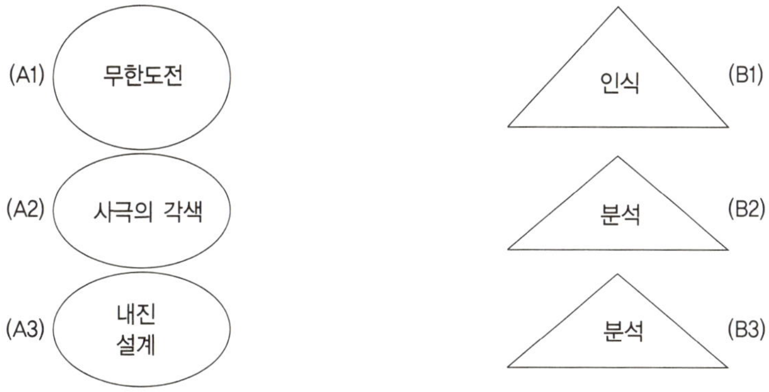

우리는 앞에 적었던 9개의 세부 분야 중 가장 재미있을 것 같고, 가장 연구해 보고 싶은 분야를 골라 보려고 합니다. 그러기 위해서는 위에서 적었던 단어는 연구주제가 아니므로 고르기가 힘듭니다. 그래서 앞에서 설명했던 바와 같이 이를 ○와 △의 관계로 표시할 필요가 있습니다. 앞서 살펴보았듯이 ○는 연구를 수행할 키워드가 들어가며, △는 연구를 수행하는 방법으로 표현합니다. 청소년들이 수행하는 연구방법은 대부분 '분석, 영향, 비교' 등이 사용됩니다.

여기에서도 앞서 도출한 세부 분야인 '무한도전, 사극, 내진설계'를 ○와 △의 관계로 표현해 보겠습니다.

첫 번째 단어인 '무한도전'은 좋아하는 사람들이 많은 프로그램입니다. 그러나 앞서 언급하였듯이 연구에는 개인적인 감정을 담는 것은 좋지 않습니다. 따라시 '네가 좋아하는 무한도전'이 아니라 '객관적인 시선에서 바라본 무한도전'이어야 합니다. 그러므로 〈무한도전〉에 대한 객관적인 시선을 연구하는 것도 좋을 것 같습니다. 따라서 '무한도전에 관한 사람들의 인식'에 대하여 조사해 보고자 합니다.

두 번째 단어인 '사극'의 경우, 앞선 단계에서 이미 '역사적 사실을 각색한 사극'으로 구체화시킨 단계입니다. '사극의 각색'은 재미를 위해서는 중요한 요소이지만, 역사적 사실을 잘 알지 못하는 청소년들에게는 역사적 사실을 왜곡시킬 수도 있는 요소입니다. 과연 그러한지 연구해 보는 것도 가치로울 수 있습니다. '사극의 각색'이라는 단어를 조금 더 다듬으면 '사극의 각색이 청소년의 역사인식에 미치는 영향'으로 구체화할 수 있습니다.

마지막으로 '내진설계'는 다소 어려운 내용입니다. 하지만 앞에서도 이야기하였듯이 자신이 흥미를 갖고 있는 자신의 내용으로 연구하는 것이 좋습니다. 따라서 다소 어려울 것 같았던 '내진설계'는 우리 주변으로 범위를 축소해 보려고 합니다. '우리 학교'에 내진설계가 이루어진 건물은 몇 개나 될까요? 자신이 다니고 있는 학교에 조사할 건물이 적다면, 자신이 살고 있는 동네나 지역으로 범위를 넓히는 것도 좋을 것 같습니다. 따라서 '내진설계'는 '우리 학교(또는 우리 마을)의 내진설계 현황분석'으로 구체화시키도록 하겠습니다.

4. ○와 △와 관련된 선행연구를 검색하고 관련 논문제목을 작성한다

〈관련 사이트〉
구글 스콜라: www.scholar.google.co.kr
한국교육학술정보원: www.riss.kr
국가전자도서관: www.dlibrary.go.kr

앞 단계에서 기술한 세 가지 주제를 한국교육학술정보원에서 제공하는 논문제공서비스인 '리스(www.riss.kr)'에서 검색하여 선행연구를 검색해 보도록 하겠습니다. 앞선 단계에서 구체화시킨 연구주제의 주요 단어를 중심으로 검색창에 넣습니다. 우선 첫 번째 주제인 '무한도전에 관한 사람들의 인식'을 조사하기 위하여 '무한도전, 인식'이라는 단어를 넣어 보았습니다. 많은 논문이 나왔지만 관련이 깊은 논문을 두 개 정도 고를 수 있습니다.

1) 첫 번째 주제: 무한도전에 관한 사람들의 인식

[첫 번째 검색어: 무한도전, 인식]

① 집단 MC 체제 예능 프로그램의 구성 요인이 시청자 선호도에 미치는 영향과 개선 인식에 관한 연구: 리얼 버라이어티 프로그램을 중심으로

② 리얼리티 프로그램의 시청 선호 요인 분석: 〈무한도전〉과 〈1박2일〉을 중심으로

그러나 우리가 생각했던 단순한 '사람들의 인식'에 관한 연구는 보이지 않습니다. 이럴 경우에는 〈무한도전〉이라는 특수한 프로그램에 관한 검색이 아니라 일반적인 내용으로 검색해 보는 것이 좋습니다. 따라서 '무한도전'이라는 키워드를 '예능'으로 바꾸어 검색해 보았습니다.

[두 번째 검색어 : 예능, 인식]

③ TV 예능 프로그램의 성역할 정형화에 대한 고등학생의 인식조사연구

④ 예능 프로그램 자막의 특성과 수용자 인식에 미치는 영향

⑤ TV 육아 예능 프로그램 시청이 양육 의도에 미치는 영향

이렇게 '무한도전에 관한 사람들의 인식'이라는 주제와 관련된 선행연구를 찾다 보니 공통점이 보입니다. 〈무한도전〉이라는 프로그램 자체가 아닌 무한도전의 특징인 '집단 MC 체제, 리얼리티'라는 특징을 도출하여 이에 대한 시청자 인식을 조사하였습니다.

그리고 '무한도전'이 아닌 '예능'으로 확대하여 검색을 했을 때에도 'TV 예능 프로그램의 성역할 정형화', '예능 프로그램 자막의 특성'이라고 특징을 도출하여 이와 관련된 '양육 의도'나 '수용자 인식'을 조사하였습니다. 마지막으로 '육아 예능 프로그램'을 대상으로 조사한 연구에서는 단순한 '시청자 인식'이 아닌 '양육 의도'라는 관련성 있는 결과에 미치는 영향을 조사하였습니다.

이처럼 연구주제는 〈무한도전〉이라는 단순한 프로그램에 대한 인식보다는 '무한도전의 특징'을 찾아내어 이에 대한 시청자의 인식을 조사하거나, 또는 이와 관련된다고 여겨지는 결과에 미치는 영향을 파악하는 주제로 수정되어야 할 필요가 있습니다.

2) 두 번째 주제 : 사극의 각색이 청소년의 역사인식에 미치는 영향

[첫 번째 검색 : 사극, 역사인식]

이번에 찾아볼 주제는 '사극의 각색이 청소년의 역사인식에 미치는 영향'입니다. 이번에도 관련 주제를 찾기 위하여 주요 키워드인 '사극, 역사인식'을 검색창에 넣었습니다. 그리고 그 결과를 아래와 같이 적을 수 있습니다.

① 사극 수용자의 역사인식과 미디어교육 효과연구

② 퓨전사극의 블로거 역사인식

또한 우리가 연구하고자 하는 주제와는 약간 다르지만 'TV 사극의 각색'을 파악하기 위하여 역사적 사실과 비교하는 논문도 보입니다.

③ TV 사극의 역사재현 : 〈용의 눈물〉과 〈정도전〉의 비교분석을 중심으로

이번에는 '사극'이 아닌 다른 단어로 검색해 보겠습니다. '역사적 사실'에 대한 드라마는 '사극'이라고도 하지만 단순히 '드라마'로 부르기도 합니다. 따라서 앞의 검색어에 '사극'을 '드라마'로 바꿔 검색해 보겠습니다. 앞에 검색했던 내용 외에도 추가적으로 검색되는 내용이 있습니다. 특히 이번에 검색된 내용은 우리가 연구하고자 했던 '사극의 각색이 청소년의 역사인식에 미치는 영향'이라는 연구와도 무척 비슷합니다. 그러므로 '사극의 각색이 청소년의 역사인식에 미치는 영향'에 대한 연구를 진행하고자 한다면 이번 논문을 다운로드받아서 계속해서 살펴볼 필요가 있습니다.

[두 번째 검색 : 드라마, 역사, 인식]

④ 한국 역사드라마가 수용자의 역사인식에 미치는 영향연구

이번에는 사극의 각색이라는 특징을 강조하기 위하여 검색어를 '픽션 역사왜곡 인식'으로 넣었습니다. '역사드라마'에 대한 '인식'은 아니지만 역사드라마가 '역사왜곡'을 하고 있다는 인식을 바탕으로 어떠한 문제점을 갖고 있는지를 파악한 논문이 검색되었습니다.

[세 번째 검색 : 역사, 픽션, 인식]

⑤ 역사드라마에 나타난 역사왜곡의 문제점분석

이처럼 선행연구를 찾을 때에는 나의 연구주제와 비슷한 의미의 다른 단어를 사용하거나 검색어를 다양하게 조합하여 넣어 봄으로써 관련 연구를 좀 더 풍성하게 찾아볼 수 있습니다. 선행연구를 통하여 볼 때, 앞서 살펴보았던 '사극의 각색이 청소년의 역사인식에 미치는 영향'이라는 주제는 '사극의 각색'이라는 단어보다는 '사극의 역사왜곡'이라는 뚜렷한 특징으로 바꾸는 것이 좋을 것 같습니다. 특히 이번 연구주제는 네 번째로 찾았던 논문과 비슷한 형태의 연구가 될 것 같습니다. 그러므로 네 번째 연구주제의 이름에 '사극의 역사왜곡'이라는 테마를 더하여 '사극의 역사 왜곡이 청소년의 역사인식에 미치는 영향 연구'로 수정할 수 있습니다.

5. 시간과 비용을 고려하여 연구대상과 방법을 구체적으로 〔 〕 안에 작성한다

이번 단계는 앞선 선행연구 검색결과를 바탕으로 자신의 연구주제를 확정하는 단계입니다. 이때에는 구체화된 연구주제와 선행연구 검색을 통한 연구 진행 여부, 그리고 자신이 수행할 수 있는지의 여부를 종합적으로 판단하여 결정하도록 합니다. 여기에서는 앞선 절차를 통하여 조금 더 구체화기 진행되었던 '사극의 역사왜곡이 청소년의 역사인식에 미치는 영향'을 예로 들어보고자 합니다. 하지만 청소년의 범위는 현실가능성을 고려하여 우리 학교 학생을 대상으로 한정하는 것이 좋습니다. 이러한 경우에는 다음과 같이 기술할 수 있습니다.

학 | 습 | 활 | 동

스스로 주제를 찾아보기

1 주제는 내 주변에 숨어 있다

앞서 이야기했던 것처럼 주제는 자신의 관심 분야에서 궁금했던 내용을 선정하는 것이 좋습니다. 자신이 좋아하는 과목 또는 최근에 관심이 가는 분야를 네모 안에 적어 보세요.

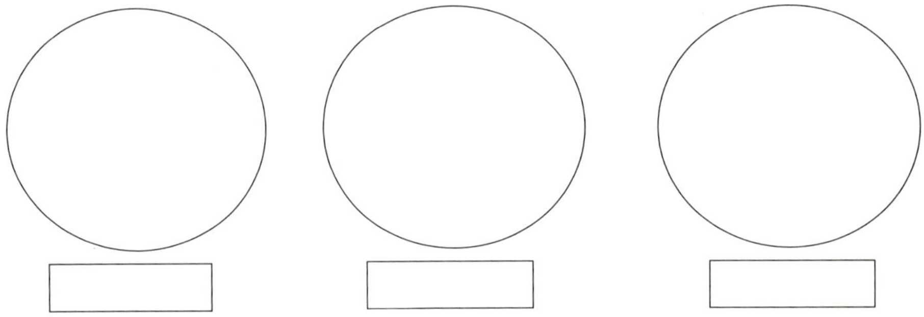

2 앞에서 적었던 영역에서 자신이 관심이 갔거나 궁금했던 내용을 작은 동그라미 안에 단어 형태로 적어 보세요.

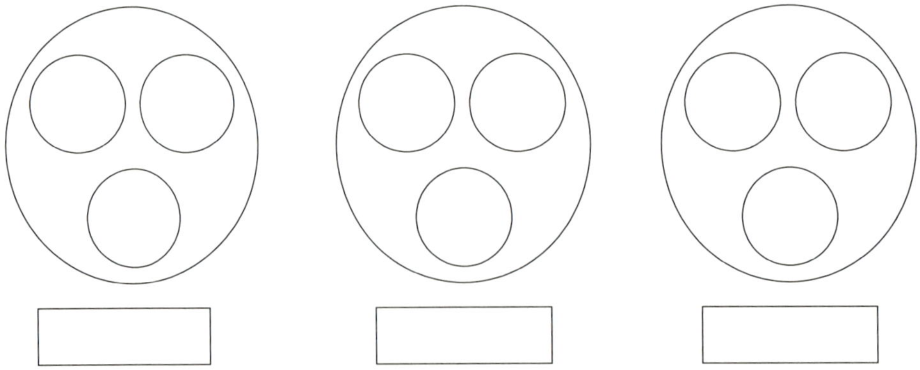

학 | 습 | 활 | 동

3 앞에서 적었던 내용 중 가장 궁금한 몇 가지를 골라 ○와 △의 관계로 서술해 보세요.

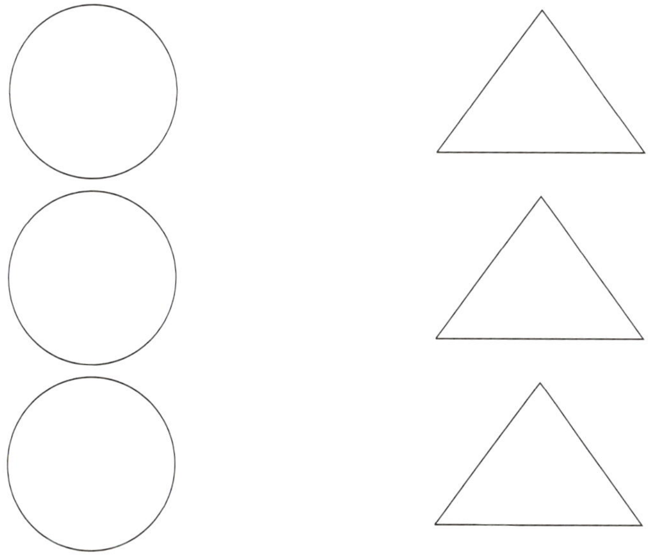

4 **3**에서 채운 ○와 △와 관련된 선행연구를 검색하고 관련 논문제목을 작성해 보세요.

〈관련 사이트〉
구글 학술검색(스콜라) : www.scholar.google.co.kr
한국교육학술정보원 : www.riss.kr
국가전자도서관 : www.dlibrary.go.kr

(1) 첫 번째 주제 :

① ____________________

② ____________________

③ ____________________

④ ____________________

⑤ ____________________

학 | 습 | 활 | 동

(2) 두 번째 주제 :

① ______________________________

② ______________________________

③ ______________________________

④ ______________________________

⑤ ______________________________

(3) 세 번째 주제 :

① ______________________________

② ______________________________

③ ______________________________

④ ______________________________

⑤ ______________________________

5 **4**의 검색논문을 바탕으로 시간과 비용을 고려하여 적용해 볼 수 있는 주제 하나를 골라 연구대상과 방법을 구체적으로 〔 〕 안에 작성해 보세요.

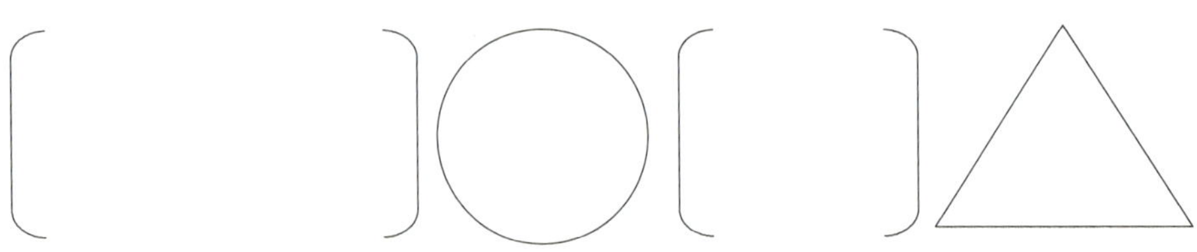

마무리

이 장에서는 소논문을 쓰기 위하여 좋은 주제를 찾기 위한 방법을 찾아보았습니다. 소논문의 주제를 선정하기 위해서는 자신이 좋아하고 관심이 가는 소재를 사람들이 관심을 가질 수 있도록 흥미로운 내용으로 구체화시켜야 합니다.

많은 친구들이 소논문의 주제 선정과정을 어려워합니다. 하지만 소논문의 주제를 선정하는 과정에서 유념해야 할 점이 있습니다. 소논문의 주제는 심화된 어려운 내용이 아니라 연구자가 연구할 수 있는 범위의 재미있는 주제라는 점입니다. 주제 선정을 쉽게 하는 사람은 아무도 없습니다. 이 점에 유의하며 이 장에서 제시하고 있는 방법들을 따르기 위해 노력한다면 소논문 주제를 쉽게 선정할 수 있을 것입니다.

Chapter

6 소논문의 틀 잡기

1절 소논문의 일정한 형식

2절 소논문은 논문 형식으로 써야 한다

여러분은 앞에서 소논문의 개념과 소논문을 쓰기 위한 마음의 준비, 저작권과 인용방법에 대해서 알아보았습니다. 소논문을 쓰기 위해서는 저작권과 표절이 무엇인지 그 개념을 이해하고, 그에 따른 원칙을 꼭 지켜야 한다는 점을 이해하였습니다. 이제 여러분은 문헌의 정확한 인용을 통하여 창의적인 연구를 할 수 있는 수준에 도달했습니다.

이번 장에서는 본격적으로 소논문을 쓰기 위해서 갖추어야 할 논문의 구성과 논문의 형식은 어떤지 살펴볼까 합니다. 소논문의 틀 잡기는 집짓기에서 필요한 기초공사와 같습니다. 튼튼하고 좋은 집은 기초공사가 잘되어야 합니다. 하지만 겉모습이 멋들어지고 웅장한 건물이더라도 기초공사가 부실한 상태라면 곧 문제가 발생합니다.

2013년 중국의 상해에서는 13층 아파트가 통째로 넘어가는 큰 사고가 발생했습니다. 나무의 뿌리가 뽑히듯이 아파트가 완전히 땅바닥에 드러눕고 말았는데, 원인은 기초가 엉터리였다고 합니다. 이처럼 기초가 부실한 건물은 쉽게 쓰러지고 맙니다. 집을 짓는 일뿐만 아니라, 모든 일에는 기초가 중요합니다. 그러므로 소논문을 쓰기 위해서도 기초를 튼튼히 한 상태에서 시작해야 함을 꼭 기억해야 합니다.

학습 목표

- 소논문의 틀을 이해하고 이를 활용할 수 있다.
- 소논문의 문장 기술방법을 이해하고 이를 활용할 수 있다.

건희는 그동안 배웠던 지식을 활용하여 어떻게든 소논문의 틀을 만들어 보려고 애를 쓰고 있습니다. 벌써 몇 시간째 컴퓨터 앞에서 꼼짝을 하지 않고 있네요. 그러나 별 성과는 없어 보입니다. 건희는 글쓰기만큼은 자신이 있다고 생각했는데, 소논문을 쓰기도 전에 '멘붕'이 왔습니다. 그동안 자신의 실력을 과대평가했다는 생각에 머리만 혼란스러워집니다. 시간은 벌써 새벽 1시를 훌쩍 지나가고 눈꺼풀은 천근만근 무거워져 옵니다. 이대로 꿈나라로 가고 싶은 마음이 간절합니다. 그 후에도 30여 분을 고민을 해봤지만, 아무리 머리를 쥐어짜도 뾰족한 답이 안 나올 듯합니다. "그래 오늘은 푹 쉬고 내일 새로운 기분으로 해보자." 건희는 이쯤에서 마무리를 하려고 합니다. 그날 밤 건희는 꿈속에서 선생님을 만났습니다. 지금까지 고민하던 이야기를 했더니 선생님은 허허 웃으시며 "처음에는 다 그런 거야. 무엇이든지 원칙을 알면 별로 어려운 게 없는데, 그걸 모르고 덤비면 괜히 힘만 빠지." 라며 머리를 쓰다듬어 주셨습니다. 그리고는 소논문의 틀 구성에 대해서 자세히 설명을 시작했습니다. 건희는 온몸의 세포를 열어 선생님의 말씀에 집중하기 시작했습니다.

1절 소논문의 일정한 형식

많은 사람들이 소논문을 쓰기 시작하면 막연히 글을 써 나가기 시작합니다. 어떠한 순서나 틀에 구애받지 않습니다. 그런 후 마지막에 틀과 형식에 맞추는 방식을 사용합니다. 하지만 이 방식의 단점은 마지막 편집과정에서 틀을 변경할 때 그림이나 표가 깨어진다거나, 전체 구성에서 문제가 생기기도 합니다. 그렇기 때문에 첫 단계에서 소논문의 틀과 문장의 기술방법에 맞도록 시작하는 것이 좋습니다. 이렇게 함으로써 마지막 과정에서 문서를 다시 편집하는 시간과 문제를 없앨 수 있습니다. 지금부터 소논문을 구성하는 틀은 어떻게 이루어지는지, 문장 기술방법은 어떻게 해야 하는지, 여러분도 한글 프로그램(hwp)을 실행 후 따라 해봅시다.

1. 용지의 규격

일반적으로 학위논문의 틀 구성은 크게 나누어 표지, 초록, 목차, 서론, 본론(이론적 배경, 연구방법, 연구결과), 결론, 참고문헌, 부록 순으로 구성이 됩니다. 학교마다 조금 다를 수는 있지만 구성 형식은 비슷합니다. 여러분이 쓰고자 하는 소논문도 학위논문의 틀과 비슷합니다. 다만 학위논문보다는 구성 형식이나 체계에 어느 정도 융통성이 있다고 보면 됩니다. 이제 마음을 다잡고 직접 소논문의 구성 형식을 잡아 볼까요?

소논문을 쓰기 위해서 지금은 대부분 컴퓨터를 활용합니다. 특히 우리나라는 국민의 대다수가 한글(hwp) 워드프로세서를 사용합니다. 그러므로 이 책에서도 한글(hwp) 워드프로세서를 활용하여 설명하고자 합니다.

지금부터 소논문의 외형적 틀 구성을 따라 해보기 바랍니다. 새 문서가 열린 상태에서 편집용지 설정(단축키 : F7) 후 용지 종류를 A4(국배판) [210×297mm]를 선택합니다. 대학이나 대학원의 학위논문은 B5(46배판) [182×257mm] 용지에 쓰는 것이 일반적이지만 소논문은 A4(국배판) [210×297mm] 용지를 사용합니다. 용지방향은 세로 선택 후, 용지 여백 설정에서 위쪽 [20mm], 머리말 [15mm], 왼쪽 [30mm],

오른쪽 [30mm], 꼬리말 [15mm], 아래쪽 [15mm]를 입력합니다. 메뉴의 편집 상태에서 본문의 글씨체를 신명조체로 선택하고, 글씨 크기는 11pt(포인트)를 선택합니다. 표지의 제목이나 목차 등에 대한 글씨체의 크기는 달라지므로 뒤에서 설명을 하겠습니다.

글을 쓰는 중에는 틈틈이 저장하는 습관을 붙여야 낭패를 당하지 않습니다. 많은 학생들이 소논문을 쓰면서 '저장하기'를 제대로 하지 않거나, '백업하기'를 소홀히 하여 그동안의 노력이 물거품이 되기도 합니다. 그러므로 여러분도 소논문을 쓰는 중에 수시로 저장하기와 외장하드에 백업하기를 습관화하기 바랍니다. 아마도 여러분 중에서 "자동저장 기능을 활용하면 쉬울텐데~"라는 생각이 드는 친구도 있을 것입니다. 그러나 자동저장 기능을 사용하다 보면 저장하지 말아야 할 순간(문서가 흐트러질 때도 있음)에도 자동저장이 되는 일이 생깁니다. 그러므로 자동저장 기능을 꺼두고 틈틈이 저장하기를 실행하는 습관을 들이도록 합니다.

자료를 컴퓨터에 저장할 때는 일정한 형식을 갖추도록 합니다. 특히 파일 이름 뒤에는 작성일자를 꼭 붙여야 나중에 관리하기가 쉽습니다. 그렇다고 매일 날짜를 바꾸는 게 아니라, 많은 부분이 변경되는 시점에는 날짜를 바꾸어 저장합니다. 여러분이 소논문을 쓰는 중에 수많은 편집과정을 거치게 됩니다. 특히 선생님의 지도를 받은 후에는 많은 부분이 변경되기도 하는데, 이럴 때마다 새로운 날짜로 저장해야 합니다. 소논문 작성 후 파일은 아래와 같은 형식으로 저장합니다.

① 컴퓨터의 하드디스크(D:) 드라이브에 '소논문' 폴더를 만든다.
② 파일 이름은 다음과 같은 형태로 저장한다.
[파일 이름]-[연도]-[월]-[일]
소논문 집필-2016-08-01

2. 표지

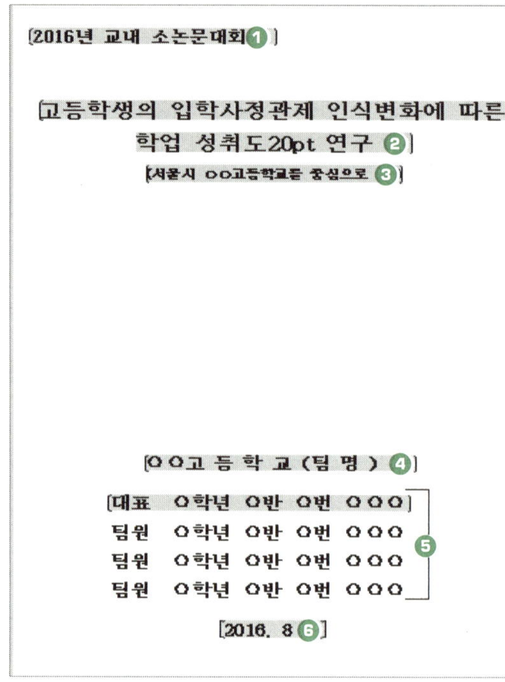
[2016년 교내 소논문대회①]

[고등학생의 입학사정관제 인식변화에 따른 학업 성취도20pt 연구 ②]

[서울시 ○○고등학교를 중심으로 ③]

[○○고 등 학 교 (팀 명) ④]

[대표 ○학년 ○반 ○번 ○○○]
팀원 ○학년 ○반 ○번 ○○○
팀원 ○학년 ○반 ○번 ○○○
팀원 ○학년 ○반 ○번 ○○○ ⑤

[2016. 8 ⑥]

표지에는 ① 소논문의 구분, ② 제목, ③ 부제목(정확한 의미 전달을 위하여 꼭 필요할 때만 넣도록 함), ④ 소속 학교명(팀원), ⑤ 학년 및 반과 성명, ⑥ 작성 연월을 기록하는데 오른쪽의 예시를 보면서 여러분의 상황에 맞추어 아래의 형식대로 입력합니다.

1. '소논문의 구분'은 위에서 0.5cm(여백을 포함 3cm)를 띄워서 왼쪽 정렬하고, 글씨체는 진하게 16pt(포인트)로 씁니다.
2. '제목'은 구분 ①에서 2cm를 띄운 후 가운데 정렬하고, 글씨체는 진하게 20pt로 씁니다. 제목은 간결하고 구체적이어야 하며, 연구의 내용과 성격이 잘 드러나도록 구성합니다. 그러나 여러분은 아직 제목이 정해지지 않은 경우가 많으므로 관심 있는 주제나 한두 개의 단어로 입력해 두어도 됩니다.
3. '부제목'은 제목 ②에서 줄바꾸기를 한 후 가운데 정렬하고, 글씨체는 진하게 12pt로 씁니다. 부제목은 꼭 필요한 경우에만 넣도록 하고, 그렇지 않으면 생략합니다.
4. '소속 학교명(팀명)'은 제목에서 대략 10cm를 띄운 후 가운데 정렬하고, 글씨체는 진하게 17pt로 씁니다. 팀원이 여러 명일 경우에는 추가된 줄만큼 간격을 좁혀 줍니다.
5. '학년 및 반과 성명'은 소속 학교명 ④에서 줄을 바꾼 후 가운데 정렬하고, 글씨체는 진하게 17pt로 씁니다. 팀원이 여러 명으로 구성되었을 경우에는 줄을

바꾼 후 앞쪽에 대표와 팀원이라 구분하여 표기하고, 대표자부터 팀원 순서대로 씁니다. 팀원 구성없이 혼자 할 때는 '학년 및 반'을 쓰고 줄을 바꾸어 '성명'만 씁니다.

❻ '작성 연월'은 위의 학년 및 반과 성명 ❺에서 줄을 바꾼 후 가운데 정렬하여 글씨체는 진하게 17pt로 씁니다. 이렇게 작성한 상태에서 아래쪽 여백이 1cm가 유지되도록 조정합니다. 커서를 '작성 연월' 뒤에 놓고 구역 나누기(단축키 : Alt+Shift+Enter)를 실행합니다. 구역 나누기를 실행하면 커서 위치에서 구역과 페이지가 나누어집니다. 이 단계에서 구역 나누기를 해야 쪽 번호 시작을 초록 페이지부터 시작할 수 있습니다.

3. 초록

초록은 한마디로 소논문의 요약본입니다. 그러므로 소논문의 핵심이 되는 내용을 요약하여 한 장 이내로 정리합니다. 여기에는 연구배경이나 목적, 연구방법, 연구결과를 분배하여 작성합니다. 여러분이 선행연구를 통하여 참고문헌을 찾고자 할 때 가장 먼저 초록을 훑어봄으로써 참고할 문헌인지 파악할 수 있도록 도와주는 역할을 합니다.

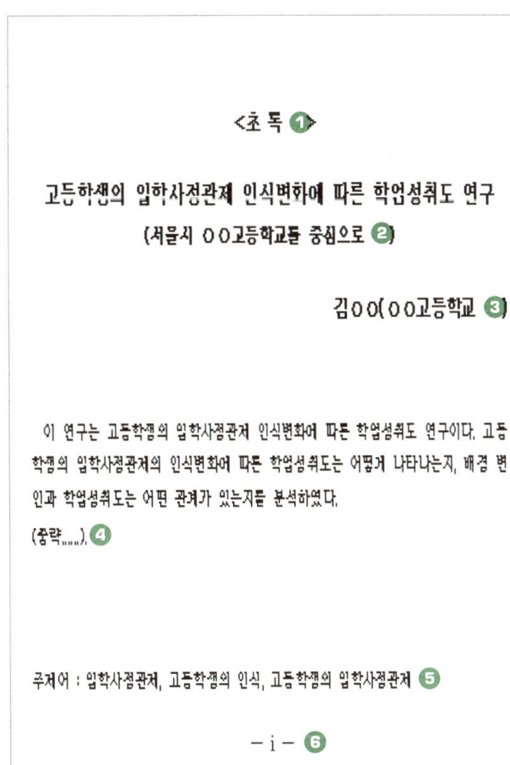
<초 록 ❶>

고등학생의 입학사정관제 인식변화에 따른 학업성취도 연구

(서울시 OO고등학교를 중심으로 ❷)

김OO(OO고등학교 ❸)

이 연구는 고등학생의 입학사정관제 인식변화에 따른 학업성취도 연구이다. 고등학생의 입학사정관제의 인식변화에 따른 학업성취도는 어떻게 나타나는지, 배경 변인과 학업성취도는 어떤 관계가 있는지를 분석하였다.

(중략.....) ❹

주제어 : 입학사정관제, 고등학생의 인식, 고등학생의 입학사정관제 ❺

- i - ❻

❶ '〈초록〉'은 위에서 0.5cm 띄운 후 가운데 정렬하고, 글씨체는 진하게 13pt로 씁니다.

❷ '소논문의 제목'은 〈초록〉 ❶에서 1cm 띄운 후 가운데 정

렬하고, 글씨체는 진하게 15pt로 씁니다. 부제목이 필요하면 줄을 바꾼 후 13pt로 씁니다.

❸ '성명과 학교명'은 제목 ❷에서 1cm 띄운 후 오른쪽 정렬하고, 글씨체는 진하게 13pt로 씁니다. 개인이 아닌 팀 구성이면 성명을 대표자 'ㅇㅇㅇ 외' 라고 쓰고, 팀명이 있으면 학교명 뒤에 '쌍점(:)' 표기 후 붙여 씁니다.

❹ '초록의 본문'은 '성명'에서 2cm 띄운 후 양쪽 정렬로 하고, 글씨체는 11pt로 씁니다.

❺ '주제어'는 페이지의 마지막에서 한 줄 위에 왼쪽 정렬로 하고, 글씨체는 11pt로 씁니다.

❻ 초록과 목차에는 로마자 소문자(i, ii, iii)로 페이지의 아래쪽 가운데에 쪽 번호를 넣어 줍니다.

4. 목차

목차는 한 번에 완성하기보다는 소논문을 써 나가면서 단계적으로 완성한다는 생각으로 작성합니다. 우선 계획단계에서는 연구방법까지만 작성하고 필요에 따라 완성한다는 생각으로 작성합니다.

목차의 구성은 크게 내용 목차, 표 목차, 그림 목차로 나누어집니다. 내용 목차는 일반적으로 '목차'로 표기하는데, 소논문의 구성이 어떻게 이루어졌는지를 한눈에 볼 수 있습니다. 그러므로 목차는 일관성 있게 구성해야 합니다. 표기방법은 장과 절까지를 목차에 나타나게 하고, 해당 페이지 번호를 표시합니다.

내용 목차는 아래의 예시와 같은 형식으로 구성되므로 여러분도 같이 따라 해봅시다. 아직 목차가 완전히 정해지지 않았으면, 비슷하게 입력하고 나중에 수정하도록 합니다.

❶ '내용 목차의 제목'은 '목차'로 표기하고, 가운데 정렬 후 글씨체는 진하게 16pt로 씁니다.

❷ '장' 표기는 제목에서 한 줄을 띄운 후 양쪽 정렬로 하고, 글씨체는 진하게 15pt로 씁니다. 숫자는 로마자 대문자로 씁니다. 해당 페이지를 오른쪽에 표시하고

가운데는 점선으로 연결합니다.

❸ '절' 표기는 장 ❷ 표기보다 한 자 들여쓰기하고, 진하게 13pt로 씁니다. 해당 페이지를 오른쪽에 표시하고 가운데는 점선으로 연결합니다. 절 ❸과 새로운 장 ❷ 사이는 한 줄 띄워 줍니다. 목차는 간단하게 작성한 후 소논문이 완성되었을 때 '차례 만들기' 메뉴에서 간편하게 만드는 방법이 편리합니다.

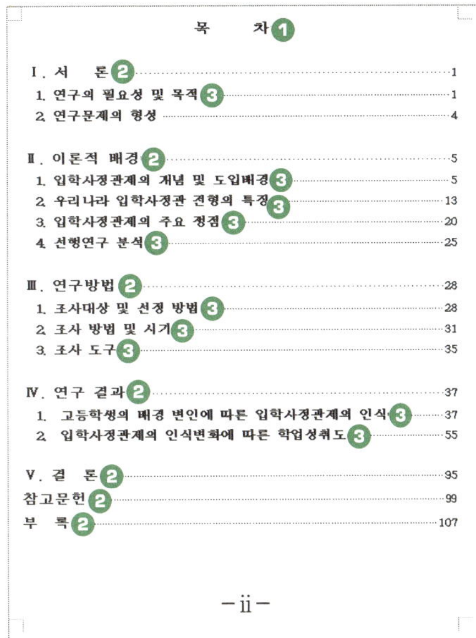
목 차❶

−ii−

표 목차와 그림 목차는 표나 그림이 각각 3~4개 이상이면 따로 만들지만, 개수가 적을 때는 표와 그림을 묶어서 '표・그림 목차'로 구성합니다. 때에 따라서는 '내용 목차'와 '표・그림 목차'를 한 페이지에 묶어도 됩니다. 그러나 내용 목차에 여유 공간이 없다면, '표・그림 목차'만 따로 작성합니다. 아직 표나 그림이 없다면 임시로 표・그림 제목을 만들어 두는 것이 편합니다.

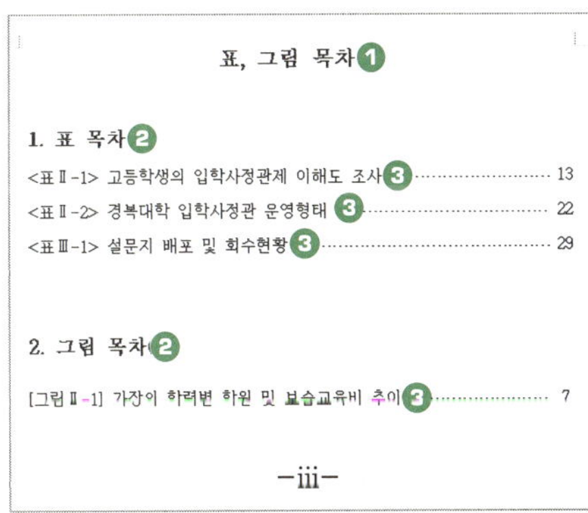
표, 그림 목차❶

1. 표 목차❷

2. 그림 목차❷

−iii−

표 목차와 그림 목차의 제목은 ❶ '표・그림 목차'로 표기하고 가운데 정렬 후 글씨체는 진하게 16pt로 씁니다. 표 목차와 그림의 목차 ❷는 위에서 한 줄을 띄운 후 양쪽 정렬로 하고, 글씨체는 진하게 15pt로 씁니다.

소논문에 사용된 그림과 표는 해당 장 번호를 로마자 대문자로 번호를 쓰고, 일련번호를 부여합니다. 중요한 점은 표의 번호는 홑화살괄호 '〈 〉'를 사용합니다. 위의 그림에서 〈표Ⅱ-1〉 고등학생의 입학사정관제 이해도 조사, 〈표Ⅱ-2〉 경복대학 입학사정관 운영형태는 Ⅱ장 이론적 배경에 포함된 표이므로 순차적으로 번호가 부여된 것입니다. 〈표Ⅲ-1〉 설문지 배포 및 회수현황은 Ⅲ장 연구방법에 포함된 표입니다. 예를 들어 Ⅱ장 이론적 배경에 그림을 3개 사용했다면, 대괄호 '[ ]'를 사용하여 연속으로 [Ⅱ-1], [Ⅱ-2], [Ⅱ-3]으로 표기합니다. 표, 그림 목차도 간단하게 작성한 후 소논문이 완성되었을 때 '차례 만들기' 메뉴에서 간편하게 만들 수도 있습니다.

마지막으로 커서를 페이지의 마지막 위치에 놓고 구역 나누기(단축키 : Alt+Shift+Enter)를 실행하여 구역과 페이지를 강제로 나누어 줍니다. 여기에서 반드시 구역 나누기를 해야 합니다. 그래야만 서론에서 시작되는 쪽 번호를 아라비아 숫자(1, 2, 3)로 표기할 수 있습니다.

5. 본문

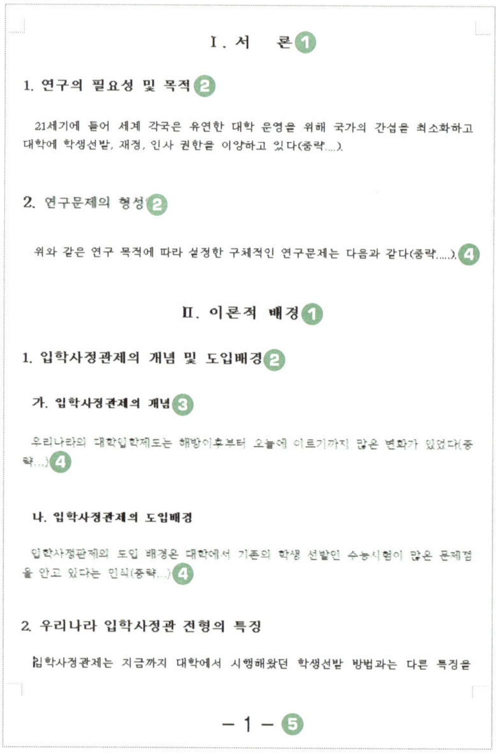
Ⅰ. 서　론 ❶

1. 연구의 필요성 및 목적 ❷

21세기에 들어 세계 각국은 유연한 대학 운영을 위해 국가의 간섭을 최소화하고 대학에 학생선발, 재정, 인사 권한을 이양하고 있다(중략....).

2. 연구문제의 형성 ❷

위와 같은 연구 목적에 따라 설정한 구체적인 연구문제는 다음과 같다(중략.....). ❹

Ⅱ. 이론적 배경 ❶

1. 입학사정관제의 개념 및 도입배경 ❷

가. 입학사정관제의 개념 ❸

우리나라의 대학입학제도는 해방이후부터 오늘에 이르기까지 많은 변화가 있었다(중략...) ❹

나. 입학사정관제의 도입배경

입학사정관제의 도입 배경은 대학에서 기존의 학생 선발인 수능시험이 많은 문제점을 안고 있다는 인식(중략...) ❹

2. 우리나라 입학사정관 전형의 특징

입학사정관제는 지금까지 대학에서 시행해왔던 학생선발 방법과는 다른 특징을

- 1 - ❺

본문은 앞에서 본 목차와 같이 서론, 이론적 배경, 연구방법, 연구결과, 결론, 참고문헌 등으로 구성이 되는데 연구방법에 따라서 장의 제목은 달라질 수 있습니다.

문서 작성을 할 때 분류 기호는 장, 절, 항, 목으로 구분됩니다. 먼저 각 장 ❶의 표기는 서론, 본론, 결론, 참고문헌이나 본론을 연구방법, 연구결과 등으로 표기합니다. 글의 위치는 가운데 정렬로 하고, 글씨체는 진하게 15pt로 씁니다. 앞 문장과는 두 줄을 띄워 시각적으로 구분을 합니다.

절 ❷의 제목 표기는 내용을 함축하여 나타낼 수 있도록 간결하게 하고, 한 줄을 띄워서 양쪽 정렬로 하며, 글씨체는 진하게 13pt로 씁니다. 본문의 내용은 제목에서 한 줄을 띄우고 첫 줄은 한 자 들여쓰기를 합니다. 본문의 글씨체는 항

상 11pt로 씁니다.

항목 ❸은 가, 나, 다로 번호를 부여하고 한 자 들여쓰기를 하며, 글씨체는 진하게 11pt로 씁니다. 서론이 시작되는 페이지부터 새로운 쪽 번호를 붙여 주는데, 쪽 번호는 아라비아 숫자로 사용합니다.

본문 ❹의 내용은 항상 11pt로 쓰므로 몇 글자라도 생각나는 대로 입력해 두는 게 편합니다. 본문의 첫 페이지부터 쪽 번호 ❺를 페이지 아래쪽에 아라비아 숫자로 지정하여 넣어 줍니다.

Ⅲ. 연구방법❶

이 연구는 고등학생들이 인식하는 입학사정관제가 학업 성취도와 진로결정에 어떻게 영향을 미치는지 알아보기 위하여 문헌연구와 조사연구를 병행하여 실시하였다(중략....).❹

1. 조사대상 및 선정 방법❷

이 연구의 조사 대상은 서울시 소재의 ○○고등학교 3학년 학생을 대상으로 하였다. 3학년 1반 35명 중 31명, 2반 32명 전원 , 3반 32명 중 30명(중략....).

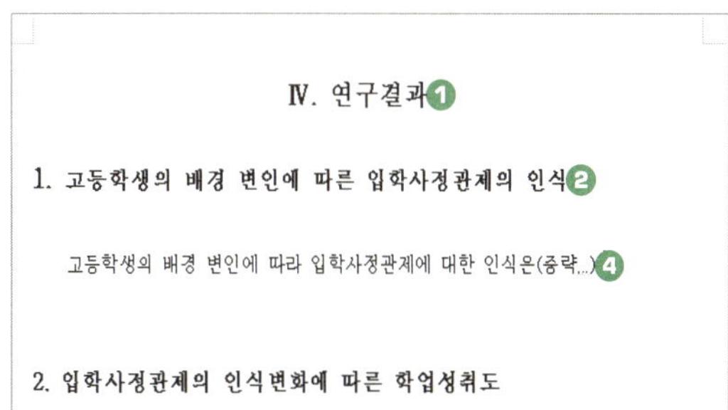
Ⅳ. 연구결과❶

1. 고등학생의 배경 변인에 따른 입학사정관제의 인식❷

고등학생의 배경 변인에 따라 입학사정관제에 대한 인식은(중략...)❹

2. 입학사정관제의 인식변화에 따른 학업성취도

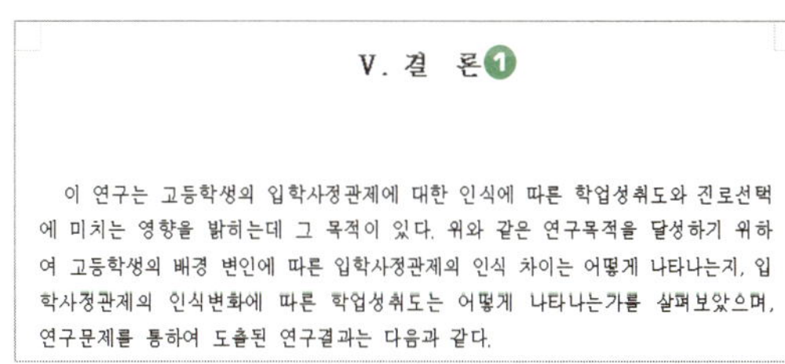
Ⅴ. 결 론❶

이 연구는 고등학생의 입학사정관제에 대한 인식에 따른 학업성취도와 진로선택에 미치는 영향을 밝히는데 그 목적이 있다. 위와 같은 연구목적을 달성하기 위하여 고등학생의 배경 변인에 따른 입학사정관제의 인식 차이는 어떻게 나타나는지, 입학사정관제의 인식변화에 따른 학업성취도는 어떻게 나타나는가를 살펴보았으며, 연구문제를 통하여 도출된 연구결과는 다음과 같다.

6. 표와 그림 넣기

소논문을 쓰다 보면 그래프나 표 또는 그림도 보충자료로 넣을 수 있습니다. 그림이나 표를 넣을 때도 일정한 형식이 있습니다. 먼저 표를 넣는 방법에 대해서 알아보겠습니다. 그림과 표의 번호는 로마자 대문자로 쓰고, '장'별로 일련번호를 부여합니다. 중요한 점은 표의 번호는 홑화살괄호 '〈 〉'로 하고 표의 제목을 붙입니다. 위치는 표의 위쪽에 가운데 정렬합니다. 예를 보겠습니다. 다음 그림에서 〈표 Ⅱ-1〉 고등학생의 입학사정관제 이해도 조사는 Ⅱ장 이론적 배경에 포함된 표이므로 〈표 Ⅱ-1〉로 번호를 부여하고 제목을 붙입니다. 만약 같은 장에 다른 표가 있다면 〈표 Ⅱ-2〉, 〈표 Ⅱ-3〉으로 순차적으로 번호를 부여합니다. 출처는 표의 아래 왼쪽에 정렬하고, 글씨체의 크기는 본문보다 1pt 작게 표기합니다. 특이한 점은 가능한 표의 테두리 중에서 세로 방향 선이 나타나지 않도록 합니다.

<표 Ⅱ-1> 고등학생의 입학사정관제 이해도 조사

(단위 : %)

구 분	전 체				남학생				여학생			
	확실히 알고있음	알고 있음	모름	전혀 모름	확실히 알고있음	알고 있음	모름	전혀 모름	확실히 알고있음	알고 있음	모름	전혀 모름
2006	23,0	18,1	39,4	24,3	15,1	12,3	41,64	31,0	30,4	14,3	37,3	18,0
2007	26,6	15,7	38,0	19,7	17,8	14,2	41,4	26,6	35,0	17,1	34,8	13,1
2008	33,4	19,0	33,5	14,1	23,3	17,6	38,9	20,1	43,0	20,3	28,4	8,3
2009	43,4	20,5	25,9	10,2	31,9	20,5	32,1	15,5	54,1	20,5	20,2	5,2
2010	55,3	18,1	18,9	7,7	42,8	19,8	25,4	12,0	67,0	16,5	12,9	3,6

자료 : 입학사정관제도 현황(홍길동, 2012).

그림을 넣을 때도 그림의 번호는 대괄호 '[ ]'를 사용하여 '장'별로 연속으로 부여하고, 그림의 아래 위치에 가운데 정렬합니다. 그리고 줄을 바꾸어 출처를 표기합니다. 표와 마찬가지로 출처의 글씨체 크기는 본문보다 1pt 작게 합니다. 일반적으로 그림은 전체 테두리를 하지 않습니다. 예를 보겠습니다. 위의 그림은 소논문의 2장에 포함된 것이므로 '[그림 Ⅱ-1] 가장의 학력별 학원 및 보습교육비 추이'로 표기하였습니다. 만약 같은 장에 다른 그림이 있다면 [그림 Ⅱ-2], [그림 Ⅱ-3]으로 순차적으로 번호를 부여합니다.

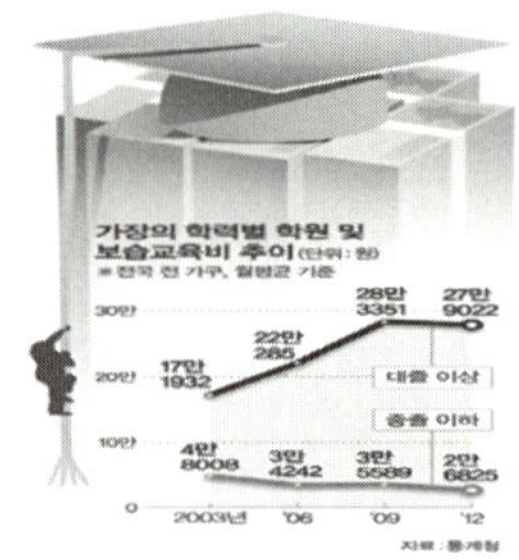

[그림 Ⅱ-1] 가장의 학력별 학원 및 보습교육비 추이
자료 : (이인수, 2013)

표와 그림을 넣을 때는 가능한 개체 속성에서 '글자처럼 취급'을 선택해야 문서의 수정이 이루어지더라도 표나 그림의 위치가 유지됩니다.

7. 부록(설문지) : 소논문에서는 상황에 따라 생략가능

연구에 필요한 설문지 등은 참고문헌 다음에 부록으로 수록합니다. 본문에 넣기에는 분량이 많거나 참고할 자료 등이 포함됩니다. 부록이 많으면 〈부록 1〉, 〈부록 2〉와 같이 일련번호를 붙여 줍니다. 다음은 설문지의 예입니다.

<부록1>

입학사정관제 인식 조사

안녕하십니까?
저는 안산시 ○○고등학교에 재학 중인 학생입니다.
본 연구는 고등학생의 입학사정관제에 대한 인식에 대한 연구를 하기 위하여 필요한 자료를 수집하기 위해 마련한 것입니다.

응답해 주신 내용들은 학문적인 연구에 필요한 자료로만 활용될 것이며, 연구 이외의 다른 목적으로는 결코 사용하지 않을 것임을 약속드립니다. 이 설문지는 무기명으로 작성되는 것이므로 개인의 비밀이 절대적으로 보장되오니 성의껏 응답해 주시면 감사하겠습니다.

귀중한 시간을 내어 설문에 응해 주셔서 깊은 감사를 드립니다.

2016. 8.

○○고등학교 3학년

지도교사 ○○○
연 구 자 ○○○

<부록2>

■ 다음은 귀하의 성장배경에 관한 질문입니다. 해당 되는 곳에 "✓"로 표시해 주십시오.

1. 귀하의 성별은?
   1) 남 (　　　)
   2) 여 (　　　)

2. 잘 읽고 해당하는 부분에 ✓ 표시 해주시기 바랍니다.

문 항	매우 그렇다	대체로 그렇다	보통이다	그렇지 않다	전혀 그렇지 않다
	⑤	④	③	②	①
1)가족관계가 원만하다.					
2)경제적으로 여유가 있다.					
3)도시에 산다.					
4) 농촌에 산다.					

2절 소논문은 논문 형식으로 써야 한다

건희는 목차를 만들고 서론의 내용을 쓰면서 또 다른 고민이 생겼습니다. 소논문을 쓸 때 사용하는 언어는 어느 정도 정중해야 하는지, 글의 시제는 어떤 관점에서 써야 하는지, 인칭 관점은 어떻게 해야 하는지 정말 첩첩산중입니다. 자신이 쓴 글을 읽어 가는 중에 "내 생각에는 입학사정관 제도가 다른 문제를 발생시키고 있습니다."라는 문장에서 "이건 아닐 거야."라는 생각이 머리를 스치고 지나갑니다. 우선 선행연구에서 찾아본 참고문헌을 다시 뒤적여 보았습니다. 역시 예감이 틀리지는 않습니다. '나' 또는 '내'라는 인칭을 쓰고 있지 않다는 것을 발견했습니다. 이왕 마음먹은 김에 이 고민을 완전히 해결하기로 했습니다. 건희는 한 걸음에 근처에 있는 도서관으로 달려갔습니다. 도서관의 검색용 컴퓨터에 '논문'으로 검색하니 논문 잘 쓰는 법, 논문 작성법, 고등학생 소논문 쓰기 등 수많은 책이 검색됩니다. 그 중에 몇 권의 책을 훑어보기 시작했습니다. 역시 궁하면 통한다는 말이 맞습니다. 건희는 이제 소논문의 글쓰기 형식을 어느 정도 이해할 수 있습니다. 들뜬 마음에 휘파람을 불며 집으로 돌아왔습니다. 그리고는 아까 중단했던 소논문 쓰기를 이어갔습니다.

여러분도 건희처럼 막연히 논문이나 소논문은 품격이 높은 언어를 사용해야 한다는 선입견을 가지고 있지는 않나요? 지금부터 소논문의 글쓰기에 필요한 7가지 원칙을 한 가지씩 살펴볼까요? 이 원칙대로 글을 쓰면 별로 어렵지 않답니다.

1. 주제를 세분화하고 5단락을 구성한다

일반적으로 소논문은 5단락 단편의 구조로 쓰게 됩니다. 하나의 연구주제를 몇 개의 주제문을 통하여 문장으로 나타내게 됩니다. 그리고 주제문은 다시 몇 개의 중심생각들로 이루어집니다. 중심생각을 풀어내기 위해서는 소주제문과 그것을 뒷받침하는 보충문단이 필요하기도 합니다. 듣기에는 쉬워 보이지만 막상 글을 써보려고 하면 그때부터 머릿속은 하얀 백지 상태로 변할 수도 있습니다. 그러므로 5단락을 염두에 두고 여러분이 소논문으로 쓰고자 하는 주제를 세분화하여 구성합니다. 우선 생각나는 대로 5단락의 큰 틀 안에서 몇 글자라도 적어보는 것이 중요합니다. 5단락의 구성을 표로 나타내 보면 아래와 같습니다.

〈표 6-1〉 5단락의 구성

[도입부]		
(1) 머리말	배경에 관한 정보	사실과 통계 활용 근거가 되는 말을 인용 일화를 소개 질문 형식 취지를 서술 세 가지 중요 논점을 도입
[본론]		
(2) 본론	첫 단락 소주제문	첫 번째 논점 진술 세부적인 보충
(3) 본론	둘째 단락 소주제문	두 번째 논점 진술 세부적인 보충
(4) 본론	셋째 단락 소주제문	세 번째 논점 진술 세부적인 보충
[종결부]		
(5) 맺음말		중요 논점을 요약 예측을 한다. 해결책 제시 후 결론을 맺는다.

출처: 구사회, 김병균(2007).

2. 글의 시제는 현재형과 과거형으로 쓴다

글의 시제는 과거형, 현재형, 미래형으로 나누어지는데, 소논문 쓰기에서는 현재형과 과거형을 주로 사용합니다. 현재형은 '~ 한다', '~ 이다', '~ 있다', '~ 하다', '~ 된다' 등으로, 과거형은 '~ 하였다', '~ 이었다', '~ 있었다', '~ 였다', '~ 되었다' 등으로 기술합니다. 다만 가설의 진술을 할 때에는 미래형을 사용하기도 합니다. 미래형은 '~ 할 것이다', '~ 될 것이다' 등으로 기술합니다. 아래는 연구가설의 예입니다.

〈가설의 진술 예〉
① 태양광이 식물의 성장에 영향을 미칠 것이다.
② 산소가 없으면 모든 동·식물은 죽을 것이다.

3. 3인칭 관점의 능동형 문장으로 쓴다

소논문은 우리가 흔히 쓰는 일기나 수필과는 달리 3인칭 관점으로 글을 쓰는 게 특징입니다. 소논문을 쓸 때 3인칭의 간접표현으로 연구자, 필자, 저자 등으로 나타냅니다. 그러나 가능한 인칭을 사용하지 않도록 피동형보다 능동형으로 쓰는 게 바람직합니다. 일반적인 문장은 행위의 주체가 가장 앞에 옵니다. 그러나 피동형 문장은 행위자가 문장의 주어 위치에 있지 않거나 생략되기 때문에 이해하기 어렵습니다. 피동형과 능동형의 문장을 예를 들어 볼까요?

〈피동형과 능동형 문장의 비교〉
(피동형) 휴교령이 교장선생님에 의하여 내려졌다.
(능동형) 교장선생님은 휴교령을 내렸다.

능동형 문장이 훨씬 명확하고 이해하기도 쉽습니다. 그러므로 특별한 경우가 아니면 능동형 문장으로 쓰도록 합니다. 여기에다 정확한 표기법과 맞춤법, 띄어쓰기 등도 신경을 써야 합니다.

그렇다고 무조건 능동형 문장을 쓰라는 얘기는 아닙니다. 과학·공학 및 사회과학의 소논문은 때에 따라서 피동형 문장이 필요하기도 합니다. 아래에 예를 보면 피동형 문장은 누구든지 동일한 결과에 도달할 것이라는 측면에서 주어가 생략된 것이지만, 능동형보다 더 객관적으로 보입니다. 그러므로 과학·공학 및 사회과학의 소논문은 필요에 따라 피동형 문장으로 쓸 수 있습니다.

〈피동형과 능동형 문장의 예시〉
(피동형) 태양의 기울기에 따른 그림자는 10분 간격으로 측정되었다.
(능동형) 우리는 태양의 기울기에 따른 그림자를 10분 간격으로 측정하였다.

4. 누구나 이해하기 쉬운 언어로 쓴다

논문이나 소논문에서만 쓰는 특별한 언어는 없습니다. 그렇다고 일기나 기행문처럼 아무 형식이 없이 쓰는 것도 아닙니다. 논문이나 소논문은 일정한 형식의 틀 안에서 어떤 사람이 읽더라도 쉽게 이해할 수 있도록 써야 합니다. 물론 때에 따라서는 전문적인 용어가 일부 쓰일 수는 있지만, 대부분 누구나 읽을 수 있는 언어로 씁니다. 만약에 연구주제와 관련된 전문 용어를 쓴다면 개념을 쉽게 설명하거나 주석으로 설명해 주어야 합니다. 당연히 문장 구성도 주어와 서술어 또는 목적어가 적절히 배치되어 독자가 쉽게 이해하도록 신경을 써야 합니다.

5. 두괄식으로 쓴다

소논문은 독자에게 연구과정과 결과를 설명하는 글입니다. 그러므로 핵심 메시지를 먼저 알려주는 두괄식으로 써야 합니다. 우리가 평소에 자주 보는 신문기사는 설명문의 형식을 갖춘 두괄식 문장입니다. 설명문은 한 가지 주제 또는 쟁점을 설명하거나 요약하는 방식을 취하기 때문에 중요한 내용이나 강조하는 내용이 앞에 나옵니다. 즉 글을 쓴 목적을 먼저 알려 주고, 그것을 뒷받침하는 사실이나 근거 등을 뒤에 표현합니다. 머리말을 읽는 독자는 글의 전체 내용을 단박에 그려볼 수 있습니다. 반면에 창의적인 글의 형태인 소설이나 수필 등은 독자에게 즐거움이나 궁금증을 불러일으키도록 쓰기도 합니다. 이런 글은 결론이 어디에 있든 상관이 없으므로 글의 요지가 뒤에 있는 미괄식을 쓰기도 합니다.

6. 문어체로 쓴다

소논문은 구어체가 아닌 문어체로 써야 합니다. 그렇다면 구어체와 문어체는 어떻게 다를까요? 신문이나 잡지, 학교에서 쓰이는 교과서 등은 주로 문어체이지만, 뉴스나 드라마를 위한 방송 대본은 구어체로 씁니다. 구어체는 맞춤법 등의 언어규범이 아닌, 일상적인 대화에서 쓰는 말투로 입말이라고도 합니다. 구어체와 문어체의 예를 보겠습니다.

〈구이체와 문어체의 예시〉

(구어체) 인생은 두 번 오는 게 아니잖아요. 그러므로 오늘 하루도 최선을 다하도록 합시다.

(문어체) 인생은 두 번 오는 게 아닙니다. 그러므로 오늘 하루도 최선을 다해야 합니다.

7. 적절한 접속사는 글을 풍성하게 한다

접속사를 사용하면 글의 흐름을 좀 더 명확하게 보여줄 수 있을 뿐만 아니라 글의 연결을 매끄럽게 해줍니다. 중요한 점은 하나의 문장은 가능한 하나의 내용으로, 문장과 문장을 연결할 때는 논리적이고 매끄럽게 이어지도록 해야 합니다. 접속사는 특정한 내용을 강조하거나, 전환을 통하여 논증을 논리적으로 뒷받침할 때도 필요합니다. 대조나 예시를 곁들여 독자의 이해도를 높이는 것도 접속사의 역할입니다. 하지만 적절한 접속사의 사용은 문장의 흐름과 이해를 높여 주지만, 지나친 사용은 오히려 문장의 흐름을 방해합니다. 그러므로 꼭 필요할 때에만 접속사를 사용하도록 합니다. 이렇듯 접속사는 문장의 구성에 꼭 필요한 존재입니다. 접속사의 종류는 크게 순접관계, 역접관계, 인과관계, 전환관계, 환언・요약관계, 예시관계, 대등・병렬관계 등이 있는데, 자주 사용되는 접속사는 아래의 표와 같습니다.

〈표 6-2〉 접속사의 종류

두 문장 간의 관계	설명	사용되는 접속사
순접관계	앞, 뒤의 문장이 시간 순 또는 앞의 내용을 이어받아 연결될 때	그리고, 또, 또한, 그러므로, 그리하여, (강조) 더구나, 게다가, 아울러, 뿐만 아니라
역접관계	앞 문장의 내용과 다른 내용으로 연결될 때	하지만, 그렇지만, 그렇더라도, 그러나, 대조적으로, 오히려, 그런데, 반면에, 달리, 그래도, 다만
인과관계	앞 문장이 원인이고, 뒤에 오는 문장이 결과일 때	그래서, 그러므로, 따라서, 그러기에, 그렇기 때문에, 마침내, ~함에 따라
전환관계	앞 문장과 다른 사실을 서술할 때	다음으로, 각설하고, 그러면, 그런데, 한편
환언・요약관계	앞 문장의 내용을 요약 또는 결론을 짓거나, 다른 표현으로 바꿀 때	바꾸어 말하며, 환언하면, 즉, 말하자면, 곧
예시관계	앞 문장에 이어 구체적인 예를 들 때	간혹, 어쩌면, 가령, 설혹, 만일, 혹시나, 예를 들어
대등・병렬관계	비슷한 내용의 문장을 대등하게 나열할 때	그리고, 또는, 이와 함께, 그리고, 혹은, 첫째, 둘째
첨가-보충-강조관계	앞 문장에 덧붙여 강조할 때	나아가, 구체적으로, 더구나, 게다가, 아울러, 또한, 더욱이, 실로, 뿐만 아니라

학 | 습 | 활 | 동

소논문의 틀 구성과 글쓰기 형식

▶ 활동 1

이번 장에서는 소논문의 틀 구성과 글쓰기 형식에 대하여 알아보았습니다. 여러분이 직접 소논문의 틀 구성과 형식에 맞추어 작성해 봅시다.

1 한글(HWP) 워드프로세서를 이용하여 소논문의 편집용지 설정을 직접 해보세요.

① 편집용지 종류 선택

② 용지 여백의 설정

③ 용지 방향 선택

④ 메뉴에서 글씨체를 신명조로 선택하고 크기는 11pt로 바꾸어 줍니다.

2 한글(hwp) 워드프로세서를 이용하여 목차와 본문의 제목을 형식에 맞추어 작성해 보세요.

학 | 습 | 활 | 동

3 아래의 그림은 소논문의 Ⅱ장에 넣어야 할 '거북선의 구조'입니다. 제목을 붙이고, 출처를 표기해 보세요.

- 그림의 출처: 이순신(2016). 거북선의 덮개 구조에 대한 연구. 한국대학교대학원. 석사학위논문.

4 아래의 표는 소논문의 Ⅲ장에 넣어야 할 '국민 삶의 질 지표 〈교육 분야〉'입니다. 제목을 붙이고, 출처를 표기해 보세요.

- 표의 출처: 2014년 통계청 국민 삶의 질 지표 〈교육 분야〉
- http://qol.kostat.go.kr/blife/result-idx.do?oaYear=2011&idctId=201304923

	지표명	단위	분석년도							
			2008	2009	2010	2011	2012	2013	2014	2015
교육기회	유아교육 취학률	%	33.4	83.8	84.7	85.2	88.1	91.9	91.4	
	고등교육 이수율	%	36.6	38.7	39.7	40.4	41.7	43.1	44.6	
	평생교육 참여율	%	26.4	28	30.5	32.4	35.6	30.2	36.8	40.6
	학업 중단율	%	1.37	1.27	1.29	1.26	1.19	1.04	0.87	
교육자원	학생 1인당 사교육비 지출액	만원	24.8	25	24	23.1	21.6	21	20.7	20.4
교육성과	PISA 백분위 순위	순위	-	5.9	-	-	5.4	-		
	대졸생 취업률	%			55	58.6	59.5	59.3	58.6	
	학교교육의 효과	%	31.1	-	32.9	-	35	-	35.9	
	학교생활 만족도	%	51	-	46.5	-	45.5	-	48.2	

※ '-'표시는 실측값이 없는 연도임

학 | 습 | 활 | 동

▶ **활동 2**

1 글을 쓸 때 시제는 과거형, 현재형, 미래형이 있습니다. 소논문을 쓸 때는 주로 과거형이나 미래형으로 씁니다. 예를 3가지 들어 보세요.

① ______________________

② ______________________

③ ______________________

2 소논문의 글쓰기에 필요한 7가지 원칙을 써보세요.

① ______________________

② ______________________

③ ______________________

④ ______________________

⑤ ______________________

⑥ ______________________

⑦ ______________________

마무리

이 장에서는 소논문을 쓰기 위한 기초로 소논문의 틀 구성과 글쓰기 형식에 대해서 살펴보았습니다. 일반적으로 학위논문의 틀 구성은 크게 나누어 표지, 초록, 목차, 서론, 본론(이론적 배경, 연구방법, 연구결과), 결론, 참고문헌, 부록 순으로 구성이 되고, 용지는 A4(국배판) [210×297mm]를 사용한다는 점을 알게 되었을 것입니다. 글씨체의 크기도 장의 제목은 15pt, 절의 제목은 13pt, 본문은 11pt로 쓴다는 점이 기억이 나겠지요? 여기에다 글을 쓰는 형식은 누구나 이해하기 쉬운 언어로, 시제는 현재형이나 과거형으로, 관점은 3인칭의 문어체로 쓴다는 점 등이 새롭게 기억해야 할 부분입니다. 무엇이든지 처음부터 완벽하게 되는 일은 없습니다. 처음에는 서툴지만 차근차근 배우다 보면 한 단계 한 단계 성장하는 자신을 발견할 수 있습니다. 심호흡을 하고 다음 단계로 넘어가 봅시다.

Chapter

7 연구계획서 작성하기

많은 우여곡절 끝에 연구주제를 결정하였더라도 한숨만 나옵니다. 연구주제만 결정되었을 뿐, 무엇을 먼저 해야 하는지를 모르기 때문입니다. 이럴 때에는 연구계획서를 작성하는 것이 도움이 됩니다. 연구계획서는 어떠한 연구를 어떻게 수행할 것인지를 미리 알리는 내용이므로 다른 사람들에게 도움을 얻기 쉽습니다.

연구계획서는 앞에서 제시한 바와 같이 연구주제와 방법, 일정 등이 모두 포함되어 있으므로 연구를 끝마칠 수 있도록 돕는 길잡이가 될 수 있습니다. 또한 연구계획서는 향후에 작성할 소논문의 토대가 되기도 합니다. 그러므로 이번 단원에서는 연구계획서를 함께 작성하며 연구과정을 한눈에 알아볼 수 있게 해봅시다.

학습 목표

- 소논문 작성에서 연구계획서의 중요성을 이해할 수 있다.
- 소논문을 작성하기 위한 연구수행 일정을 수립할 수 있다.
- 소논문의 연구계획서를 직접 작성할 수 있다.

① 연구를 어떻게 수행해야 하는지 모르겠다고요?
연구계획서를 작성하면 됩니다.
② 연구계획서 작성하면 논문을 두 번 쓰는 거라고요?
연구계획서가 소논문이 됩니다.
③ 계획은 계획일 뿐, 부담 갖지 말자! 계획은 계속 수정되는 것!!

1절 연구계획서의 중요성

연구계획서를 작성해야 한다니 글쓰기가 두려운 학생은 하늘이 무너지는 소리일 것입니다. 하지만 연구계획서는 여러분이 연구를 수행하는 기간 동안 연구수행의 방향을 결정하는 길잡이입니다. 또한 연구계획서의 내용을 보완하다 보면 소논문을 완성할 수 있습니다. 그러므로 연구계획서와 소논문은 두 개의 글을 쓰는 별도의 작업이 아니라 소논문을 써나가는 하나의 작업입니다. 그림을 그릴 때 스케치를 하는 것과 같은 원리입니다.

1. 연구계획서는 연구의 길잡이다

연구계획서는 연구를 수행하기 전에 연구 전체에 관한 계획을 담은 문서입니다. 즉 사회적으로 필요하다고 여겨지는 주제의 연구가 구체적인 계획으로 수립될 경우 연구가 수행될 수 있는 실현가능성은 높아집니다. 대부분의 연구자들은 연구를 수행하는 과정에서 끊임없이 자신이 어떤 의도로 연구를 계획하였고 어떤 결과를 가정하였는지 떠올리며 연구 진행과정과 계속하여 비교합니다. 그러므로 연구계획서는 연구에 대한 연구자의 설계 의도와 연구과정을 제시하는 길잡이가 되는 것입니다.

그러나 학생들은 자신의 계획대로 연구를 수행하지 못하였을 때 죄책감을 가지며 연구가 실패했다고 여기는 경우도 많습니다. 모든 세상 일이 그러하듯이 계획은 계획일 뿐, 실제 수행과정에서는 이것이 수정되는 경우도 많습니다. 그러므로 연구계획서대로 실현이 가능하다면 가장 좋겠지만, 연구가 반드시 계획서대로 실현되어야 한다는 부담감을 떨쳐내는 것이 좋습니다.

2. 연구계획서가 소논문이 된다

연구계획서는 일반적으로 소논문의 목차 앞부분을 따라 작성하는 경우가 많습니다. 특히 연구의 필요성이나 연구문제 등은 본격적인 연구를 수행하기 전이라도 구체적으로 서술할 수 있습니다. 또한 소논문의 각 단계에 따라 연구를 수행해 나가면서 연구계획서에 내용을 추가함으로써 소논문으로 완성할 수 있습니다. 즉 연구자는 기존의 연구계획서에 단계별로 연구내용을 추가적으로 기술해 나감으로써 소논문으로 발전시킬 수 있습니다. 이처럼 연구계획서와 소논문은 별도의 글이 아니라 하나의 글이므로 두 개의 글을 써야 한다는 부담을 가질 필요가 없습니다.

건희는 연구계획서를 어떻게 작성해야 할까요?

① 연구계획서는 일반적인 소논문의 목차를 활용합니다.
② 연구계획서의 각 단락 아래에는 두세 단계의 소제목과 주제문장을 적습니다.
③ 각 단락마다 연구일정과 소논문의 분량을 기록합니다.

2절 연구계획서 작성방법

소논문은 여러분이 수행한 연구의 결과를 발표하는 결과물입니다. 그러므로 소논문 쓰기과정은 연구를 계획하여 수행하고, 결과를 발표하는 과정 모두를 의미합니다. 하지만 연구가 이루어지기 위해서는 연구에 대한 구체적인 계획이 필요합니다. 우리는 이 과정이 모두 담긴 서류를 연구계획서라고 부르겠습니다. 그러면 연구계획서는 어떻게 작성하는 것이 좋을까요?

1. 목차

소논문은 최초에 작성한 연구계획서를 바탕으로 새롭게 알게 된 내용을 추가적으로 기록하여 완성한 문서라고 할 수 있습니다. 그러므로 연구계획서는 일반적인 소논문의 목차와 같은 흐름으로 구성합니다. 일반적인 논문의 목차는 다음과 같습니다.

Ⅰ. 서론
  1. 연구의 배경 및 필요성
  2. 연구내용
Ⅱ. 이론적 배경
Ⅲ. 연구방법
  1. 연구모형 및 설계
  2. 연구방법
Ⅳ. 연구결과
Ⅴ. 결론 및 논의
  1. 결론
  2. 논의 및 제언
[참고문헌]
[부록]

위에서 제시한 목차는 일반적인 단계이지만 연구자의 판단에 따라 각 단락은 통합되거나 삭제될 수 있습니다. 또한 연구계획서는 연구를 수행한 결과물이 아니므로 위의 목차에서 연구결과나 결론 부분을 서술할 수 없습니다. 그러나 소논문을 시작하기 위한 단계이므로 소논문에서 필요한 모든 내용을 포함하여 작성 양식을 만드는 것이 좋습니다. 여러분은 앞선 6장에서 논문의 틀을 잡는 방법을 배웠습니다. 앞서 배운 내용을 활용하여 일반적인 논문의 목차가 모두 포함된 파일 양식을 만들도록 합니다.

2. 작성 내용

연구계획서는 글을 쓰기 전에 개요를 작성하는 과정이라고 할 수 있습니다. 개요가 글의 논리적 전개를 위한 계획이라면, 연구계획서는 연구의 필요성, 연구수행에서의 일관성, 연구의 실현가능성을 높이기 위한 계획입니다. 따라서 연구계획서에는 연구수행에 필요한 모든 과정을 포함하여야 하며, 이에 대한 구체적인 계획이 제시되어 있어야 합니다. 이러한 내용은 앞서서 제시한 일반적인 소논문 목차의 아래쪽에 추가적으로 소제목을 만들고, 또한 소제목 아래에는 주제 문장을 기록할 수 있습니다.

일반적으로는 아래와 같은 내용을 서술할 수 있습니다.

Ⅰ. 서론
  1. **연구의 배경 및 필요성**
    - 연구가 필요한 사회적 배경을 간단하게 서술
    - 선행연구 분석 통한 연구의 필요성 제시
  2. **연구내용**
    - 연구목적 도출
    - 연구문제/범위 제시

Ⅱ. 이론적 배경
  - 연구문제 또는 각각의 연구 요소에 관한 이론적 배경 제시
  - 선행연구 제시

Ⅲ. 연구방법
  1. **연구모형 및 설계**
    - 연구가설 수립과정
    - 연구모형
  2. **연구방법**
    - 연구방법(문헌, 설문, 사례 조사) 등의 구체적인 내용(인원, 시간, 장소, 내용) 제시
    - 자료분석방법 제시
  3. **연구내용/방법에 따른 연구수행 일정**
  4. **연구내용/방법에 따른 역할 분담(공동연구 시)**

Ⅳ. 연구결과

Ⅴ. 결론 및 논의
  1. 결론
  2. 논의 및 제언

[참고문헌] 선행연구 분석단계에서 본 문헌도 계속 기록
[부록] 설문지 등의 자료를 추가적으로 제시할 때 사용

물론 연구계획서는 아직 구체적으로 연구를 수행하지 않은 단계이므로 서술이 명확하지는 않습니다. 그러나 여러분은 앞선 연구주제 선정과정에서 선행연구를 찾고 자신이 연구해야 할 이유를 어느 정도는 찾았을 것입니다. 연구계획서는 그렇게 떠올린 내용을 생각 정리 차원에서 한두 문장으로 구체화하여 기록하는 과정입니다. 이러한 과정은 연구를 수행하면서 처음 연구를 설계할 때의 생각을 떠올리게 함으로써 연구의 길잡이가 될 수 있습니다.

3. 작성방법

연구에서 가장 중요한 점은 논리적 일관성을 가져야 합니다. 이를 위해서는 연구목적에서부터 일관성을 갖고 연구계획을 수립하여야 합니다. 그러므로 연구계획서에서는 이러한 논리적 일관성을 확인하기 위하여 각 단락 소제목 아래에 어떤 내용을 기록한 것인지 중심 내용을 서술합니다. 그리고 하위 내용은 이 중심 내용을 바탕으로 계획을 수립할 수 있습니다. 이러한 내용은 굳이 문장 형태를 갖추지 않고 간단한 단어 형태로 작성하여도 됩니다. 하지만 연구계획서는 추후에 소논문으로 활용이 가능하기 때문에 문장으로 기술할 수 있는 부분을 문장으로 쓴다면 추후에 소논문으로 발전시킬 때 그대로 가져다 쓸 수 있다는 장점이 있습니다.

또한 여러 명이 함께하는 공동연구인 경우 연구일정이나 연구에서의 역할 부분을 명확하게 규정할 필요가 있습니다. 연구계획서에 이러한 내용을 기록함으로써 연구자 각각이 자신의 역할을 명확하게 인지하고 구체적인 역할을 수행할 수 있도록 도울 수 있습니다. 연구계획서의 구체적인 항목별 작성방법은 다음과 같습니다.

Ⅰ. 서론

1. **연구의 배경 및 필요성**: 완벽한 문장 형태로 기록하여 소논문에서 그대로 활용
2. **연구내용**: 구체적으로 기록하되, 개괄식으로 기록가능

Ⅱ. **이론적 배경**: 주제 선정 때 살펴본 선행연구 중심으로 주제별로 범주화하여 기록

Ⅲ. **연구방법**

1. **연구모형 및 설계**: 연구설계 및 방법에 대하여 도표/그림으로 제시
2. **연구방법**: 연구수행방법/자료분석방법 및 시기에 대하여 구체적으로 기록
3. **연구내용/방법에 따른 연구수행 일정(예)**

월별 / 연구내용	3월				4월			
	1주	2주	3주	4주	1주	2주	3주	4주
문헌 검토								
연구수행								
자료분석								
소논문 작성								

4. **연구내용/방법에 따른 역할 분담(공동연구 시)**

연구자 / 분담내용	김**	박**	유**	이**	황**
문헌조사	한국	외국(영어권)	외국(아시아)		
자료조사			전문가	학생	
자료분석					
소논문 작성	서론	본론	본론	결론	결론

Ⅳ. **연구결과(추후 제시)**

Ⅴ. **결론 및 논의(추후 제시)**

[참고문헌] 선행연구 분석단계에서 본 문헌도 계속 기록

[부록] 설문지 등의 자료를 추가적으로 제시할 때 사용

3절 연구수행 일정 수립

소논문을 쓰기 위해서는 긴 시간이 소요되는 만큼 중도에 포기하는 학생들도 많습니다. 그러므로 소논문을 마무리하기 위해서는 연구수행 전체 과정에 대하여 일정계획을 수립하는 것이 좋습니다. 일부의 학생들은 소논문 공모전이나 결과보고서와 같은 마감일을 두고 시작하기도 하지만, 그렇지 않은 학생들의 경우에도 임의의 마감일을 설정하고 계획을 수립하는 것이 좋습니다. 여기에서는 대부분의 학생들이 방학 중이나 학기 중 수행평가 과제로 수행하는 과제가 많다는 점을 고려하여 주제 선정 이후의 소논문 쓰기 일정을 2개월(8주)로 수립하고자 합니다. 이보다 기간이 길 경우에는 여기에서 제시한 기간을 기준으로 하되, 연구수행 및 자료분석과정에서 일정을 추가하면 됩니다. 전체적인 일정계획은 다음과 같습니다.

일정(주) / 단계	1	2	3	4	5	6	7	8	연구계획서에서 추가해야 할 사항
연구계획서 작성									
문헌 검토									이론적 배경 보완
연구 및 자료수집									연구방법 보완 (구체적 데이터 중심으로)
자료분석									결과 작성
논문 초고 작성									결론 및 논의 작성
수정 및 논문 양식 점검									피드백 바탕으로 수정

학 | 습 | 활 | 동

연구계획서 작성 연습

앞에서 연습한 바와 같이 다음의 순서에 따라 연구계획서를 작성해 보세요.

Ⅰ. 서론

1. **연구의 배경 및 필요성**: 완벽한 문장 형태로 기록하여 소논문에서 그대로 활용

2. **연구내용**: 구체적으로 기록하되, 개괄식으로 기록가능

Ⅱ. **이론적 배경**: 주제 선정 때 살펴본 선행연구 중심으로 주제별로 범주화하여 기록

학 | 습 | 활 | 동

Ⅲ. 연구방법

1. **연구모형 및 설계**: 연구설계 및 방법에 대하여 도표/그림으로 제시

2. **연구방법**: 연구수행방법/자료분석방법 및 시기에 대하여 구체적으로 기록

3. 연구내용/방법에 따른 연구수행 일정(예)

월별 / 연구내용	1월				2월				3월				4월			
	1주	2주	3주	4주	1주	2주	3주	4주	1주	2주	3주	4주	1주	2주	3주	4주

4. 연구내용/방법에 따른 역할 분담(공동연구 시)

연구자 / 분담 내용					

마무리

이 장에서는 소논문을 쓰기 위한 과정으로서 연구계획서의 중요성과 연구계획서의 작성방법, 그리고 전체 연구일정 수립에 대하여 학습하였습니다.

대부분의 학생들은 소논문이라는 글쓰기 작업에 대하여 부담감을 갖고 있습니다. 그러한 학생들에게 연구계획서는 또 하나의 소논문처럼 느껴져 스트레스를 가질 수도 있습니다. 그러나 연구계획서는 소논문과 다른 별개의 글이 아니라 연구를 수행하기 위한 길잡이이며, 소논문으로 완성시키기 위한 초고입니다. 또한 연구계획서는 연구계획을 서술하기 위한 내용이므로 완성된 문장으로 기록해야 한다는 부담감을 떨치는 것이 좋겠습니다. 연구수행을 위한 구체적인 계획서가 작성되었다면, 본격적으로 소논문을 작성해 봅시다.

Chapter

8 선행연구 분석하기

논문에 필요한 자료를 찾는 방법에 대해서는 앞에서 이미 살펴보았습니다. 하지만 자료를 풍부하게 찾았다고 해서 소논문을 쉽게 쓸 수 있는 것은 아닙니다. 소논문을 쓴다는 것은 참신하거나 문학적인 표현을 떠올리는 것과는 전혀 다른 차원의 문제입니다. 수집한 자료를 자신의 소논문 작성 목적에 맞게 적절히 분석하는 과정이 필요합니다. 소논문에 포함되는 대부분의 내용은 자신이 잘 알지 못하는 것입니다. 간혹 자신이 잘 알고 있는 내용을 포함시키는 경우도 있으나, 소논문을 쓰지 않았더라면 굳이 찾아보지 않았을 내용인 경우도 상당히 많습니다. 이 단원에서는 선행연구 자료를 어떠한 방식으로 접근하면 되는지에 대해 중점적으로 살펴보겠습니다. 이와 더불어 3장에서 강조했던 연구윤리를 위반하지 않기 위해 어떠한 방식으로 선행연구를 정리해야 하는지에 대해서도 다시 한 번 연습해 보는 기회를 갖겠습니다.

학습 목표

- 자료를 읽는 목적에 따라 읽기방법이 달라질 수 있다는 점을 이해한다.
- 발췌하기 방법을 적용하여 자료를 발췌할 수 있다.
- 자료를 효율적으로 요약할 수 있다.

건희는 드디어 본격적인 논문 작성에 착수했습니다. 가장 먼저 연구계획서를 만들면서 잠깐 살펴보았던 선행연구 자료들을 꼼꼼히 살펴볼 차례입니다. 그런데 본격적인 읽기를 시작하려던 건희는 출력한 자료와 파일들을 살펴보다가 깜짝 놀라고 말았습니다.

"으아, 뭐 이렇게 많아? 이걸 다 읽으라고? 그래도 좋은 논문을 위해서라면 이 정도 노력은 해야지. 좋아, 도전해 보자!"

건희는 '오르고 또 오르면 못 오를 리 없건마는'이라는 시조 가락을 떠올리며 일단 부딪혀 보기로 했습니다. 그렇게 시간이 어느 정도 흘렀습니다.

"이제 겨우 한 쪽 읽었는데 시간이 20분이나 지났네? 논문 한 편 읽으려면 7~8시간은 걸리겠네. 이걸 어떻게 다 읽어야 하는 거지?"

도저히 다 읽을 수는 없고, 골라서 읽자니 어느 부분이 중요한지도 잘 모르겠고…. 오늘도 건희의 고민은 깊어만 갑니다.

1절 읽는 방법의 선택

> **질문**: 20쪽짜리 논문 한 편을 읽는 데 걸리는 시간은 얼마일까?
> **정답**: 읽는 방법에 따라 다르다.

글을 읽는다고 모두 똑같은 읽기가 아닙니다. 읽기는 크게 미시적 읽기와 거시적 읽기로 구분할 수 있습니다. 미시적 읽기란 책의 내용을 이해하고 기억하기 위해 읽는 것을 말합니다. 시험에 대비해서 교과서나 참고 자료를 머릿속에 저장하기 위해 열심히 읽는 경우가 대표적입니다. 수능 국어 영역의 비문학 지문을 읽는 것도 전형적인 미시적 읽기입니다. 대부분의 고등학생들은 미시적 읽기에 익숙합니다. 국어 시간에 배우는 읽기방법도 대부분 여기에 초점이 모아져 있습니다.

하지만 소논문을 작성하기 위해 찾아보아야 하는 자료는 매우 방대합니다. 모아 놓은 자료를 교과서 읽듯 꼼꼼히 읽으려고 하면 그것만으로 한 학기나 1년을 그냥 보내야 할 수도 있습니다. 그렇기 때문에 선행연구나 참고 자료를 읽을 때에는 읽는 목적을 분명히 하고, 여기에 맞추어 읽기방법을 선택할 필요가 있습니다. 그 방법이 바로 거시적 읽기입니다.

거시적 읽기란 전반적인 맥락을 파악하며 읽는 것을 말합니다. 이 방법은 선행연구나 자료를 읽는 것도 필요하지만, 그냥 읽기만 해서는 안 된다는 것을 의미합니다. 미시적 읽기가 나무를 보는 것이라면, 거시적 읽기는 숲을 보는 것에 비유할 수도 있습니다. 거시적 읽기를 잘하려면 선행연구 자료의 짜임이나 구성을 적극적으로 활용할 필요가 있습니다.

그렇다면 거시적인 읽기를 잘하려면 어떻게 하면 될까요?

첫 번째, 선행연구의 분석 목적을 분명히 정해야 합니다.

두 번째, 선행연구 자료의 체계나 구조를 적극적으로 활용해야 합니다.

세 번째, 배경지식을 넓히기 위한 방법을 적극적으로 활용해야 합니다.

1. 목적을 분명히 정하기

선행연구 자료를 읽기 전에 가장 먼저 정해야 할 것은 읽는 목적을 분명히 해야 합니다. 이를 위해서는 자신이 스스로 '질문'을 만들어 보는 것이 좋습니다. 여기서 말하는 질문은 자료를 읽는 여러분이 스스로 마음속으로 떠올린 질문을 말합니다. 논문을 잘 쓰는 사람들일수록 자신의 목적에 맞추어 이러한 질문을 다양하게 떠올리며 자료들을 분석합니다.

자료를 분석하는 모든 과정에서 매우 다양한 질문을 떠올릴 수 있지만, 목적을 분명히 하기 위해서는 가장 먼저 "나는 왜 이 자료를 읽으려고 하는가?"를 떠올려 봐야 합니다. 이에 대한 답변은 무궁무진합니다. 동일한 논문 한 편을 읽더라도 어떤 학생은 그 논문에 등장하는 개념을 이해하기 위해 읽을 것이고, 어떤 학생은 그 논문에서 사용한 연구방법을 확인하기 위해 읽을 것입니다. 관련 분야에 아는 내용이 전혀 없어서 배경지식을 확충하기 위한 목적도 있을 것이며, 자신이 실제 논문 집필을 하려고 하는 데 어떠한 순서로 내용을 배열해야 하는지를 확인하기 위한 목적으로 읽는 경우도 있을 것입니다.

떠올리면 좋은 또 다른 질문 중 하나는 자신의 자료 읽기과정을 점검하고 조정하는 질문입니다. 예를 들면 "이 내용이 나에게는 어떤 의미가 있는 거지?", "너, 지금 이해를 잘하고 있는 거니?" 등과 같은 질문이 여기에 속합니다. 이러한 질문을 떠올렸다면, 스스로 간단하게나마 명확한 답을 하기 위해 노력해야 합니다. 명확하게 답변을 하지 못하는데 계속해서 읽는 것은 결코 효과적인 선행연구 분석 작업이라고 하기 어렵습니다.

2. 자료의 체계나 구조 활용하기

질문을 던짐으로써 선행연구 자료를 읽는 목적을 분명히 했다면, 그 다음에는 자료의 체계나 구조를 적극적으로 활용해야 합니다. 단행본의 경우, 책을 쓴 필자는 대개 머리말, 목차 등을 통해 자신이 어떠한 의도로 책을 저술했으며, 독자의 목적에 따라 해당 책을 어떻게 활용하면 좋은지를 밝혀 두는 경우가 많습니다. 번역서라면 '해제', '역자 서문', '역자 해설'과 같은 부분을 먼저 읽는 것도 상당히 유용합니다.

읽어야 할 자료가 학술논문이라면 논문의 구조를 잘 이용해야 합니다. 학술논문은 어느 정도의 예외가 있기는 하지만 대부분 '초록-서론-이론적 배경-연구방법-연구결과-결론'의 순서를 갖고 있습니다. 거의 모든 학술논문은 각각에 해당하는 부분에 고유한 내용을 담고 있다는 점을 알아 두는 것이 좋습니다. 그래야 자신이 선행연구 자료를 읽을 때 어디에 집중해서 살펴볼 것인지를 정할 수 있습니다.

학술논문의 경우, 각각의 요소들은 일반적으로 다음과 같은 내용들을 담고 있습니다. 많은 이들이 다음과 같은 순서대로 논문을 살펴보곤 합니다. 물론 반드시 이렇게 읽어야 하는 것은 아니며, 자신의 읽기 목적에 따라 적절히 변용할 수 있어야 합니다.

① **초록**: 초록은 논문을 요약한 글을 말합니다. 초록을 읽으면서 이 논문이 자신의 읽기 목적에 부합하는 것인지를 먼저 판단해야 합니다. 내가 원하는 내용이 이 논문에 있을지 없을지를 초록을 읽으며 가늠해 볼 수 있습니다. 길이가 한 페이지 이내로 짧은 편이기 때문에 본문을 읽기 전에 반드시 초록을 먼저 살펴보는 것이 좋습니다.

② **서론**: 서론에는 일반적으로 논문의 목적, 연구를 진행하게 된 동기 등이 포함됩니다. 또한 논문이 어떠한 순서로 전개될 것인지를 몇 문장으로 정리해 놓기도 합니다. 이 부분을 눈여겨 보면, 해당 자료가 자신의 읽기 목적에 부합하는지 여부를 보다 쉽게 판단할 수 있습니다.

③ **이론적 배경**: 이론적 배경은 여러분이 읽고 있는 논문을 작성한 필자가 다른 연구들을 조사한 결과물이라고 할 수 있습니다. 이론적 배경을 읽음으로써 논문의 주제와 관련된 배경지식을 보다 확장할 수 있으며, 자신에게 필요한 정보를 보다 효율적으로 탐색할 수도 있습니다.

④ **연구방법**: 연구방법은 "나는 이 주제로 연구를 하기 위해 이러이러한 방법을 사용했습니다."와 관련된 내용을 밝혀 주는 것입니다. 연구방법은 독자로 하여금 연구방법의 적절성과 더불어, 연구결과의 타당성 및 신뢰성을 평가할 수 있게 해줍니다. 그렇기 때문에 실행된 연구를 이해하고 따라해 볼 수 있을 정

도의 정보를 간결하게 포함시키는 경우가 많습니다. 여기에는 대체로 연구대상 혹은 참가자, 실험도구, 연구절차 등이 포함됩니다. 선행연구의 연구방법을 읽을 때에도 이러한 점들을 눈여겨 보는 것이 좋습니다.

⑤ **연구결과**: 연구결과는 주로 수집한 자료나 자료의 통계적 처리를 요약하는 경우가 많습니다. 얻어낸 자료를 무조건 많이 나열하기보다는, 우선 소논문 작성과정을 통해 찾아낸 결과나 발견사항을 간략하게 적는 경우가 많습니다. 그러고 나서 결론(자신이 논문을 통해 궁극적으로 말하고 싶은 지점)을 정당화할 수 있도록 해당 자료를 가급적 자세히 보고하는 경우가 대부분이니 구조에 유의하며 읽으면 보다 효율적으로 접근할 수 있습니다.

⑥ **결론**: 결론 부분은 '논의'로 대체되기도 합니다. 일반적으로 요약, 결과 해석 및 시사점, 연구의 제한, 후속연구를 위한 제언 등이 포함될 수 있습니다. 연구자가 스스로 연구결과의 시사점을 평가하고 해석하기 위해 어떤 입장을 밝히고 있는지를 잘 살펴주어야 합니다. 그리고 논문 작성자가 연구결과로부터 적절한 추론을 끌어내고 있는지에 대해서도 비판적으로 읽을 필요가 있습니다.

⑦ **참고문헌**: 참고문헌은 논문에서 인용된 모든 출처들을 포함해야 합니다. 그렇기 때문에 선행연구를 공부하는 입장에서는 자신이 찾아보아야 할 더 많은 자료 목록들을 손쉽게 확보할 수 있는 방법이기도 합니다. 본문을 읽다가 관련 부분이 인용되었다면, 참고문헌을 찾아보고 어떤 내용들을 더 찾아 읽어야 할지를 판단할 수 있을 것입니다.

3. 배경지식을 넓히기 위한 방법 활용하기

연구자료를 읽다가 궁금한 점이 나오면 능동적으로 정보를 검색해야 합니다. 선행연구 자료가 어려운 대부분의 이유는 자료에 등장하는 개념이 생소하기 때문입니다. 이럴 때에는 얼른 자신이 잘 모르는 핵심 개념을 찾아보아야 합니다.

여기서 소개할 한 가지 개념이 있습니다. 바로 매튜 효과(Mattew Effect)라는 용어입니다. 이 개념의 핵심은 배경지식이 많으면 많을수록 더 쉽고 효과적으로 읽을 수 있다는 것입니다. 그렇기 때문에 때로는 문학사, 철학사, 과학사 등의 책이나 백과사전, 신문기사, 칼럼 등 관련 내용을 찾았다면 잠시 선행연구 분석을 멈추고 배경지식을 넓히기 위한 읽기활동을 펼칠 필요도 있습니다.

선행연구 분석을 잘하기 위해서는 '읽어야 할 자료'가 어떤 지식과 정보를 배경지식으로 요구하고 있는지를 이해하고 대비해야 합니다. 배경지식이 있는가, 없는가에 따라 선행연구를 이해하는 정도, 이해하기 위해 걸리는 시간에 상당한 영향을 미치기 때문입니다. 그러므로 선행연구 분석을 잘하려면 내용을 이해하는 데 필요한 배경지식을 마련하고 보충하는 방법을 사용해야 합니다.

배경지식을 활성화하고 확장하는 일반적인 방법은 다른 자료를 더 참조하는 것입니다. 물론 읽어야 할 책보다는 쉽고 짧은 것이 좋은데, 백과사전, 신문기사, 칼럼 등을 이러한 자료로 활용할 수 있습니다. 사전류는 핵심적인 개념이나 용어 등에 대한 배경지식을 확장하는 데 크게 도움이 됩니다. 상황에 따라서는 읽어야 할 책을 해설하거나 비평한 서평을 활용할 수도 있습니다. 그러므로 선행연구 분석을 위해 어떤 도서를 읽어야 한다면, 그 책 한권으로만 승부를 보겠다고 호기를 부리는 것은 바람직하지 않습니다. 그 책을 잘 이해하고 기억하기 위해서라도 배경지식을 제공해 주는 다른 자료를 반드시 참조하는 것이 좋습니다.

2절 올바르게 발췌하기

발췌란 글 가운데에서 필요하거나 중요한 부분만을 뽑아내는 행위, 또는 뽑아낸 내용을 가리키는 말입니다. 선행연구를 분석하면서 자신의 소논문에 관련 내용을 소개할 필요가 있다는 생각이 드는 경우, 혹은 자신의 소논문 주제를 보다 명확히 설명하는 데 도움이 되는 내용인 경우라면 발췌를 해두어야 합니다.

발췌를 할 때에는 지켜야 할 원칙이 몇 가지 있습니다. 가장 중요한 것은 출처를 분명히 밝혀야 한다는 점입니다. 서지사항과 더불어 몇 페이지에서 해당 내용을 발췌했는지 표시해 두어야 합니다. 이렇게 하는 이유는 의도하지 않은 표절을 피하기 위해서입니다.

소논문 작성 초보자들은 흔히 서지사항과 쪽수를 적어 놓지 않아도 자신이 이 내용을 나중에 기억할 수 있을 것이라고 생각합니다. 이 생각은 명백한 오해입니다. 모든 사람은 기억에 한계가 있습니다. 나중에 발췌한 내용을 인용할 때 출처를 분명히 써두지 않는다면 그 자료는 활용할 수 없는 것이 되어버립니다. 출처를 밝히지 않고 다른 이의 생각을 자신의 글 속에 포함시키는 것은 중대한 연구윤리 위반이기 때문입니다.

다음의 예시를 보겠습니다. ①은 자료를 발췌한 것이고, ②와 ③은 모두 이를 인용하여 글의 일부에 포함시킨 것입니다.

만프레드 슈피처 지음, 김세나 옮김, 디지털 치매, 북로드, 2013. 295쪽. 디지털 미디어는 자기통제력을 떨어뜨리고, 이로써 스트레스를 유발한다. 유치원이나 초등학교에서 미디어를 더 많이 사용해야 한다는 입장을 지지하는 사람은 반드시 이 사실을 생각해봐야 한다. 미디어 사용의 이점은 추측만 되고 있는 데에 반해, 단점들은 확실하게 입증되었다. 이러한 학문적인 증거 자료들에 대해 특히 유년기의 컴퓨터 사용에 찬성하는 사람들은 아직 아무런 대답도 하지 않고 있다.	① **[원문]**
(앞 부분 생략) 독일의 정신과 의사인 만프레드 슈피처는 어린이들이 디지털 미디어를 많이 사용하는 것이 바람직하지 않다는 점을 강조한다. 지나친 디지털 미디어 사용이 어린이들의 자기통제력을 감소시키고 이로 인해 스트레스가 유발된다는 증거들이 명백하지만, 그 반대되는 증거들은 거의 존재하지 않는다는 것이다.[1)] 1) 만프레드 슈피처, 김세나 옮김, 디지털 치매, 북로드, 2013, 295쪽.	② **[인용]**
(앞 부분 생략) 어린이들이 디지털 미디어를 많이 사용하게 되면 자기통제력이 저하되고 이로써 스트레스가 유발된다. 이에 대해서는 상당히 많은 연구 증거들이 있다. 하지만 디지털 미디어를 많이 사용했을 때의 이점에 대해서는 충분한 증거들이 없다.	③ **[표절]**

②과 ③에는 큰 차이가 있습니다. ②는 각주를 통해 글의 핵심적인 내용이 다른 자료에서 참고한 것이라는 점을 분명하게 밝혔습니다. 이렇게 안내를 하면 아무런

문제가 없습니다. 그리고 이 내용을 보다 구체적으로 확인하고 싶은 독자들이 해당 자료를 찾아갈 수 있도록 해놓았습니다.

하지만 ③에는 출처 표시가 되어 있지 않습니다. 소논문 안에서 ①과 ②를 보지 못하고 ③만을 읽은 사람이라면, 누구나 ③의 내용이 소논문을 쓴 사람의 아이디어라고 생각할 것입니다. 사소해 보이는 작은 차이 하나 때문에, ②는 인용이 되었지만 ③은 표절이 되었습니다.

또한 발췌를 할 때 지켜야 할 또 다른 원칙은 자신의 견해를 발췌한 결과물에 포함시켜서는 안 된다는 점입니다. 이렇게 해야 하는 이유는 나중에 글을 쓰게 될 때에는 원본 자료는 갖고 있지 않고 발췌한 자료만 갖고 글을 쓰기 때문입니다. 만일 발췌한 내용에 자신의 견해를 덧붙인다면, 나중에 원문을 기억하지 못하는 상황에서 발췌한 내용만을 보고 어떤 부분이 원저자의 견해이고 어떤 것이 자신의 견해인지 혼동하게 될 수 있습니다. 발췌한 내용과 자신의 의견이나 생각을 구분하지 못하게 된다면 의도하지 않은 연구윤리 위반이 발생할 수 있습니다. 만일 발췌를 하다가 좋은 아이디어가 떠올라서 적어 두고 싶다면, 글자의 색깔을 달리하는 등과 같은 방식으로 별도로 표기를 해두어야 합니다. 그렇게 해서 발췌한 내용과 자신의 의견이나 생각을 명확히 구분해야 합니다.

3절 효과적으로 메모하기

메모란 말을 전하거나 잊지 않기 위하여 간략하게 적어 두는 행위, 또는 적어 둔 글을 의미합니다. 메모하기는 선행연구 내용 파악을 위해서나 소논문에 활용하기 위해서나 반드시 필요한 활동입니다. 메모하기는 목적에 따라 몇 가지로 분류할 수 있는데, 여기에서는 '요약'을 목적으로 하는 메모하기와 '자신의 생각 기록'을 목적으로 하는 메모하기로 구분해서 설명해 보겠습니다.

먼저 요약을 목적으로 하는 메모하기입니다. 메모하기는 발췌하기와 달리, 글에 포함되어 있지 않은 내용을 더해서 기록해 둘 수 있다는 것이 가장 큰 장점입니다.

'새로운 인본주의 시대의 개막'이라는 제목의 글이 있다고 가정해 보겠습니다. '새로운 인본주의'가 무엇인지 글에 체계적으로 설명되어 있다면 여러분은 해당 내용을 발췌해서 '새로운 인본주의'의 중요한 내용을 따로 저장해 둘 수 있을 것입니다. 하지만 자료에 따라서는 그 내용을 압축적으로 써놓지 않았을 수도 있습니다. 어떤 경우에는 관련 내용이 자료의 이곳 저곳에 흩어져 있을 수도 있습니다. 이럴 경우라면 발췌를 하기 어려울 것이고, 만일 관련 부분을 모두 발췌하고자 한다면 그 분량이 너무 많아서 나중에는 한꺼번에 다루기 어려워질 수도 있습니다. 이럴 때 필요한 것이 요약을 목적으로 하는 메모하기입니다.

'새로운 인본주의'를 설명하는 핵심 내용들이 모여 있지 않더라도, 메모를 통해 관련 내용을 한데 모을 수 있기 때문입니다. 더 나아가 '새로운 인본주의'에 대한 설명 내용이 지나치게 추상적이고 많다면, 메모하기를 통해 그 의미를 자신만의 언어로 '요약'해서 써놓을 수도 있습니다.

'자신의 생각 기록'을 목적으로 하는 메모하기는, 자료를 살펴보면서 알게 되고 깨닫게 된, 혹은 생각한 내용을 메모로 남김으로써 자신의 지적 행적을 남겨 두는 행위입니다. 혹시라도 메모를 했던 책이 가까이에 있다면, 그 책을 펼쳐서 어떤 메모 내용이 적혀 있는지 확인해 보기를 바랍니다. 그 책을 읽을 당시에, 그것을 읽으면서 떠올렸던 생각이 메모로 남아있을 것입니다. 지금 이 순간 과거의 메모를 다시 읽고 있는 여러분은, 그 메모를 바탕으로 생각을 더 발전시키거나 확장시키는 것이 가능합니다. 어떤 경우에는 까맣게 잊고 있던 내용을 새롭게 발견함으로써 의외의 수확을 얻는 경우도 있습니다. 바로 이러한 작업이 선행연구 자료 파악을 목적으로 하는 메모하기의 장점입니다. 만일 메모를 해두지 않았더라면 여러분은 그 메모의 내용을 다시 떠올리기 위해 상당한 시간과 노력을 다시 기울여야 할 것입니다.

효과적으로 메모를 하기 위해서는 몇 가지 원리를 지키는 것이 좋습니다. 첫 번째 메모를 할 때에는 떠오르는 대로 적지 말고, 한 문단이나 한 페이지, 혹은 하나의 소제목 부분 등과 같이 '단위'로 끊어 읽은 후 메모를 해야 합니다. 메모하기는 1차적으로 선행연구 자료의 핵심 내용이나 주요 내용을 찾아 체계적으로 정리하는 데 목적이 있습니다. 그렇기 때문에 일정한 단위로 끊어 읽은 뒤 내용의 중요한 정도를 판단하는 절차를 거치고 그 결과 머릿속에 남는 내용을 메모하는 것이 바람직합니다. 일정한 단위로 끊어 읽고 메모를 하지 않는다면, 자료의 중간에 내용이나 정보의 중요한 정도를 파악해야 합니다. 하지만 이는 상당히 어려운 일입니다. 그렇기 때문에 메모를 할 때에는 메모할 내용이 떠올랐다 하더라도 일정한 단위를 읽은 다음 하는 것이 좋습니다.

효과적으로 메모하기 위한 두 번째 원리는 명확한 체계를 세워 메모를 해야 한다는 것입니다. 여러분이 소논문 작성을 위해 분석할 선행연구들은 대부분이 상당한 양의 정보를 담고 있는 글들일 것입니다. 이러한 글들은 공통적으로 엄격한 체계를 갖추고 있다는 특징이 있습니다. 효과적으로 메모를 하기 위해서는 이러한 체계를 파악하여 메모를 해야 합니다. 예를 들어 내용의 논리적 관계, 즉 포함관계, 선후관계, 인과관계, 대립관계, 병렬관계 등을 잘 파악해야 합니다. 내용의 논리적 관계를 반영해서 메모를 하면 체계적인 메모를 할 수 있습니다.

세 번째 '요약'을 목적으로 한 메모와 '자신의 생각 기록'을 목적으로 하는 메모를 구분해야 합니다. 요약을 목적으로 하는 메모는 글의 주요 내용을 간추린 것을 말합니다. 요약을 할 때에는 자신의 의견을 포함시켜서는 안 되기 때문에, 글 속에 나타나지 않은 자신의 생각을 섞어서 메모하는 것은 바람직하지 않습니다. 이럴 경우 발췌하기에서 살펴본 바와 같이, 자신의 생각과 타인의 생각을 혼동해서 소논문에 포함시킬 우려가 있습니다.

자신의 생각 기록을 위한 메모는 자료를 읽으면서 또는 자료를 읽은 후에 떠오른 의견이나 아이디어를 정리한 메모를 말합니다. 메모는 자료의 내용을 효과적으로 파악하고 기억하거나 차후에 활용하는 데에 도움을 얻기 위한 도구입니다. 그렇기 때문에 요약을 위한 메모와 자신의 생각 기록을 위한 메모가 명확하게 구분되도록 하는 것이 좋습니다. 만일 이 둘이 구분되지 않는다면, 앞서 발췌의 유의사항에서 언급했듯이 자신의 의견과 타인의 의견을 구분하지 못하게 될 수 있습니다. 이 두 가지를 구분하려면 색깔을 달리한다거나, '요약', '내 생각'과 같은 별도의 표기를 해두는 것이 좋습니다. 자신만이 알아볼 수 있도록 별표나 세모 등과 같은 기호를 사용하는 것도 좋습니다.

학 | 습 | 활 | 동

1 발췌하기 연습

이 책의 4장 '연구방법'의 57쪽에는 연구목적에 따른 연구방법의 유형이 제시되어 있습니다. 이 내용을 발췌하는 상황을 가정하여, 가장 적절한 방식으로 발췌해 보세요. (주의사항! 발췌의 원칙을 잘 지켜야 합니다.)

2 다음 지문을 읽고 물음에 답하세요.

① 세계에서 가장 넓은 사막은 아프리카에 있는 사하라 사막이다. 사하라 사막은 그 넓이가 우리 나라의 백 배가 넘는다. 이런 사막에서는 풀도 나무도 자라지 못하고, 사람도 살 수 없다. 그러면 사막은 어떻게 해서 생겼을까?

② 지금은 사막인 곳도 옛날에는 사막이 아니었다. 풀과 나무가 적은 곳에 비가 쏟아지면 흙과 바위가 깎여서 흘러간다. 큰 돌덩이는 근처에 남지만 작은 돌멩이나 모래는 멀리 밀려가게 된다. 그래서 자갈이나 모래로 된 사막이 만들어진다. 결국 물의 힘이 사막을 만든 것이다.

③ 그리고 낮과 밤의 온도 차이가 사막을 만든다. 낮에는 강한 햇볕 때문에 뜨거워져서 바위가 늘어난다. 밤에는 뜨거워진 바위가 식으면서 다시 오므라든다. 이렇게 늘어나고 오므라드는 일이 되풀이되면서 바위가 갈라지고 잘게 부서져버린다.

④ 바람의 힘도 무시할 수 없다. 세찬 바람에 날린 모래알이 바위에 부딪쳐 약한 부분을 깎아 내린다. 또 바람은 모래 언덕을 만든다. 일단 모래 언덕이 만들어지면 다른 데서 날려 온 모래들이 그 언덕에 걸려서 쌓이게 된다. 이렇게 해서 만들어진 큰 모래 언덕이 바람에 조금씩 밀려가면서 넓은 사막이 생긴다.

⑤ 사막은 이처럼 여러 가지 이유로 생긴다.

(1) 이 글의 핵심어는 무엇인가요?

____

학 | 습 | 활 | 동

(2) 이 글의 주제는 무엇인가요?

____

(3) 각 문단의 중심 내용은 무엇인가요? (각각 한 문장으로 답하세요.)

①문단 ________________________________

②문단 ________________________________

③문단 ________________________________

④문단 ________________________________

⑤문단 ________________________________

(4) 위 내용을 참조하여 해당 글을 200자 내외(띄어쓰기 포함)로 요약해 보세요.

마무리

이 장에서는 선행연구(문헌 자료)를 어떻게 읽어야 하고, 읽은 내용은 어떻게 정리해야 하는지에 대해서 다루었습니다. 어떠한 소논문도 선행연구의 도움 없이는 작성할 수 없지만, 어떤 선행연구가 자신에게 도움이 되는지를 아는 것은 쉬운 일이 아닙니다. 이러한 문제를 적절히 해결하기 위해서 먼저 자신이 선행연구(문헌 자료)를 읽는 목적을 분명히 정해야 합니다. 또한 연구윤리 위반을 피하기 위해 어떠한 방법으로 정리해야 하는지에 대해 다루었습니다. 살펴본 선행연구의 모든 내용을 머릿속에 완벽하게 저장해야 하는 것은 아닙니다. 보다 효율적으로 선행연구를 살피고 이를 자신의 소논문에 활용하기 위해서는 일정한 방법을 이해하고 연습이 필요하다는 점을 기억하기 바랍니다.

Chapter

9 소논문 쓰기(1) : 문헌연구방법

여러분은 지금까지 소논문을 쓰기 위해 필요한 다양한 내용들을 살펴보았습니다. 우리나라 옛 속담에 '백문불여일견(百聞不如一見)'이란 말이 있습니다. 이것은 백 번 듣는 것이 한 번 보는 것만 못하다는 뜻으로, 무엇이든지 경험해야 확실히 알 수 있다는 말입니다. 여러분도 지금까지 소논문에 대한 많은 지식을 쌓았지만, 실제 소논문을 쓴 일이 없다면 다양한 지식을 확실히 자신의 것으로 만들지 못했을 수 있습니다. 이 장에서는 문헌연구방법을 적용해서 소논문을 쓰는 방법에 대해서 알아보겠습니다.

학습 목표

- 문헌연구방법을 설명할 수 있다.
- 문헌연구방법을 활용하여 소논문을 쓸 수 있다.

건희는 문헌연구방법으로 소논문을 작성해 보기로 했습니다. 문헌연구방법은 자신이 연구하고자 하는 분야의 이미 발표된 문헌을 조사하고 분석하여 논문을 작성하는 연구방법입니다. 그러나 막상 시작하려고 하니 어떻게 해야 할지 난감합니다. 건희는 답답한 마음에 국회도서관과 국립도서관에서 문헌을 검색해 보았습니다. 그러나 마땅한 자료를 찾지 못하고 발만 동동 구르고 있습니다. 지금부터 건희는 무엇부터 해야 될까요?

문헌연구방법은 모든 연구의 기초가 되는 연구방법으로 해당 연구 분야에서 이미 발표된 다른 연구자들의 문헌을 체계적으로 분석하는 연구방법입니다. 이 연구법을 단독으로 활용할 수도 있지만, 다른 연구법과 병행하기도 합니다. 특히 인문사회과학 분야의 소논문을 쓰기 위해서는 문헌연구가 필수적입니다. 여기에서 인문사회과학 분야는 정치 · 경제 · 역사 등 인간사회와 인류문화를 중심으로 하는 영역입니다. 이들 사회현상을 이론으로 설명하기 위해서는 이미 발표된 문헌을 비교 · 분석해야 합니다. 여러분은 이미 앞에서(8장) 소논문을 쓰기 위한 선행연구 분석을 경험해 보았습니다. 문헌연구방법도 선행연구 분석과 크게 다르지 않습니다. 이미 다른 사람이 발표한 문헌(자료)을 조사하고 분석하는 방법에 있어서 별 차이가 없습니다. 다만 문헌연구방법은 선행연구보다 심층적으로 조사 · 분석하여 기존연구에서 밝히지 못한 창의적인 결론을 끌어낸다는 점에서 차이를 보입니다.

1절 문헌연구방법으로 논문 쓸 준비하기

1. 문헌연구방법의 정의와 특징

문헌연구방법은 다른 연구자들이 이미 발표한 연구결과 또는 역사적 문서를 수집하여 자신의 연구과제와 비교 · 분석하거나 사상가 또는 이론가들의 연구와 주장을 분석 · 비교하는 연구방법입니다. 기존의 문헌 자료를 나열하는 것이 아니라 체계적으로 분석하여 연구대상의 본질 및 속성을 구조화하는 것입니다. 이 연구방법은 인문사회과학 분야의 연구에서 주로 이용되는 연구방법입니다. 특히 대부분의 연구에서 이론적 배경을 작성하는 데에 문헌연구방법을 많이 사용합니다. 일반적으로 소논문을 쓰기 위해서 다양한 연구방법을 활용하는데, 조사연구방법과 문헌연구방법을 병행하거나, 실험연구방법과 문헌연구방법을 병행하기도 하지만, 때로는 문헌연구방법으로만 연구를 진행하기도 합니다.

문헌의 종류에는 사회적으로 생산된 통계 자료(인구통계 자료 등), 정부기관의 정치, 법률 등의 자료, 대중매체 자료, 사회적 자료(사진, 문학, 예술, 영상기록, 음향기록 등) 등이 있습니다. 또한 연구자의 이론과 학설이 포함되어 있는 저서를 포함하여 학위논문, 학술지, 정기간행물, 연구지 등도 문헌에 포함됩니다.

그렇다면 문헌연구방법은 주로 어떤 연구에서 활용이 될까요? 문헌연구방법은 대표적으로 역사적 연구, 접근 불가능한 지역에 대한 연구 등에서 활용되고 있습니다. 역사적 연구의 경우 '조선시대 여성의 삶'을 연구하기 위해서 그 시대를 직접 볼 수 없으므로 남아있는 문헌으로 연구할 수밖에 없습니다. 또는 접근 불가능한 지역에 대한 연구란 '북한 지역의 주민들에 대한 생활연구'와 같은 것입니다. 이 경우에는 그들의 생활을 직접 확인할 방법이 없기 때문에 문헌이나 자료에 의존할 수밖에 없습니다.

문헌연구의 대표적인 연구 유형을 살펴보면 아래와 같습니다.

① **전기적 연구**: 개인의 일생을 역사적 자료나 기록 중심으로 기술한 연구
② **기관·단체·제도에 대한 연구**: 도서관 또는 학회, 협회 같은 기관이나 단체에 관한 역사적 연구
③ **지역별 역사연구**: 내가 살고 있는 지역을 비롯한 지역의 발달과정연구
④ **학문 및 교육사에 관한 연구**: 어떤 학문 분야의 역사적 흐름이나 교육의 변천에 대한 연구
⑤ **사례에 대한 연구**: 특정한 인물, 사건 등을 연구대상 측면에서 분석한 연구
⑥ **사회현상에 대한 연구**: 특정 사회적 현상에 대한 연구
⑦ **정치현상에 대한 연구**: 시민의 정치의식의 변화 등과 같은 일정한 정치적 현상에 대한 연구
⑧ **사회지표에 관한 연구**: 예를 들면 우리나라의 자살률 1위에 대한 연구 등과 같이 사회의 특징을 보여주는 통계자료를 활용한 연구

문헌연구를 하기 위해서 준비할 때 유의해야 할 점은 연구에 활용하고자 하는 문헌이 신뢰성이 있는지, 대표성을 갖는지, 왜곡되지 않고 완전한지, 의미가 명확한지 확인해야 한다는 점입니다. 예를 들면 역사적인 기록물은 불완전한 경우가 많습니다. 인구통계 문헌의 경우, 19세기 이전에 발표된 통계는 신뢰성에 치명적인 문제가

있을 수 있습니다. 또한 시대에 따라서 분류체계가 바뀌어 왔기 때문에 그러한 맥락을 확인하지 못하면 전혀 다른 결과를 가져옵니다. 더구나 개인의 일기나 편지, 예술, 문학 등은 과장되거나 개인의 편견이 개입되어 있는 경우가 많습니다. 그러므로 문헌연구방법은 잠재적인 편견과 왜곡을 제거하는 것이 매우 중요합니다. 자료를 이중 삼중으로 검토하려는 자세와 실제로 검토할 수 있는 시간을 확보해야 합니다.

2. 문헌 자료는 어떻게 나누어질까?

일반적으로 문헌 자료는 1차 자료, 2차 자료로 나누어집니다. 문헌연구방법을 활용할 때에는 가능한 1차 자료로 하고, 2차 자료는 주로 참고 자료로 활용합니다.

1) 1차 자료 : 연구에 직접 관련된 기초 자료

1차 자료는 연구문제를 직접 분석한 '기초 자료'입니다. 저자가 직접 실험하고 조사한 자료로서 연구자가 직접 연구하여 발표한 학위논문이 있습니다. 이외에도 특허 자료, 학술기사, 관찰보고서 또는 자서전이 바로 1차 자료에 해당됩니다. 1차 자료는 연구의 진행과정이나 결과를 명확하고 자세하게 볼 수 있습니다. 학회나 학술단체에서 발행하는 학술지 또는 학위논문은 거의 1차 자료입니다. 그러므로 소논문을 쓰기 위해서 문헌을 참고할 때는 가능한 1차 자료를 인용하는 게 바람직합니다. 영문학이나 역사학과 같은 분야에서는 1차 자료는 필수적입니다.

2) 2차 자료 : 간접 자료

2차 자료는 1차 자료를 분석하거나 여러 이론들을 통합하여 한 권의 책으로 출판한 서적입니다. 대표적인 예는 여러분이 학교에서 사용하는 교과서나 백과사전, 통계 자료, 인명사전 등이 여기에 해당됩니다. 2차 자료는 1차 자료의 연구결과를 요약하고, 자료의 출처를 알려주는 길잡이 역할을 합니다. 경우에 따라서는 연구자가 1차 자료를 인용하는 과정에서 자신에게 필요한 부분만 인용하거나, 중요한 부분을 빠뜨릴 수도 있습니다. 그러므로 정확한 내용을 파악하기 위해서는 2차 자료의 출처를 근거로 하여 1차 자료의 내용을 직접 확인하는 게 바람직합니다. 예를 들어

'17대 총선에 나타난 탄핵의 효과'란 문헌이 있다면, 1차 자료는 탄핵과 관련된 보도기사, 여론조사기구의 미처리 통계, 선관위의 통계 자료 또는 이와 관련된 논문 등이 될 것입니다. 2차 자료는 총선이나 탄핵과 관련된 여론조사에 대한 신문과 방송의 해석 또는 심층토론의 해설 등이 됩니다. 이것은 2차 자료에 해당됩니다.

대부분의 학자들이 1차 자료와 2차 자료로 구분하는데, 어떤 학자들은 3차 자료를 따로 분류하기도 합니다. 3차 자료는 2차 자료를 일반 독자를 대상으로 하여 쉽게 출판한 서적을 일컫습니다. 대체로 특정한 분야의 연구를 단순화하거나 일반화된 형태로 구성하는 등 다른 연구자들의 연구를 쉽게 풀어서 출판합니다. 그러므로 연구를 처음 시작하는 단계에서는 도움을 받을 수 있습니다. 그렇지만 어떤 주장을 뒷받침하는 근거로 제시하기에는 부적합하므로 참고문헌으로 활용하는 데 주의해야 합니다. 전문가들은 대체로 이런 자료를 불신하는 경우가 많습니다.

2절 문헌연구방법의 수행절차

문헌연구방법의 핵심은 정확하고 비판적인 분석을 통한 연구자의 주장 제시입니다. 즉 문헌의 분석을 통하여 자신이 논문에 주장을 제시할 수 있어야 합니다. 이를 위해서는 연구 초기단계에서부터 수많은 참고문헌을 찾아보고 분석해야 합니다. 필연적으로 많은 시간과 인내가 필요합니다. 처음에는 단행본이나 학위논문 등을 빠른 속도로 훑어보면서 내용이 무엇인지 개략적으로 파악해야 합니다. 즉 참고문헌의 주제, 연구문제, 문제의 해결 등을 파악해야 합니다. 이 과정에서 무작정 읽기만 할 것이 아니라, 가능한 컴퓨터 워드프로세서(한글, MS word 등)를 이용하여 메모를 해두는 게 좋습니다. 또한 출력해 놓은 참고문헌의 내용 중에서 중요하다고 생각되는 부분은 포스트잇에 메모 후 붙여 놓는 습관을 들여야 합니다. 이 점에 대해서는 8장에서 자세히 소개한 바 있습니다. 처음에는 별로 중요하지 않다고 생각했던 부분이 나중에는 연구에 중요한 단서가 될 때도 있습니다. 다음에서는 구체적으로 자신에게 필요한 문헌을 어떻게 찾아야 하는지 확인해 보겠습니다.

1. 내게 맞는 참고문헌 어떻게 찾나?

건희는 얼마 전에 집 근처에 있는 한국대학교 도서관을 방문하여 회원 가입을 해놓았던 터라, 오늘은 느긋하게 집에서 문헌을 찾을 생각입니다. 컴퓨터를 켠 후 한국대학교 도서관에 접속을 하였습니다. 하지만 연구주제인 '청소년의 사이버 비행' 관련 자료를 찾기 위해 '청소년'을 입력했더니 수많은 자료의 목록이 검색되었습니다. 너무 놀라 입을 벌리고 한참 동안 스크린을 보고 있었습니다. 이번에는 '사이버 비행'을 입력 후 검색을 하니, 이것도 만만치가 않습니다. 이 많은 자료를 언제 살펴봐야 하는지 막막해집니다.

건희는 문헌연구방법은 이미 발표된 연구를 토대로 하는 것인 만큼 가장 쉬울 것으로 생각했지만, 쉽게 이루어지는 게 없다는 걸 다시 절감합니다. 그냥 다른 친구들처럼 실험연구방법으로 할 걸 하는 후회가 밀려오기도 합니다. 문헌연구방법을 쉽게 생각한 건희는 엄청난 자료에 진퇴양난에 빠져 고민을 하고 있습니다.

여기서 잠깐!

일반적으로 구글 스칼라 또는 학술연구정보서비스(RISS)를 통하여 문헌을 보기 위해서는 일정 금액을 지불해야 합니다. 반면에 대부분의 문헌을 무료로 열람할 수 있는 방법도 있습니다. 바로 대학교 도서관을 활용하는 방법입니다. 대부분의 대학교는 '학술정보상호협력 협정체결기관'으로 등록되어 있습니다. 이 제도는 회원 학교 간에 학술정보를 공유하는 제도입니다. 그러므로 집 근처에 대학교 도서관이 있으면 적극 활용해 봅시다.

대학에서 운영하는 도서관은 홍보 차원이나 여러 가지 이유로 지역 주민에게도 문을 열어 놓고 있습니다. 일반적으로 일정 금액의 가입비를 받은 후 회원으로 등록할 수 있습니다. 물론

이 가입비는 회원 탈퇴 시에는 환불을 해주는 경우가 많습니다. 그러므로 일단 집 근처의 대학교 도서관을 방문하여 회원 신청을 합니다. 이때 가입비(대략 3~5만 원)와 신분증 또는 학생증을 준비해 가면 즉시 회원증을 발급하여 줍니다. 회원 등록이 되면 해당 학교의 도서관 홈페이지에 접속하여 회원 가입을 합니다. 이제 해당 도서관 홈페이지에서 로그인을 한 뒤 사이트 링크를 통해 RISS, 국회도서관, 국립중앙도서관, 국가과학기술센터 등에 접속하면 수많은 문헌을 대부분 무료로 이용할 수 있습니다. 이제 여러분도 참고문헌 대부분을 별도의 비용을 지불하지 않고 마음껏 찾아보고, 자료를 다운로드받을 수 있습니다. 중요한 점은 꼭 회원으로 가입한 대학교 도서관에 로그인을 한 뒤 도서관 홈페이지에서 제공하는 링크를 통하여 RISS, 국회도서관, 국립중앙도서관, 국가과학기술센터 등에 접속해야 한다는 것입니다.

문헌연구방법의 첫 번째 절차는 논문에 쓸 수 있는 문헌을 찾는 것입니다. 회원으로 가입한 대학 도서관에 접속하여 학술연구정보서비스(RISS)로 검색을 해보겠습니다. 먼저, 자신의 연구주제에서 핵심이 되는 단어를 적어 봅니다. 건희는 '청소년의 사이버 비행에 관한 연구'를 하는 것으로 결정을 했습니다. 앞으로 설명도 이 주제를 가정하여 하겠습니다. 여기에서 핵심 단어는 '청소년'과 '사이버 비행'입니다. 그러면 이 두 단어의 의미 파악을 해야 합니다. 먼저 '청소년'의 정확한 뜻을 알아보겠습니다. 네이버 지식백과 검색창에서 '청소년'을 입력 후 찾아보면, "청소년(靑少年)은 성년(청년)과 어린이의 중간 시기이다. 흔히 '청소년'이라 하면 만 13세 이상 만 18세 이하 사람을 말하며, 통상 중학교와 고등학교의 시기에 해당된다."라고 나옵니다. 이 뜻을 보면 청소년은 중학생 또는 고등학생이 포함됩니다. 그러므로 '청소년'에 대한 문헌분석을 할 때, '중학생', '고등학생'의 문헌도 찾아보아야 합니다. 두 번째 핵심 단어인 '사이버 비행'에서 '사이버'는 일상적으로 가상공간(假想空間)의 뜻을 지니고 있습니다. 그러므로 '사이버 비행'과 '가상공간 비행' 두 가지로 문헌을 찾아야 합니다.

청소년+사이버 비행으로 찾은 문헌(목록)은 다음과 같습니다.

- 사회적 지지와 자아존중감이 청소년의 현실 비행과 사이버 비행에 미치는 영향
- 인터넷 중독 수준에 따른 사이버 비행이 충동성 및 청소년 비행에 미치는 영향
- 청소년의 인터넷 과다사용이 사이버 비행에 미치는 영향 연구
- 청소년의 사이버 비행에 관한 연구

- 사이버 비행에 영향을 미치는 요인에 관한 연구: 비행청소년을 중심으로
- 우리나라 청소년 사이버 비행의 대책방안에 관한 연구

이번에는 '중학생 사이버 비행'으로 검색을 하니, 아래와 같이 연관된 결과를 볼 수 있습니다.

- 중학생의 사이버 비행에 영향을 미치는 요인에 관한 연구
- 중 · 고등학생의 법의식이 사이버 비행에 미치는 영향
- 중학생의 인터넷 중독이 사이버 비행에 미치는 영향: 인터넷 윤리의 매개효과 검증
- 중학생의 사이버 비행의 영향요인 탐구 및 인과관계 분석
- 중학생이 지각한 부모의 학대 수준이 사이버 비행에 미치는 영향

마지막으로 '가상공간비행'으로도 검색을 해보았는데, 검색결과가 없다고 나옵니다. 이 중에서 4~5개 정도를 추려서 본격적으로 분석하기로 합니다. 왜냐하면 소논문을 쓰기 위해서는 주제를 최대한 좁혀야 하기 때문입니다. 위의 밑줄 친 문헌이 건희가 쓰고자 하는 '청소년의 사이버 비행에 관한 연구'의 중요한 참고문헌이 됩니다. 이를 소논문에 활용하기 위해서는 철저히 분석해야 합니다. 선행연구에서 문헌을 분석하기 위해서는 5단계에 걸쳐 이루어집니다. 지금부터 문헌분석의 1단계부터 5단계를 살펴봅시다.

2. 문헌연구의 실제: 문헌분석 5단계

1) 제1단계: 소논문의 구성을 파악한다

문헌 자료의 내용을 파악하기 이전에 전체 구조를 파악합니다. 소논문의 틀 구성에서 배웠듯이 큰 틀에서 초록, 목차, 서론, 본론, 결론, 참고문헌, 부록 순으로 구성되어 있습니다. 문헌 자료가 단행본일 때와 논문일 때는 조금 다릅니다.

① 문헌 자료가 책(단행본)일 때

- 문헌목록에서 가장 최근의 자료나 인용 빈도가 높은 것을 찾습니다.
- 주제 색인을 보며 가장 많이 논의되는 주제가 무엇인지 확인합니다.
- 목차를 훑어보고 관심 부분 들어가기, 또는 요약을 훑어봅니다.
- 서문의 각 문단 시작 부분을 훑어봅니다.
- 각 장을 훑어보면서 소절로 나누어진 부분을 확인하고 핵심 내용을 찾습니다.
- 책의 내용이 많다면, 그 책에 관한 서평을 보면 논거, 주요 주장, 그리고 책의 구성에 관한 정보도 볼 수 있습니다.

② 문헌자료가 논문일 때

- 초록을 훑어보면서 핵심 내용을 파악합니다.
- 목차를 훑어보면서 각 장이나 소절의 제목을 파악하고, 중요하다고 생각되는 부분은 메모 또는 포스트잇에 간단하게 표시를 하여 붙여 놓습니다.
- 참고문헌 목록을 훑어보고 중요하다고 생각되는 문헌은 메모 또는 포스트잇으로 표시를 해둡니다.

2) 제2단계 : 주장의 핵심 부분을 찾는다

서론을 우선 훑어보면서 마지막 문단에 주목합니다. 특히 논문의 문제제기, 연구문제를 잘 파악해야 합니다. 그리고 결론 부분의 문제해결 부분을 깊이 있게 확인하고, 주요 논지를 지탱하여 주는 근거를 파악 후 메모 또는 포스트잇으로 표시를 해둡니다.

3) 제3단계 : 중요한 하위 주장을 찾는다

연구문제와 결론을 읽어 보면 참고할 문헌인지, 아니면 연구주제와 관련성이 없으므로 연구자료로 활용하지 말아야 할 것인지 어느 정도 판단할 수 있습니다. 이 부분에서 정확한 판단이 어려우면 핵심 주장과 그것을 떠받치고 있는 하위 주장이 무엇인가 찾아봅니다. 특히 본문의 내용에서 '첫째, 둘째' 등으로 제시한 내용이 있으면 잘 읽어 보면서 핵심 내용을 파악합니다.

4) 제4단계 : 주요 개념이 무엇인지 찾아낸다

연구문제와 주장, 또는 하위 주장과 이를 뒷받침하는 근거를 찾았으면 주요 개념이 무엇인가 파악합니다. 이 단계에서 최종적으로 참고할 문헌인지, 아니면 버려야 할 문헌인지 결정하고, 중요하다고 생각이 되면, 메모 또는 포스트잇으로 표기해 둡니다. 만약에 소논문과의 연관성이 낮거나 필요하지 않다고 생각되는 문헌은 따로 보관해 둡니다. 지금 당장에는 쓸모가 없지만, 이 자료가 요긴하게 쓰일 수도 있습니다. 지금까지 살펴본 제1~4단계는 과연 이 문헌이 자신의 연구에 활용할 수 있는지, 아니면 연구와 전혀 연관이 없는지를 구분하는 단계입니다.

5) 제5단계 : (필요에 따라) 문단을 정독하고 메모한다

5단계는 자신의 연구에서 충분히 활용할 가치가 있다고 판단된 문헌을 집중적으로 분석하는 단계입니다. 시간을 내어 정독하면서 인용할 부분을 정확히 표시합니다. 특히 대부분의 논문이나 소논문이 서론의 마지막 부분과 결론 또는 논의에 연구의 핵심이 있습니다. 이 부분을 비판적 시각으로 정독하면서 분석한 결과를 메모를 하거나 별도로 표기해 둡니다.

학 | 습 | 활 | 동

1. 목차 구성하기

여러분이 선행연구에서 탐색한 대부분의 문헌이 대학원의 박사·석사 학위논문입니다. 대학원의 학위논문은 학위를 취득하기 위한 전문적인 논문입니다. 용어도 어렵고 분량도 만만치 않습니다. 그러니 목차만 봐도 주눅이 들 정도로 복잡합니다. 반면에 여러분이 쓰려는 것은 논문의 형식을 갖춘 초보적인 소논문입니다. 그러므로 어설프게 학위논문을 따라 하려다가는 '뱁새가 황새 쫓으려다 가랑이 찢어진다'는 속담처럼 소논문을 완성하지 못하고 포기할 수 있습니다. 내용을 읽어 보기도 전에 주눅이 들 수도 있습니다. 그렇다고 짐짓 포기하기에는 이릅니다. 사실 내용을 찬찬히 뜯어 보면 대부분 고등학생이 보아도 충분히 이해가 가는 내용입니다.

선행연구에서 본 참고문헌 중에는 직업적으로 연구를 하는 사람들이 작성한 것도 많이 있을 것입니다. 이러한 선행연구들을 여러분의 눈높이에 맞추어 재해석해야 합니다. 먼저 선행연구에서 추려낸 문헌을 보면서 목차를 파악합니다. 이 목차를 자신의 수준에 맞추어 간단하게 구성하는 것이 좋습니다. 아래는 선행연구의 문헌을 참고하여 구성한 목차의 예시입니다.

Ⅰ. 서론
Ⅱ. 이론적 배경
Ⅲ. 선행연구 분석
Ⅳ. 연구결과
Ⅴ. 결론

앞에서 배운 소논문의 틀 구성 형식에 맞추어 아래 빈 칸에 자신이 쓰고자 하는 소논문의 주제에 맞도록 목차를 작성해 보세요.

Ⅰ.
Ⅱ.
Ⅲ.
Ⅳ.
Ⅴ.

학 | 습 | 활 | 동

2. 서론 작성하기

가장 먼저 서론과 이론적 배경을 작성합니다. 서론에서는 연구의 배경과 목적, 필요성에 대해서 언급을 하고 연구문제를 간단하게 작성합니다. 즉 자신의 연구가 어떤 동기로 시작되었는지, 선행연구와 어떤 관련이 있는지를 설명합니다. 서론의 도입부에서는 연구주제에 연관된 현황을 간단하게 제시하면서 풀어 나가는 것도 하나의 방법입니다. 서론에 들어갈 수 있는 내용은 이미 6장 2절에서 구체적으로 제시한 바 있으나, 여기에서 조금 더 살펴보겠습니다. 건희의 소논문 주제는 '청소년의 사이버 비행에 관한 연구'이므로 연구의 배경에서 인터넷의 순기능과 역기능을 설명하고, 인터넷 중독과 사이버 비행의 연관성이 있다는 점을 설명하고 있습니다. 아래는 서론의 한 예입니다.

경찰청 사이버 테러대응센터의 2003년 연령별 사이버범죄 현황을 살펴보면, 사이버 범죄 검거인원 중 10대가 차지하는 비율은 10,187명으로 전체 사이버 범죄의 33.8%를 차지했다. 다행인지 모르지만 2003년 이후부터 2006년까지의 통계자료를 보면 범죄에 검거된 10대의 비율이 줄어들고 있지만 심각한 사이버범죄를 포함하여 청소년의 사소하게 생각할 수 있는 사이버 비행의 비가시적 측면까지 나타낸 수치는 아니므로 안심할 수 없다.

이와 함께 청소년의 인터넷 사용의 역기능과 부작용에 주목하는 것은 인터넷을 과도하게 사용하고 몰입한 청소년이 자기조절력과 통제력을 상실함에 따라 신체적 증상을 비롯한 가정 및 학교생활의 어려움, 비행문제, 정신건강문제에 이르기까지 복합적인 문제들을 유발시키기 때문이다(김교정, 서상현, 2006).

여러분도 선행연구를 통하여 자신의 소논문 주제에 맞는 다수의 참고문헌을 찾아 놓았을 것입니다. 이렇게 찾은 것을 앞에서 배운 문헌분석 5단계 방법에 따라 분석합니다. 그런 후에 자신의 글을 쓴다는 느낌으로 서론을 작성해 봅니다. 이때 주의해야 할 점은 원문의 일부를 그대로 쓴다면 직접 인용, 원문의 내용을 자신의 글로 쓴다면 간접 인용으로 표기해야 한다는 것, 잊지 않았겠지요? 이 점을 꼭 생각하면서 글을 써야 합니다.

학 | 습 | 활 | 동

1 다음 빈칸에 서론을 작성해 보세요.

Ⅰ. 서론

서론의 마무리 부분에서는 '연구의 목적'을 명확하게 나타내야 합니다. 이 연구가 무엇에 관한 것인지, 왜 연구자가 이 연구를 하는지를 독자에게 설명해야 합니다. 연구목적은 간략하고 명확하게 작성합니다. 아래의 예는 오원석(2004)의 연구 "우리나라 청소년 사이버범죄의 대책방안에 관한 연구"의 서론에서 설명된 연구의 목적입니다.

본 연구는 청소년들은 사이버공간에서 가해자가 될 수도 피해자가 될수도 있다는 가설하에, 사이버세계 안에서의 비행적 요소와 비행 경험, 그리고 피해들을 알아봄으로써 청소년들의 건전한 성장과 발달을 도모하고 사이버공간 안의 청소년 비행 예방과 피해 예방에 대한 대처방안을 모색하는 것에 그 목적이 있다고 말할 수 있다.

2 위의 예를 참고하여 여러분의 소논문에서 연구하고자 하는 목적이 명확히 나타나도록 아래의 빈 칸에 서론의 마지막 부분인 '연구의 목적'을 작성해 보세요.

학 | 습 | 활 | 동

3. 이론적 배경 작성하기

이론적 배경은 서론에서 언급한 연구목적(연구문제)및 연구가설과 관련이 있는 내용으로 구성합니다. 또는 자신의 소논문에서 필요한 전문 개념이나 발달과정, 이론 등을 기술합니다. 여러분이 쓰려고 하는 소논문에서는 일반적으로 이론적 배경을 간단하게 작성하거나, 때에 따라서는 생략하기도 합니다. 연구문제에 대답이나 가설검증과 관련이 없다면 굳이 이론적 배경으로 작성하지 않아도 됩니다. 다만 연구주제가 전문적 용어가 있거나, 일반적으로 잘 알려져 있지 않은 내용이라면 반드시 이론적 배경에서 다루어 주어야 합니다. 왜냐하면 전문적 용어를 모르는 사람은 연구내용을 이해할 수 없을 수도 있기 때문입니다. 그러므로 다양한 독자의 이해를 높이기 위해서도 이론적 배경이 필요합니다.

건희는 '청소년의 사이버 비행에 관한 연구'를 소논문의 주제로 하였으니, 사이버 비행의 정의와 사이버 비행의 유형 또는 사례 등을 이론적 배경에 서술하려고 합니다. 우선 이론적 배경의 목차를 구성해 보았습니다.

Ⅱ. 이론적 배경
  1. 사이버 비행의 개념
  2. 사이버 비행의 유형

건희가 구성한 이론적 배경의 목차는 훌륭합니다. 목차는 소논문의 주제에 따라 다양하게 구성할 수 있습니다. 그러므로 아래와 같이 구성할 수도 있습니다.

Ⅱ. 이론적 배경
  1. 사이버 비행의 기원
  2. 사이버 비행의 종류
  3. 사이버 비행의 현황

목차가 구성되면 내용을 작성해야 합니다. 문헌연구방법뿐만 아니라, 대부분의 연구에서 참고문헌이나 단행본을 인용하여 내용을 작성합니다. 건희는 사이버 비행의 개념과 사이버 비행의 유형을 목차로 구성하였으므로 선행연구에서 찾아 놓은 문헌을 참고하여 이론적

학 | 습 | 활 | 동

배경을 작성하려고 합니다. 아래는 김재경(2008)의 "중・고등학생의 법의식이 사이버 비행에 미치는 영향"이란 문헌에서 정의한 사이버 비행의 개념입니다.

1) 사이버 비행의 개념

비행은 사전적으로 '도리나 도덕 또는 법규에 어긋나는 행위'를 의미하지만 성년에게는 적용되지 않고 청소년에게만 적용된다는 특성을 가지고 있고, 범죄학, 사회학적으로는 좀 더 다양하게 정의되고 있다(곽한영, 2007).

사회학 분야에서는 규범을 전제로, 비행 대신에 '일탈행위'라는 용어를 자주 사용한다. 일탈행위란 일반적으로 기대되는 행위와 모범적 행위에서 벗어나는 행위를 말한다(박상기 외, 2001).

대체로 반사회적 행동이란 사회에 해로운 결과를 초래하는 행동들에 대해 포괄적으로 사용되며 여기에는 절도나 기물파괴행위(vandalism)와 같은 법에 저촉되는 행위뿐만 아니라 거짓말하기, 무단결석, 싸움하기 등 법에 크게 저촉되지 않는 행위들도 포함된다(송광섭, 2003).

여러분도 선행연구를 통하여 자신의 소논문 주제에 맞는 다수의 문헌을 찾아 놓았을 것입니다. 위의 예를 참고하여 아래 빈칸에 이론적 배경을 간단하게 작성해 보세요.

학 | 습 | 활 | 동

4. 선행연구 문헌분석하기

선행연구는 소논문을 작성하려고 마음먹는 순간부터 시작됩니다. 특히 여러분이 소논문을 쓰고자 하는 연구방법이 문헌연구방법이므로 선행연구를 통한 문헌분석이 매우 중요합니다. 결국 문헌분석이 소논문의 질을 좌우할 수 있습니다. 다만 문헌연구방법에서는 선행연구 분석 내용을 간략하게 기술하거나 생략할 수도 있습니다. 건희도 선행연구에서 '청소년의 사이버 비행에 관한 연구'에 관한 몇 개의 문헌을 찾았습니다. 그 중에서 홍길동(2008), 김경호, 차은진(2012), 염동문, 김선주, 이성대(2014)의 문헌을 대상으로 연구하기로 했습니다.

Ⅲ. 선행연구 분석
1. 홍길동(2008)과 김경호, 차은진(2012)의 연구
2. 염동문, 김선주, 이성대(2014)의 연구

문헌분석을 할 때, 여러 개의 문헌을 같은 종류 또는 비슷한 부류 등으로 유형화하여 서술하는 게 일반적입니다. 여기에서 유형화라는 단어의 의미를 국어사전에서 찾아보면, "공통되는 성질이나 특징을 기준으로 하여 묶는 방법, 또는 공통되는 성질이나 특징에 따라 몇 개의 전형적인 틀로 분류하는 방법"으로 정의되어 있습니다. 그러므로 몇 개의 참고문헌을 분석한다면 그 중에서 같은 부류끼리 묶어서 분류합니다. 만약에 연구자별로 분류하여 서술하였다면 마지막 부분에서 비슷한 내용끼리 유형화하여 묶어 주는 게 좋습니다.

위의 선행연구 분석에서 예를 들어보면, 홍길동(2008)의 연구와 김경호, 차은진(2012)의 연구에서 공통적으로 인터넷 중독 또는 인터넷 이용 시간이 많을수록 사이버 비행에 영향을 미치는 영향이 높은 것으로 결론짓고 있습니다. 이럴 때는 두 연구를 묶어서 분석하는 것이 좋습니다. 건희도 위의 문헌을 분석해 본 결과 홍길동(2008)과 김경호, 차은진(2012)의 연구는 유사한 결론을 가지고 있기에 이를 묶어서 1번으로 하고, 염동문, 김선주, 이성대(2014)의 연구는 2번으로 각각 나누어 선행연구를 분석하는 것으로 하였습니다. 그리고 2개 이상의 문헌이 같은 결과 또는 유사한 결과일 때는 이것을 유형화하여 묶어 줍니다. 선행연구 분석의 핵심은 각각의 선행연구에서 얻은 결론이 무엇인지, 어떤 과정을 통하여 결과를 얻어 낸 것인지 밝혀 주는 것이 필요합니다. 홍길동(2008)과 김경호, 차은진(2012)의 연구결과가 같은 결과로 나타났으므로 다음과 같이 표기합니다.

학 | 습 | 활 | 동

홍길동(2008); 김경호, 차은진(2012)에 따르면 인터넷 중독 또는 인터넷 이용 시간이 많을수록 사이버 비행에 영향을 미치는 영향이 높은 것으로 나타난다고 한다.

* 문헌과 문헌 사이는 ;(쌍반점 또는 세미콜론)으로 묶어서 그 내용을 서술합니다.

아래는 김철호(2015)의 연구에서 발췌한 선행연구를 분석한 내용을 참고로 실었습니다.

〈김철호(2015)의 선행연구 분석〉

이 연구와 관련된 이론적 배경과 방법적 측면에서 도움을 받을 수 있는 논문을 선행연구대상으로 하여 탐색하였다.

먼저, 방송대 성인학습자의 학습활동에 관한 연구로는 김영경, 이희수(2011); 이혜숙(2007); 지희숙(2012); 박주병, 김명진(2011)의 연구를 고찰하였다. 김영경, 이희수(2011)는 자기주도 계속학습활동을 분석하여 이들이 학업성취에 이를 수 있게 한 학습지속 요인을 밝히고자 하였으며, (중략)

또한 학습동아리는 방송대 학생으로서 정체성을 형성하게 하고, 개별 학습자의 학습망을 확장시키는 연결망 역할을 하고 있는 것에 주목하였다.

성인학습자의 형식교육을 통한 학습의미에 대한 심층적 연구로 이기연(2006); 이지혜(2006); 민선항(2006)의 연구를 고찰하였다. 이들 연구의 공통점은 성인학습자의 고등교육 참여 동기는 우리나라의 학력사회 구조와 연관이 있는 것으로 나타났다. (중략)

배움이란 학습자의 내면에서 나오는 주도성을 의미하며, 기존의 교수, 학습이론의 틀로서는 설명될 수 없다는 점에서 성인들의 학위과정에 대한 틀 바꿈이 필요한 것으로 보았다.

이 연구와 연관된 선행연구를 탐색, 분석해 본 결과, 주로 성인학습자의 학습동아리활동과 학습의 의미분석 등에 초점을 두고 있으며, 중년기 여성의 생애 최초 고등교육 경험에 관한 연구는 매우 미흡한 것으로 나타났다. 또한 대부분의 성인학습자에 대한 연구가 우리나라 중년기 여성의 특수성이 반영되지 않고, 남성 성인학습자와 같은 틀 안에서 이루어지고 있다. 우리나라 중년기 여성은 시대적·문화적으로 독특하고, 고유한 현상을 지니고 있다. 그러므로 남성과 여성의 사회·문화적 차이에 따른 역할에서 매우 다른 점을 간과해서는 안 된다. 따라서 성인 남성과 같은 틀 안에서 바라보기보다는, 중년기 여성에게 초점을 두고 연구하는 것이 필요하다.

학 | 습 | 활 | 동

아래 빈칸에 선행연구 분석을 작성해 보세요.

학 | 습 | 활 | 동

5. 연구결과 작성하기

연구결과는 연구주제에 따라 현황이나 문제점, 실태 등으로 나타낼 수 있습니다. 참고문헌을 인용하여 구체적인 사례 등을 포함하여 작성하기도 합니다. 건희는 청소년 사이버 비행의 현황에 대해서 기술하려고 합니다. 현황이나 실태 등의 자료는 통계청, 정부기관, 학위논문 등의 참고문헌을 인용하여 작성합니다. 특히 연구결과 작성에서는 연구자의 주장과 그 주장을 뒷받침하는 증거 이 두 가지 요소가 제시되어야 합니다. 이것이 소논문 연구의 핵심이라 할 수 있습니다. 그러므로 여러분이 소논문을 쓰면서 연구결과 작성에 정성을 쏟아야 합니다. 즉 소논문의 주제에 대한 주장을 구체적으로 제시하고 주장을 뒷받침할 증거를 꼭 붙여야 합니다. 만약에 증거는 제시했지만 주장이 없다면 여러분의 소논문은 용두사미와 같은 형국이 됩니다. 결국 주장과 증거는 바늘과 실처럼 붙어 있어야 합니다. 또한 여러분의 연구에서 밝히고자 하는 부분과 선행연구가 어떤 관계가 있는지 밝혀야 합니다. 그래야만 여러분의 연구가 독창적인 연구로 발전할 수 있습니다. 건희는 선행연구를 통하여 참고하기로 한 김경호, 차은진(2012)의 연구와 염동문, 김선주, 이성대(2014)의 연구를 증거로 연구결과를 제시해 보았습니다.

> 오늘날 청소년의 사이버 비행이 큰 사회문제로 부각되고 있다. 인터넷이 없던 시대에는 사이버 비행이 흔하지 않았으며 사이버 비행과 인터넷은 떼려야 뗄 수 없는 관계이다. 그런 만큼 사이버 비행의 출발점은 인터넷 중독에서 시작되는 것이 일반적이다.
>
> 문헌연구결과를 분석한 결과, 공통적으로 인터넷 중독이 사이버 비행의 출발점이며, 인터넷 중독이 심할수록, 자기 통제력이 낮을수록, 인터넷 윤리가 낮을수록 사이버 비행이 증가한 것으로 나타났다. 이는 홍길동(2008), 김경호, 차은진(2012), 염동문, 김선주, 이성대(2014)의 연구에서 공통적으로 나타난 결과이다.
>
> 홍길동(2008)과 염동문, 김선주, 이성대(2014)에 의하면 인터넷에 과다하게 노출되어 있을 경우에 사이버 비행에 접촉될 확률이 높은 것으로 보고 있다. 특히 자기 통제력이 낮으면 사이버 비행에 큰 영향을 받지만, 자기 통제력이 높으면 사이버 비행의 영향이 낮은 것으로 보고 있다. 민수홍(2006), 이성식(2006), 김동기 외(2008) 많은 연구자가 자기 통제력이 청소년을 사이버 비행으로부터 보호할 수 있는 중요한 요소라고 한다. (중략)
>
> 반면에 김경호, 차은진(2012)은 인터넷 윤리와 사이버 비행 사이에 통계적으로 유의한 음(−)의 상관관계가 있다고 한다. 이는 인터넷 윤리 수준이 높을수록 사이버 비행이

학 | 습 | 활 | 동

줄어든다는 것이다. 염동문, 김선주, 이성대(2014)의 연구에서도 인터넷 중독이 심할수록, 자기 통제력이 낮을수록, 인터넷 윤리 수준이 낮을수록 사이버 비행을 경험할 확률이 높음을 확인할 수 있다. (중략)

청소년 사이버 비행의 요인으로 홍길동(2008), 김경호, 차은진(2012), 염동문, 김선주, 이성대(2014)의 연구에서 밝혀진 것 외에도 폭력적인 미디어와 SNS의 빈번한 접촉도 영향을 미치고 있다. 최근 신문이나 TV뉴스에서 청소년 사이버 비행이 나날이 증가하고 있다. 이와 같은 원인으로는 폭력적인 미디어가 성인·아동을 가리지 않고 도처에 널려 있기 때문이다. 청소년의 소통 공간인 SNS에서도 폭력적인 성인물이…. (중략)

여러분의 연구주제에 대한 연구결과(연구자의 주장)를 작성해 보세요.

학 | 습 | 활 | 동

6. 결론 작성하기

이제 소논문의 마지막 결론을 작성합니다. 결론 작성하기에서는 연구결과의 요약과 연구의 결론, 연구의 제한점, 후속연구의 필요성 등을 나타내도록 합니다. 특히 애초에 제시한 연구목적이 달성되었는지, 연구문제에 대한 답변이 찾아졌는지 다시 살펴보아야 합니다. 아래는 결론 마지막 부분을 그 예로 실었습니다.

> 본 연구는 홍길동(2008), 김경호, 차은진(2012), 염동문, 김선주, 이성대(2014)의 문헌을 참고하여 청소년의 사이버 비행에 관한 문헌연구를 하였다.
>
> 이 연구를 통하여 인터넷 과다사용, 인터넷 중독, 낮은 자기 통제력, 낮은 인터넷 윤리 등이 사이버 비행을 부추기는 요인임을 알 수 있다. 청소년의 사이버 비행을 예방하거나 감소시키기 위해서 몇 가지 대책을 제시하고자 한다.
>
> 첫째, 부정적 연쇄관계의 출발점인 인터넷 중독의 예방단계에서 개입이 이루어져야 한다. (중략)
>
> 둘째, 학교교육에 인터넷 윤리 소양교육을 실시한다. 인터넷 중독의 성향이 강한 청소년이라 할지라도 인터넷 윤리의식이 높으면 사이버 비행의 정도가 낮아지는 점에 주목할 필요가 있다. 건전한 인터넷 윤리를 확립하기 위해서는 인터넷 윤리에 관한 가치관의 정립이 선행되어야 할 것이며, 이를 위해 인터넷 윤리에 관한 학교 차원의 교육이 강화되어야 한다. 또한 정책당국에서 청소년의 연령단계에 맞는 인터넷 윤리 소양시험을 시행하는 방안도 검토할 만한 가치가 있다고 생각된다. (중략)
>
> 셋째, 미디어의 등급을 더 세분화하고, SNS에도 등급관리를 적용한다. 미디어의 등급관리를 철저히 하여 청소년이 폭력적인 미디어에 접촉되지 않도록 하고, SNS 이용에 대한…. (중략)
>
> 본 연구는 홍길동(2008), 김경호, 차은진(2012)과 염동문, 김선주, 이성대(2014)의 연구를 분석한 연구이다. 연구대상이 특정 지역의 학생을 대상으로 하여 결과를 얻어 낸 것인 만큼 청소년 전체를 대상으로 하여 일반화하기에는 한계가 있다. 또한 폭력적인 미디어, SNS의 빈번한 접촉과 사이버 비행의 인과관계를 정확히 밝히지 못하였다. 따라서 이에 대한 심층적인 후속연구가 필요할 것으로 본다.

학 | 습 | 활 | 동

여러분도 마지막 결론을 아래의 빈칸에 작성해 보세요.

마무리

이 장에서는 문헌연구방법으로 소논문을 작성하는 사례를 살펴보았습니다. 문헌연구방법은 다른 연구자들이 이미 발표한 연구결과 또는 역사적 문서를 수집하여 자신의 연구과제와 비교·분석하여 논문을 작성하는 연구방법입니다. 대부분의 연구에서 다른 연구방법과 같이 활용되기도 하지만, 문헌연구방법을 단독으로 활용할 수도 있습니다.

여러분에게 당부하고 싶은 말은 소논문은 논문의 형식을 갖춘 초보적인 연구물이라는 점입니다. 그러므로 선행연구과정에서 활용하는 전문적인 학술논문이나 학위논문에 주눅 들 필요가 없습니다. 그러한 문헌을 분석하고 인용하여 자신만의 글로 표현하는 능력이 필요합니다. 자신의 눈높이에서 재해석하는 것만으로도 창의적인 소논문을 작성할 수 있다는 점을 명심해 주기 바랍니다.

Chapter

10 소논문 쓰기(2) : 조사연구방법

조사연구방법이란 간단히 말하면 지금 현재 일어나고 있는 일을 파악하는 방법입니다. 지금 현재의 모습을 파악하기 위해서는 어떤 방법으로 알 수 있을까요? 이때 가장 많이 사용하는 것이 바로 설문조사입니다. 그리고 개인에게 일어나는 상황을 파악하기 위해서는 인터뷰도 실시할 수 있습니다. 이번 장에서는 현재 상황을 파악하기 위한 조사연구로서 가장 대표적인 방법인 설문지법에 대하여 알아보고 함께 수행해 보겠습니다.

학습 목표

- 조사연구방법을 설명할 수 있다.
- 조사연구방법을 활용하여 논문을 쓸 수 있다.

건희는 지금까지 소논문 작성에 필요한 기초지식을 차근차근 학습해 왔습니다. 처음에는 소논문을 어떻게 시작해야 할지 막막했지만 이제는 어느 정도 감이 잡혔습니다. 처음의 두려움이 사라지고 할 수 있다는 자신감이 샘솟아 나기 시작했습니다.

건희는 처음부터 연구방법을 무엇으로 할지 고민이 많았는데 그 중에서도 조사연구에 유독 관심이 많았습니다. "그래 오늘은 조사연구에 대해서 끝장을 보자." 건희는 심호흡을 하고 며칠 전 도서관에서 빌려온 책에서 조사연구방법을 탐독하기 시작했습니다. 그때 "책 속에 길이 있다."라는 글귀가 불현듯 떠올랐습니다. 건희는 흐뭇한 미소를 지으며 책 속으로 빨려 들어갔습니다.

1절 조사연구방법으로 논문 쓸 준비하기

조사연구방법은 질문을 통하여 현재의 상황 및 현상을 파악하는 연구방법입니다(성태제, 시기자, 2006). 조사연구방법이라는 말이 어색한 사람이라도, 선거철 TV에서 출마 후보들의 지지도를 확인하기 위하여 실시한 여론조사라는 단어는 들어본 적 있을 것입니다. 선거에서의 여론조사 역시 국민들에게 지금 나는 누구를 지지하는가라는 질문을 통하여 현재의 상황을 파악하는 방법이라는 점에서 조사연구방법의 한 방법입니다. 이처럼 조사연구방법은 여러분이 일상생활 속에서 이미 자주 접한 방법으로 누구나 쉽게 할 수 있습니다.

조사연구는 설문을 시행하는 방법에 따라 우편조사, 전자설문조사, 면접조사 등으로 구분될 수 있습니다(성태제, 시기자, 2006). 각 방법에 따른 장단점을 파악하여 자신의 연구문제 및 연구대상에 따라 방법을 선택하는 것이 좋습니다.

1. 우편조사

우편조사는 설문 문항을 종이에 인쇄하여 설문대상자에게 우편으로 발송하는 방법입니다. 우편조사의 절차는 다음과 같습니다. 먼저 연구자가 설문 문항을 개발하여 종이에 인쇄를 합니다. 이후에는 봉투에 설문지와 회송용 봉투를 넣은 후 설문대상자에게 발송합니다. 설문대상자는 설문지를 받은 후 문항의 답안을 작성 후 동봉된 회송용 봉투에 자신의 설문지를 넣어 우편으로 보냅니다. 연구자는 설문자의 응답결과를 하나로 모아 분석할 수 있습니다. 하지만 우편으로 발송하지 않아도 되는 근거리의 경우에는 연구자가 직접 전달할 수도 있습니다. 연구자가 속한 학교의 학생을 대상으로 한다면 우편을 이용하지 않고 연구자가 반 인원별로 봉투에 설문지를 넣어 직접 전달할 수도 있습니다.

이 방법은 연구자가 설문대상자를 하나하나 직접 찾아가야 하는 수고를 덜 수 있어 넓은 지역에 있는 많은 사람을 대상으로 삼을 수 있습니다. 응답자 역시 자신이 편리한 시간을 택하여 시간에 구애받지 않고 답할 수 있으며 사생활과 익명성이 보장됩니다. 또한 종이설문을 이용하므로 인터넷이나 전자기기에 익숙하지 않은 사람도 쉽게 이용할 수 있다는 장점이 있습니다.

그러나 우편조사는 응답자가 자신의 응답을 우편을 통하여 보내야 하므로 설문 회수율이 낮은 편입니다. 또한 설문지를 통하여 설문 문항을 제시하고 설문에 답하므로 그림이나 글자 이외의 방법을 이용하기가 어려워 글씨를 모르는 사람의 경우를 설문대상으로 할 때에는 이 방법을 이용하기 어렵습니다. 익명성이 보장된다는 장점은 설문에 응답한 사람을 판별할 수 없다는 뜻이기도 합니다. 그러므로 연구자는 설문대상이 아닌 다른 사람이 설문에 답하더라도 이를 가려낼 수 있는 방법이 없으므로 응답에 대한 신뢰도가 떨어질 수 있습니다.

2. 전자설문조사

최근에는 전자 · 정보통신기술의 발달로 인터넷을 이용한 설문조사가 많아지고 있습니다. 예전에는 웹 형태로 전자설문을 만드는 데에도 많은 비용이 소모되었으나, 최근에는 구글, 네이버와 같은 검색엔진 사이트에서 간단한 설문을 할 수 있는 폼을 무료로 제공하고 있어 더욱 손쉽게 이용할 수 있게 되었습니다.

검색엔진에서 무료로 제공하는 전자설문조사의 경우, 설문지를 웹 페이지 형식으로 제작하여 설문대상자들에게 메일로 해당 링크를 제공합니다. 설문대상자들은 링크를 통하여 설문 문항에 접근하여 설문을 읽고 응답합니다. 연구자는 대상자들이 응답한 결과를 관리자용 링크를 통하여 확인할 수 있으며, 엑셀파일로 다운로드받을 수도 있습니다.

전자설문조사는 인터넷망을 이용하여 제작과 발송이 빠르고 손쉽다는 점에서 최근에 많이 이용되고 있습니다. 특히 연구자는 설문대상자가 응답한 결과를 바로 파일로 받아볼 수 있다는 점에서 정보의 수집과 정리에 소요되는 시간과 노력을 절감할 수 있습니다. 또한 설문 문항에 그림이나 언어 이외에도 멀티미디어를 포함시킬 수 있다는 점에서도 설문 범위가 넓어질 수 있습니다. 그러나 아직까지도 인터넷이 불편한 지역이나 인터넷 이용이 어려운 사람을 대상으로 할 때에는 어려운 점이 있습니다.

3. 면접조사

앞에서 살펴본 우편조사나 전자 설문조사의 경우 한꺼번에 많은 사람들에게 동시에 수행할 수 있는 장점이 있으나 연구자와 응답자가 직접 대면하지 않는다는 점에서 응답 회수율이 떨어질 수 있으며 응답자가 설문 문항을 이해하지 못할 때에도 추가적 설명이 어렵습니다. 이럴 때에는 연구자가 설문대상자와 대면할 수 있는 면접조사를 사용하는 것이 좋습니다.

면접조사는 연구자가 설문대상자를 어떠한 방법으로 만나느냐에 따라 개별면담과 전화면담으로 나눌 수 있습니다(성태제, 시기자, 2006). 이 둘은 연구자와 설문대상자가 직접 만나거나 전화통화로 만난다는 점에서 차이가 있으나 두 방법 모두 설문대상자의 이해를 돕기 위하여 연구자가 추가적으로 설명할 수 있다는 점에서 장점을 가집니다. 그러나 이 둘의 경우 앞의 두 조사에 비하여 시간과 노력이 많이 소요된다는 단점을 가집니다.

2절 조사연구방법의 수행절차

조사연구방법은 질문지나 면담에 의하여 연구가 수행되는 만큼 질문 내용이 연구문제를 잘 담고 있어야 합니다. 또한 좋은 질문이라고 하더라도 질문에 답하는 사람의 특성에 따라 결과가 달라질 수 있습니다. 그러므로 연구문제에 가장 적합하다고 판단되는 사람에게 설문을 의뢰해야 합니다. 또한 설문과정에서 나타날 수 있는 문제점을 확인하고 그에 대한 대처 방안을 세우기 위해서 사전연구를 진행하는 것이 필요하며 응답결과를 연구문제에 맞게 해석할 수 있어야 합니다. 이번 장에서는 '사극이 고등학생의 역사인식에 미치는 영향'이라는 주제를 예로 들어 조사연구방법의 절차를 확인해 보겠습니다.

1. 연구목적의 구체화

조사연구방법도 다른 연구들과 마찬가지로 질문을 통하여 연구결과를 도출해 내는 연구입니다. 즉 연구목적에 따라 질문 내용이나 질문 유형이 달라질 수 있습니다. 우리는 앞서 '사극이 고등학생의 역사인식에 미치는 영향'이라는 주제를 선정하였습니다. 하지만 이 연구문제는 두 가지 방향의 연구결과를 예측할 수 있습니다. 첫 번째 방향은 '고등학생이 역사에 대하여 정확하게 알고 있는지'를 파악하는 것입니다. 이 방향으로 정보를 확인하기 위해서는 사극에서 제시한 시대적 배경을 바탕으로 고등학생이 해당 사실을 바르게 인식하고 있는지를 확인할 수 있습니다. 이를 위해서는 질문에 대한 답을 위해서 실제 역사적 사실을 문항으로 제작한 후 응답자가 '예/아니오'를 선택할 수 있는 진위형 질문 유형을 선택할 수 있습니다.

두 번째 방향은 '사극의 시청 정도'에 따라 '고등학생의 일반적인 역사인식'을 파악하는 방향도 있습니다. 이럴 때에는 '사극의 시청 정도'를 체크한 후, '고등학생의 일반적인 역사인식'을 "매우 그렇다, 그렇다, 보통, 아니다, 매우 아니다" 등으로 나누어 자신이 느끼는 정도를 체크할 수도 있습니다. 이처럼 연구목적에 따라 질문의 내용이나 유형이 달라질 수 있다는 점에서 연구목적을 좀 더 상세하게 구체화할 필요가 있습니다.

2. 연구대상의 선정

설문은 답을 하는 집단의 성격에 따라 결과가 매우 달라질 수 있습니다. 그러므로 우리는 연구목적을 달성하기에 가장 적절하다고 판단되는 집단을 설문대상으로 설정해야 합니다.

앞서 우리는 '사극이 고등학생의 역사인식에 미치는 영향'을 연구주제로 설정하였습니다. 이 주제를 달성하기에 적합한 연구대상을 선정해 보도록 하겠습니다. 연구주제를 통하여 우리는 '사극'과 '고등학생'이라는 두 가지 키워드를 찾을 수 있습니다. 해당 연구목적을 달성하기 위해서는 두 가지 방법이 있습니다. 우선 '사극'을 선정한 후, 해당 사극을 본 고등학생과 해당 사극을 보지 않은 고등학생의 역사인식을 비교하는 방법입니다. 그리고 두 번째로는 '사극의 시청 정도'를 파악한 후, 일반적인 '고등학생의 역사인식'이 어떻게 차이가 있는지를 비교할 수도 있습니다. 이처럼 연구목적에 따라 연구대상이 달라질 수 있으므로 연구목적을 구체화하여 해당 연구문제를 달성할 수 있는 집단을 선정합니다.

또한 이 단계에서는 연구대상의 특징에 따라 자료를 조사하기 위한 방법을 선택해야 합니다. 우리가 주제로 정한 '사극이 고등학생의 역사인식에 미치는 영향'이라는 주제는 상대적으로 인터넷 사용이 익숙한 '고등학생'을 대상으로 하고 있습니다. 또한 '역사인식'을 위한 추가적 설명이 필요하지 않은 문항이 개발될 가능성이 크므로 설문지의 배포 및 회수, 응답결과 수집에 소요되는 시간과 노력의 비용이 절감될 수 있는 전자설문조사를 사용하는 것이 가장 적당합니다.

3. 유사 설문 탐색

설문 문항은 앞에서 언급한 바와 같이 구체화된 연구목적에 따라 질문 내용과 형태가 결정되어야 합니다. 앞에서 비슷한 연구를 찾아보고 그것을 토대로 연구를 진행해 나가라는 이야기는 이미 여러 번 강조하였습니다. 이 단계에서도 역시 비슷한 선행연구에서 사용한 설문지는 신뢰도 및 타당도가 검증되었으므로 재사용하는 것이 좋습니다.

우리가 앞서 결정한 주제인 '사극이 고등학생의 역사인식에 미치는 영향'이라는 연구와 비슷한 연구를 찾기 위하여 논문검색사이트인 학술연구정보서비스(www.riss.kr)에 관련 논문을 검색해 보았습니다. 여기에서는 설문이 어떻게 구성되었는지를 파악하는 것이 가장 우선이므로 키워드로 '역사인식, 역사의식' 등을 넣었습니다. 검색 결과, 우리가 연구하려고 하는 주제와 비슷한 주제인 장희홍, 차경호, 구혜진(2010)의 "중학생의 역사 드라마 시청이 역사의식에 미치는 영향"이라는 논문을 찾을 수 있었습니다.

논문의 설문지 구성은 대부분 논문의 '연구방법' 부분에 수록하고 있습니다. 그리고 일부 논문의 경우 뒤쪽에 부록으로 싣기도 합니다. 다행히 이 논문은 뒤쪽에 부록으로 설문지 전문을 수록하고 있습니다. 부록에 제시된 설문지를 통하여 설문 구성을 확인해 보겠습니다. 우리는 독립변인을 '사극'으로 설정하였지만, 본 연구에서는 독립변인을 '중학생의 역사 드라마 시청방법'으로 잡고 있어 우리의 연구와는 관련성이 부족합니다. 하지만 종속변인의 경우 우리가 설정하고 있는 '고등학생의 역사인식'과 우리 연구에서 설정한 '역사의식'은 비슷한 개념으로 볼 수 있습니다. 그러므로 설문지를 확인할 때에는 우리의 연구와 비슷한 개념인 종속변인 중심으로 살펴보는 것이 좋습니다. 자신의 연구목적과 맞다고 판단되는 설문지는 자신의 연구에서 그대로 사용할 수도 있으며, 자신의 연구목적에 맞게 일부를 수정하여 사용할 수도 있습니다.

설문제목: 중학생의 역사드라마 시청이 역사의식에 미치는 영향

설문 협조 요청문

Ⅰ. 개인정보
- 성별, 해당 학년, 지역, 유선방송 시청가능 여부
- 역사드라마 시청 시간, 시청한 역사드라마, 역사 점수
- 역사 관련 서적 독서량, 역사 관련 대화 정도, 역사 관련 서적 보유량

Ⅱ. 역사드라마 시청 관련 질문: 현실감, 성취도, 관여도
- 해당 내용을 그룹으로 묶어 평정형 유형으로 제시

Ⅲ. 역사의식 관련 질문

문항	문항 내용	전혀 그렇지 않다	그렇지 않다	보통 이다	대체로 그렇다	매우 그렇다
1	평소에 우리나라의 역사와 전통에 대해 많은 관심을 가지고 있다.					
2	평소에 우리나라 문화유산을 찾아다니며 여행을 즐기는 편이다.					
3	우리 조상들의 얼과 뿌리를 찾기 위해 늘 관심을 가지고 있다.					
4	우리나라의 역사와 문화는 실제 생활에 도움이 되지 않기 때문에 관심이 별로 없다.					

5	방송이나 신문에 역사문화 프로그램이 나오면 즐겨 시청하거나 꼭 읽는 편이다.					
6	관심 있는 역사, 문화 자료를 스스로 찾아본 적이 있다.					
7	평소에 사람들과 역사, 문화에 관한 이야기를 자주 하는 편이다.					
8	우리나라의 전반적인 역사와 문화에 대해 다른 친구들보다 많이 아는 편이다.					
9	우리 고장의 역사, 문화재에 대해 다른 친구들보다 많이 아는 편이다.					
10	우리 고장의 역사, 문화재에 대해서 자부심을 가지고 있다.					
11	우리 조상들이 어떠한 고난에도 우리 고유의 문화와 역사를 수호하는 데 적극 참여하였다고 생각한다.					
12	우리 역사와 문화는 우리 민족의 힘에 의해 좌우되었다.					
13	우리의 역사와 문화가 세계 어느 나라 것보다 훌륭하다고 생각한다.					
14	훌륭한 역사와 슬기로운 조상을 가졌다고 생각한다.					
15	우리의 역사와 문화를 돌아볼 때 이 땅에 태어난 것은 불행한 일이라고 생각한다.					
16	우리나라의 훌륭한 역사와 문화를 돌아볼 때 이 땅에 태어난 것은 행복한 일이라고 생각한다.					
17	우리의 역사, 문화를 우리 후손에게 자랑하고 싶다.					
18	우리 민족의 문화와 예술은 중국의 영향을 받았으나, 민족 고유의 창의성이 깃들여 있다.					
19	우리의 민족문화유산은 사실 다른 나라 것보다 우수하지 않다.					
20	우리의 문화와 전통의 우수함을 인정하지 않고 외국의 문화를 비판 없이 받아들이는 편이다.					

출처: 장희홍, 차경호, 구혜진(2010). 학생의 역사 드라마 시청이 역사의식에 미치는 영향. 학교교육연구, 5(2), 109-131.

4. 설문 문항 개발

연구목적에 부합한 설문 문항이 존재하는 경우 해당 설문을 사용하면 좋지만 본인의 연구와 완벽하게 부합하는 설문을 찾기란 쉽지 않습니다. 이러한 경우에는 연구목적을 바탕으로 질문할 내용을 결정한 후 설문 문항을 개발해야 합니다. 또한 질문 내용에 따라 질문 형태도 문항의 의도에 따라 달라질 수 있습니다. 문항을 개발할 때에는 아래와 같이 다양한 질문 형태(송인섭 외, 2008)를 활용할 수 있습니다.

1) 개방형

개방형 질문은 응답자가 선택 문항 없이 직접 기입하는 문항입니다. 개방형 문항은 단답형과 서술형으로 나눌 수 있습니다. 서술형 문항의 경우 응답자의 자유로운 반응을 이끌 수 있는 반면에 수집이 어렵다는 단점이 있습니다.

문 역사를 왜곡한 사극을 보았을 때, 본인의 기분에 대하여 설명해 주십시오.

답 ______________________________

____

2) 양자택일형

양자택일형은 두 개의 답 중에서 하나를 선택하도록 하는 문항입니다. 이 문항은 인구통계학적 조사에서 성별을 묻는 문항이나 사실을 확인하는 질문에서 주로 사용됩니다.

문 귀하의 성별은 무엇입니까?
① 남 ② 여

문 귀하는 지난 1년간 사극을 시청한 경험이 있습니까?
① 예 ② 아니오

3) 선다형

선다형은 질문에 대하여 연구자가 미리 제시한 몇 개의 답 중에 한 가지 혹은 그 이상을 고르는 문항입니다. 연구자는 해당 질문에 대하여 응답자가 반응할 수 있는 내용을 선택지에 포함하여야 합니다. 또한 연구자가 예상하지 못했던 반응도 포함할 수 있도록 선택지에 '기타' 항목도 포함하는 것이 좋습니다.

문 귀하는 몇 학년입니까?
① 고등학교 1학년 ② 고등학교 2학년 ③ 고등학교 3학년

문 다음은 지난 1년간 방영된 사극입니다. 이 중에서 귀하가 시청한 사극이 있다면 체크해 주십시오(중복 응답가능).
① 장영실(KBS, 주인공 송일국) ② 대박(SBS, 주인공 장근석)
③ 옥중화(MBC, 주인공 진세연) ④ 마녀보감(JTBC, 주인공 윤시윤)
⑤ 구르미 그린 달빛(KBS, 주인공 박보검)
⑥ 임진왜란 1592(KBS, 주인공 최수종)
⑦ 달의 연인-보보경심: 려(SBS, 주인공 이준기)
⑧ 화랑(KBS, 주인공 박서준)
⑨ 기타

4) 순위형

순위형 문항은 설문 문항에 일정 기준을 제시하고 그 순서에 따라 순위를 매기는 방식입니다. 아래와 같이 응답반응 중 몇 개만을 정하여 순위를 정하게 할 수도 있으며, 전체 모두에 순위를 매길 수도 있습니다.

문 다음은 지난 1년간 방영된 사극입니다. 다음의 사극 중 역사왜곡이 가장 많았다고 생각하는 순서대로 3개를 골라서 1, 2, 3의 순서를 기입하십시오.
① 장영실 ( ) ② 대박 ( )
③ 옥중화 ( ) ④ 마녀보감 ( )
⑤ 구르미 그린 달빛 ( ) ⑥ 임진왜란 1592 ( )
⑦ 달의 연인-보보경심: 려 ( ) ⑧ 화랑 ( )
⑨ 기타 ( )

5) 평정형

평정형 문항은 주로 응답자의 의견이나 태도를 조사할 때 사용하는 문항입니다. 이 방식은 미리 정해진 척도(보기)에 따라 질문 내용에 대한 응답자의 생각을 나타낼 수 있습니다. 이 문항은 2~7단계 정도로 표시할 수 있으며 단계가 세분화될수록 응답자를 변별하기가 쉬워집니다. 하지만 응답자가 어릴 경우 자신의 감정을 정확하게 구분하기가 어려우므로 척도가 많은 것은 오히려 혼란을 불러일으킬 수 있습니다.

문 지난 1년간 방영된 사극 중, 본인이 시청한 사극을 아래의 빈 칸에 기록하고 본인이 느끼는 역사왜곡 정도를 체크해 주십시오.

사극 이름	전혀 아니다	아니다	보통이다	그렇다	매우 그렇다
① 예 장영실					
② 예 옥중화					
③ 예 구르미 그린 달빛					
④ 예 임진왜란 1592					

또한 개별 설문 문항을 제작할 때에는 아래와 같은 내용에 유의하여 작성해야 합니다(김아영 외, 2016, pp.134-135).

① 한 문항은 한 가지 아이디어나 개념만 포함시켜야 합니다.
② 문항에 다른 해석이 가능한 단어나 개념을 사용하지 않습니다.
③ 설문 문항이 특정한 방향으로 답을 유도하지 않도록 주의합니다.
④ 개인의 자존심이나 감정을 자극하는 설문은 피합니다.
⑤ 설문 작성 시 정직한 답이 나오지 않을 것 같은 내용은 신중하게 제작하고 분석합니다.
⑥ 증거가 없는 사실에 대한 설문과 응답자에게 해당 사항이 없는 문항은 포함하지 않습니다.
⑦ 설문에 응답하기 위한 전반적 과정에 대한 표준화된 지시사항을 포함합니다.

⑧ 응답자가 이해할 수 있는 어휘 수준을 고려합니다.

⑨ 평정형 문항의 경우 일관성 있는 판단기준을 제시합니다.

5. 설문지 제작

설문지는 크게 연구에 대한 협조를 요청하는 글, 응답자를 식별하기 위한 자료, 설문에 답하기 위한 방법을 제시한 지시사항, 연구목적 달성에 필요한 정보를 획득하기 위한 문항, 마지막으로 응답자 분류를 위한 자료로 구성됩니다.

1) 설문 협조 요청 안내문

설문 협조 요청 안내문은 연구대상자에게 호감을 주어 연구에 적극적으로 참여하고 솔직하게 응답할 수 있도록 이끈다는 점에서 중요한 기능을 합니다. 안내문은 다음과 같은 내용을 포함해야 합니다.

① **연구목적 및 연구의 중요성**: 안내문에 표기된 연구목적 및 중요성은 응답자들이 자신의 응답이 연구에서 중요하게 사용된다는 것을 인식하게 되어 설문 응답률을 높일 수 있습니다. 따라서 안내문의 앞부분에 연구목적 및 중요성을 간단하게 소개하는 것이 좋습니다.

② **응답에 소요되는 예상 시간**: 응답에 소요되는 예상 시간을 미리 표기하면 응답자들은 자신이 가능한 시간에 응답하게 되므로 답의 신뢰도를 높일 수 있습니다. 그러나 응답 예상 시간을 너무 길게 잡을 경우 설문 회수율이 떨어질 수 있으므로 적당한 시간 조절이 필요합니다.

③ **비밀 보장**: 설문결과는 문항에 따라 민감한 개인정보를 포함할 수도 있습니다. 그러므로 안내문에는 반드시 연구용으로만 사용된다는 문구를 포함하여 응답자가 솔직하게 답변할 수 있도록 심리적 안정감을 주도록 합니다.

④ **회수기일**: 회수기일을 기입하지 않는 경우, 응답자는 설문을 뒤로 미루다가 잊는 경우가 많습니다. 그러므로 회수기일 또는 답변 종료일을 명시하여 그 안에 설문이 이루어질 수 있도록 명시합니다. 일반적으로는 배포일로부터 7일 이내가 적당합니다. 하지만 전자설문조사의 경우 수정 및 배포가 자유롭기

때문에 해당 종료일까지 설문응답자가 많지 않으면 기간을 연장할 수도 있습니다.

아래는 반드시 포함되어야 할 내용으로 작성한 예시문입니다.

> **사극이 고등학생의 역사인식에 미치는 영향 연구에 관한 설문지**
>
> 안녕하십니까?
> 저는 ○○고등학교 2학년 학생으로, '사극이 고등학생의 역사인식에 미치는 영향'이라는 내용을 주제로 소논문을 준비하고 있습니다. 본 연구는 사극과 고등학생의 역사인식과의 관련성을 확인하고 사극의 제작 방향 또는 역사교육에 의의를 줄 수 있는 중요한 연구입니다. 본 설문은 무기명으로 작성되며, 여러분께서 응답하신 내용은 연구 이외의 목적으로 사용하지 않겠습니다.
> 번거로우시더라도 설문 내용을 잘 읽으신 후, 한 문장도 빠짐없이 솔직하게 응답해 주시면 감사하겠습니다. 본 설문 응답에 소요되는 시간은 약 10분 정도이며, 4월 20일까지 작성해 주시면 대단히 감사하겠습니다. 본 설문에 응해 주셔서 진심으로 감사드립니다.
>
> 2017년 4월 13일
> ○○고등학교 2학년 홍길동 올림

2) 지시사항

본 항목은 응답자가 설문에 답하기 위한 방법이나 순서 등을 설명하는 항목입니다. 설문지의 앞쪽에는 응답에 관련된 일반적인 사항을 이야기하며, 필요한 경우 항목마다의 지시사항을 추가로 포함할 수 있습니다.

> ※ 다음은 사극에 관한 여러분의 생각을 묻는 문항입니다. 각 문항을 잘 읽고, 귀하께서 해당된다고 생각하시는 문항을 골라 주십시오.

3) 연구목적을 달성하기 위한 세부 설문 문항

세부 설문 문항은 연구목적에 따라 개발하되 질문을 배열할 때는 다음과 같은 점을 유의하도록 합니다(성태제, 시기자, 2006, p.145).

① 유쾌하고 흥미롭고 응답하기 쉬운 질문부터 시작합니다.
② 일반적인 질문으로 시작하여 자세하게 질문하는 형태로 진행합니다.
③ 객관적인 사실을 묻는 질문으로 시작하여 의견을 묻는 질문으로 진행합니다.
④ 연구의 목적과 관련된 가장 중요한 문제를 질문지의 중심에 놓습니다.
⑤ 응답자가 자연스럽게 응답할 수 있도록 전체적인 흐름이 있게 나열합니다.
⑥ 응답자가 과거의 경험을 기억하게 하기 위해 사건의 시간순서에 따라 질문합니다.
⑦ 상호 관련이 있는 질문들은 인접하여 배열합니다.
⑧ 응답의 신뢰성을 측정하기 위해 도입되는 문항의 짝들은 분리하여 배치합니다.
⑨ 질문을 자세히 읽거나 응답을 깊이 생각하지 않고 특정한 응답을 되풀이하여 선택하는 것을 막기 위하여 질문을 변화 있게 배치합니다.

4) 응답자의 분류를 위한 자료

응답자의 인구통계학적 자료는 응답자의 성별, 나이, 지역 등의 개인정보를 포함하는 자료입니다. 이러한 자료는 향후 결과분석단계에서 응답자의 반응을 집단별로 나누어 볼 수 있도록 합니다. 인구통계학적 질문의 위치는 연구자에 따라 다르지만 응답자들이 부담 없이 응답할 수 있는 자료는 앞부분에 배치하고, 민감한 반응을 보일 만한 질문은 뒷부분에 배치합니다.

일반적인 설문지의 형식은 다음과 같습니다.

설문제목

안내문

지시사항
1. 인구통계학적 질문(성별, 연령 등 기초적 질문)
2. 설문 문항

감사인사

6. 사전연구 실시

조사연구방법에서 설문 문항은 연구목적 달성 여부를 결정하는 가장 중요한 요소입니다. 따라서 연구자는 설문 문항이 연구목적을 잘 반영하고 있는지, 연구대상이 연구목적에 부합한 집단인지를 확인할 필요가 있습니다. 또한 설문조사는 짧은 시간에 많은 사람을 대상으로 진행하기 때문에 연구 도중에 일어날 수 있는 문제점을 파악하고 이에 대한 대안이 있어야 합니다. 이러한 이유 때문에 본 조사가 이루어지기 전에 적은 수의 인원을 대상으로 사전연구가 실시되는 것이 좋습니다.

일반적으로 사전연구는 연구자와 친분이 있는 30명 정도를 대상으로 실시합니다. 이 단계에서는 연구에서 나타날 수 있는 문제점을 찾아야 하므로 연구자가 직접 진행하는 것이 좋습니다. 이 단계에서 연구자는 연구의 의도와 다른 애매모호한 문항 등을 발견할 수 있습니다.

7. 설문지의 분석 및 수정

이 단계는 사전연구를 통하여 드러난 문제점을 발견하고 문제가 있는 문항을 제거하거나 수정하는 단계입니다. 사전연구에서 무응답이 많는 문항은 연구의 목적에 부합하지 않거나 응답자와 관계없는 문항일 가능성이 큽니다. 그러므로 선택지의 답 또는 질문을 연구의 목적에 부합하도록 수정하거나 삭제하는 것이 좋습니다.

8. 설문지 발송

본 단계에서는 제작한 설문지를 직접 발송하는 단계입니다. 우편조사의 경우 우편으로 발송하며, 전자설문조사의 경우에는 메일 또는 휴대폰을 이용하여 링크를 발송할 수 있습니다. 면접의 경우에는 전화번호를 이용하거나 직접 방문할 수 있습니다.

9. 응답 자료 수합 및 분석

회수된 설문지는 전산화하여 자료를 분석할 수 있습니다. 우편조사의 경우, 설문지는 우편으로 회송됩니다. 연구자는 우편으로 회송된 설문지를 모아 하나의 엑셀파일에 자료를 입력한 후 결과를 분석할 수 있습니다. 면접조사의 경우, 전화 또는 방문을 통해 수집된 자료를 우편조사와 마찬가지로 엑셀파일을 이용하여 자료를 입력할 수 있습니다. 전자설문조사의 경우에는 응답자의 응답파일을 하나의 파일로 다운로드받을 수 있습니다. 이렇게 수합된 전산화 자료는 다양한 방법을 이용하여 결과를 분석할 수 있습니다. 자세한 분석방법은 학습활동에서 확인하도록 하겠습니다.

학 | 습 | 활 | 동

1. 전자설문 만들기

우리는 앞에서 여러 종류의 조사연구방법에 대하여 알아보았습니다. 조사연구방법은 종류에 따라 각자 특징을 갖고 있어 연구대상 및 목적에 따라 다르게 사용할 수 있습니다. 최근에는 전자정보통신기술의 발달로 전자설문조사가 발달하여 널리 이용되고 있습니다. 특히 전자설문조사는 설문지 제작 및 수정, 발송이 간편하여 쉽게 이용할 수 있습니다. 다음에서는 검색엔진에서 제공하는 무료 폼을 활용하여 전자설문조사를 제작하는 방법을 알아보겠습니다.

▶ 나에게 맞는 검색엔진 결정하기

전자설문조사를 이용하기 위해서는 전자설문지를 제작해야 합니다. 정교하게 많은 데이터를 다루기 위해서는 웹 형식으로 개발할 수 있으나 소규모의 간단한 설문지라면 검색엔진에서 제공하는 설문지 폼을 이용하는 것이 편리합니다. 네이버(네이버 오피스 : office.naver.com)와 구글(구글 드라이브 : drive.google.com)이 설문지 폼을 무료로 제공하고 있습니다. 두 검색엔진 모두 제공하는 서비스는 비슷하므로 자신이 익숙하고 많이 사용하였던 검색엔진을 사용하여 제작하도록 합니다.

▶ 검색엔진에 접속하기

검색엔진	네이비	구글
서비스 이름	네이버 오피스	구글 드라이브
접속 주소	http://office.naver.com	http://drive.google.com
접속 경로	네이버 오피스–폼	구글 드라이브–새로 만들기/내 드라이브–더보기–google 설문지
초기 화면	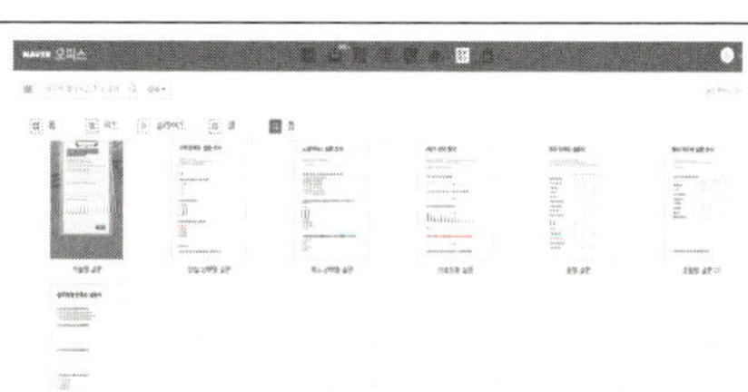	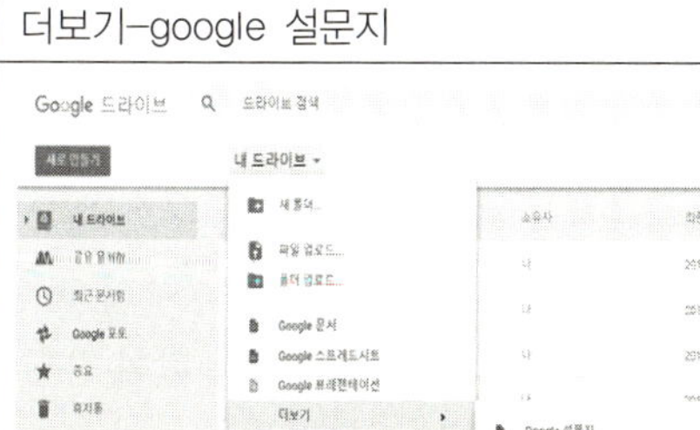

학 | 습 | 활 | 동

▶ 설문지 제작하기

본 항목에서는 국내 검색엔진으로서 가장 많은 회원수를 확보하고 있는 네이버의 오피스를 이용하여 전자설문을 제작하는 연습을 하겠습니다.

1 연구목적에 맞는 탬플릿 선택하기

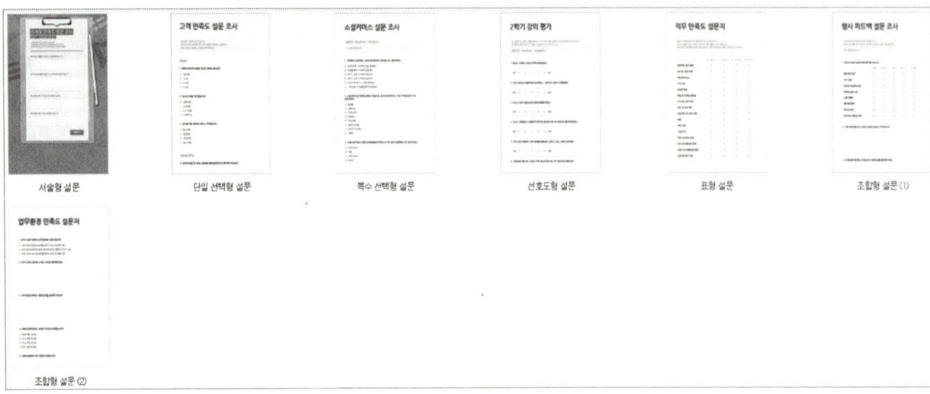

네이버 오피스는 문항 유형에 따라 서술형 설문, 단일 선택형 설문, 복수 선택형 설문, 선호도형 설문, 표형 설문, 조합형 설문(1), 조합형 설문(2)와 같이 7가지의 기본 탬플릿을 제공하고 있습니다. 자신이 개발한 문항 형태와 비슷한 형태가 있다면 해당 탬플릿을 선택합니다. 여기에서는 가장 복잡한 조합형 설문(1)의 형태를 선택하도록 하겠습니다.

2 안내문 및 지시사항 입력하기

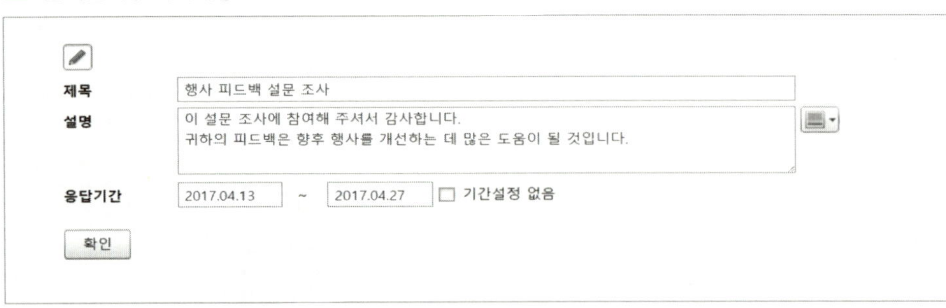

설문지의 가장 위쪽에는 연구의 제목과 연구에 대한 간단한 설명, 응답기간을 입력할 수 있습니다. 설명 부분에는 앞 장에서 작성하였던 설문 협조 요청 안내문을 넣습니다. 응답기간은 안내문에서 작성한 바와 같이 응답자가 설문에 응답이 가능한 시간을 적은 후 확인 버튼을 클릭합니다.

학 | 습 | 활 | 동

3 설문 문항 넣기

앞서 개발한 설문을 넣는 단계입니다. 왼쪽의 화살표는 해당 문항의 순서를 위로 올리거나 내릴 수 있습니다. 또한 해당 문항을 마우스로 클릭한 후 원하는 위치에 놓은 후 마우스 버튼을 놓는 방법(drag & drop)으로도 순서를 바꿀 수 있습니다. 위쪽의 연필은 본 유형을 그대로 사용하여 문항이나 선택지를 수정하는 버튼입니다. 이 유형과 같은 평정형 문항이 추가로 더 필요할 경우에는 연필 옆의 '복제' 버튼을 사용하여 아래쪽에 더 추가할 수 있습니다. 또한 이 유형이 필요하지 않으면 오른쪽의 '삭제' 버튼을 활용하여 삭제할 수 있습니다.

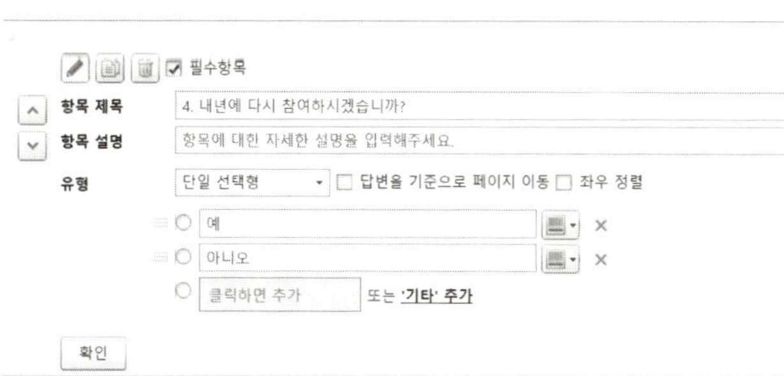

또한 응답자에 따라서는 모든 문항에 답을 하지 않고 일부 문항에만 답을 하는 경우도 있습니다. 이를 방지하기 위해서는 모든 문항의 '필수항목' 란에 체크를 하면 오른쪽의 그림처럼 문항 옆에 '*' 표시가 나타납니다. '*'에 해당하는 문항에 대상자가 응답하지 않으면 응답자의 답이 제출되지 않습니다.

학 | 습 | 활 | 동

4 설문 문항 추가하기

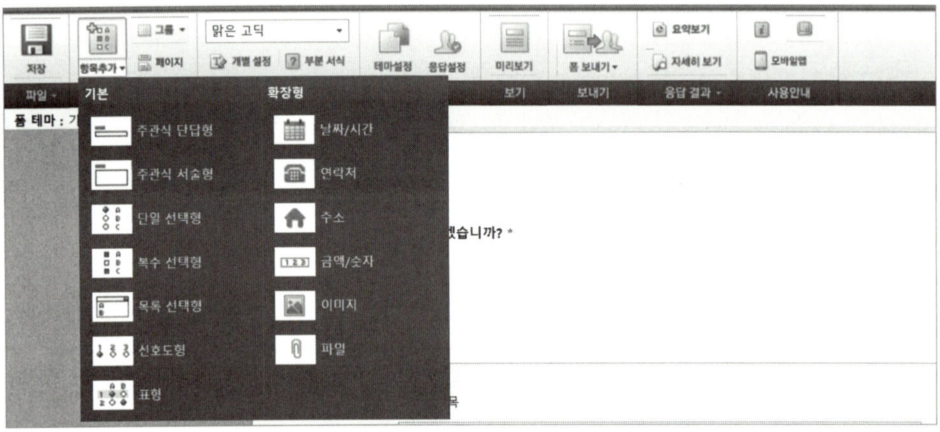

기본 탬플릿에 없는 설문 유형을 추가하고 싶은 경우에는 상단의 '항목추가' 탭을 활용하면 추가가 가능합니다. 항목추가라는 글자 옆의 작은 화살표를 누르면 기본/확장형과 같은 다양한 유형을 추가할 수 있습니다. 기본 문항은 주로 설문 문항에서 자주 사용하는 유형이며, 확장형은 지시사항에서 자주 사용하는 유형입니다. 또한 설문 문항이 구분되는 내용일 경우, '그룹' 탭의 구분선을 그어 위쪽과 아래쪽을 구분할 수도 있습니다. 이때 커서가 있는 해당 항목의 아래에 구분선이 추가됩니다.

5 응답 설정하기

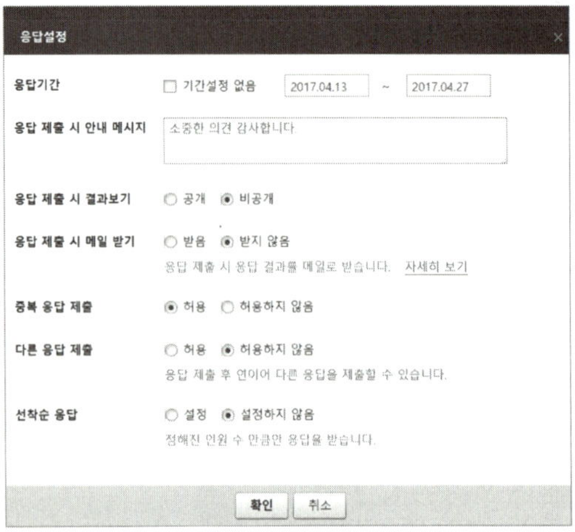

응답 설정하기 탭은 연구자가 응답 범위를 미리 조절할 수 있는 탭입니다. '응답 제출 시 결과보기'는 응답자가 설문을 마친 후 지금까지의 응답결과를 확인할 수 있도록 설정하는 것입니다. 그리고 '응답 제출 시 메일 받기'는 새로운 응답자가 응답할 때마다 연구자에게 메일로 알람해 주는 기능입니다. '중복 응답 제출'은 응답자가 두 개의 응답을 제출하는 것을 막기 위한 기능입니다. '다른 응답 제출'은 응답자가 본 설문을 응답한 이후에 다시 다른 응답을 제출할 수 있도록 하는 기능입니다.

학 | 습 | 활 | 동

6 설문링크 공유하기

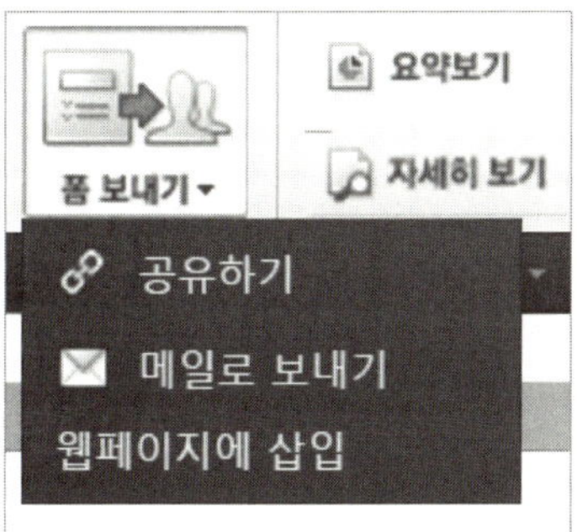

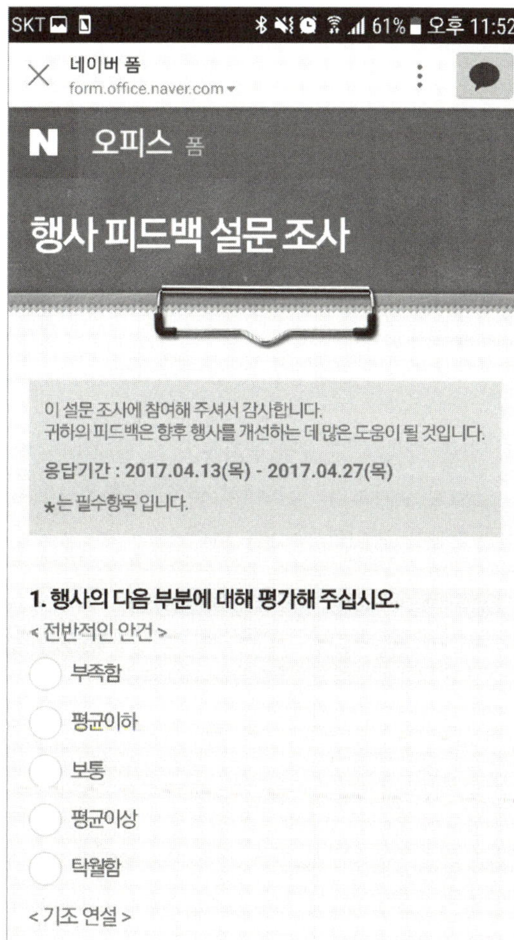

완성된 설문지는 '폼 보내기' 탭을 통하여 링크를 복사하여 직접 공유하거나 메일 또는 웹페이지에 삽입할 수 있습니다. 설문대상자의 연락처나 메일이 이미 확보되어 있다면 SNS나 메일을 이용하여 링크를 보낼 수 있습니다. 특히 SNS를 이용할 경우 위의 오른쪽 그림과 같이 휴대폰에서도 바로 접속할 수 있어서 더욱 간편하게 설문에 응답할 수 있습니다.

학 | 습 | 활 | 동

7 응답결과 확인하기

설문자들이 응답한 결과는 상단의 '응답결과' 탭을 통하여 확인이 가능합니다. 요약보기 항목을 이용하면 전체 응답결과를 표와 그래프로 요약하여 제시합니다.

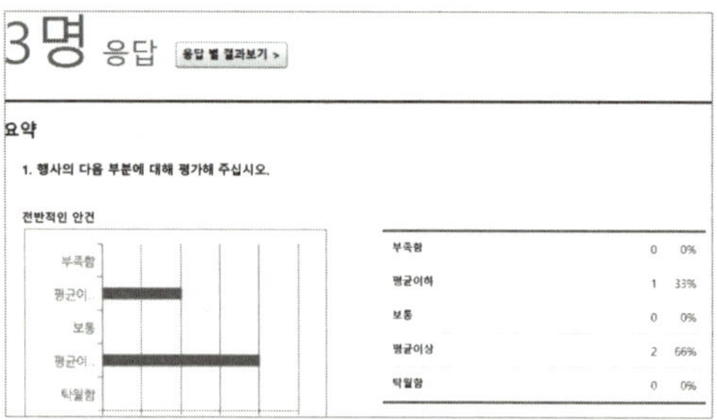

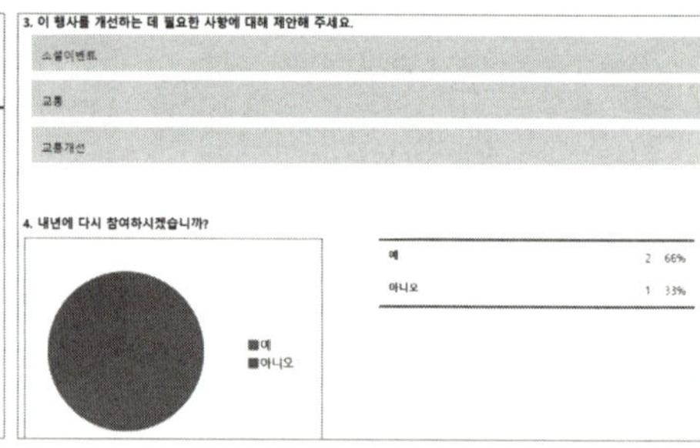

또한 같은 항목의 '응답별 결과보기'를 클릭하면 개인별로 응답한 항목을 점검할 수 있습니다. '응답별 결과보기' 항목에서 왼쪽, 오른쪽의 화살표를 누르면 응답자가 반응한 순서대로 전체 반응을 확인할 수 있습니다.

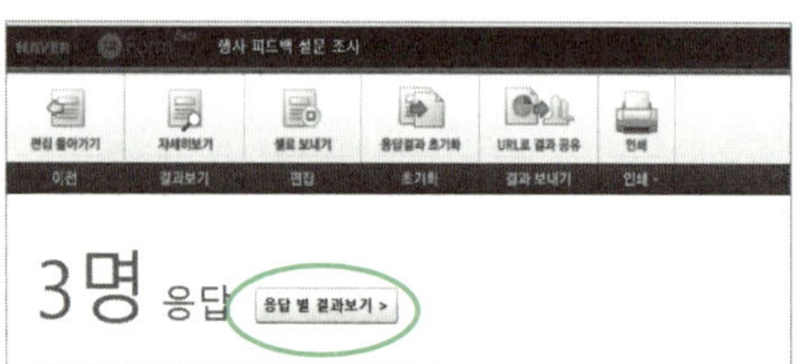

응답결과 중 '자세히 보기'를 클릭하면 응답자가 응답한 순서대로 질문 내용, 전체의 응답 내용을 엑셀 형식으로 확인할 수 있습니다. 이 응답파일은 네이버셀로 보낸 후 엑셀파일로 저장할 수도 있습니다.

학 | 습 | 활 | 동

2. 결과 해석하기

조사를 했더라도 결과를 해석해야 논문
① 조사한 자료를 표와 그래프로 나타냅니다.
② 의미있는 내용을 해석합니다.
③ 결과가 도출된 이유를 분석합니다.

조사연구방법 논문 쓰기 끝~!

구슬이 서말이라도 꿰어야 보배라는 말이 있습니다. 이 말은 조사연구방법에도 그대로 적용됩니다. 앞의 조사단계를 통하여 많은 조사 데이터를 갖고 있더라도 이를 해석하지 않으면 논문이 될 수 없습니다. 조사된 데이터를 연구목적에 따라 해석하고, 독자들이 가장 쉽게 이해할 수 있는 방법으로 제시하는 것은 연구자의 가장 중요한 능력입니다. 이 부분에서는 조사를 통해 얻은 데이터를 제시하는 방법에 대하여 학습합니다.

앞선 7장에서도 살펴보았지만 소논문은 일반적으로 '서론, 이론적 배경, 연구방법, 연구결과, 결론 및 논의'의 순서를 갖고 있습니다. 따라서 이번 장에서는 조사연구방법의 특징에 따라 서술이 이루어져야 하는 '연구방법, 연구결과, 결론 및 논의' 부분을 중심으로 학습하겠습니다.

▶ 연구방법

연구방법 부분에는 '조사대상 및 절차, 측정도구, 분석방법'에 대한 기술이 이루어져야 합니다. 앞서 작성하였던 연구계획서를 토대로 실제 이루어진 과정을 좀 더 상세하게 기술하면 됩니다.

1 조사대상 및 절차

설문대상에 대한 상세정보를 기술합니다. 본 항목에는 연구목적과의 관련성을 바탕으로 설문대상으로 삼은 집단의 특징과 설문대상으로 삼은 이유, 설문 인원, 설문 회수율에 대한 정보를 기록합니다.

학 | 습 | 활 | 동

본 연구는 '사극의 왜곡이 고등학생의 역사인식에 미치는 영향'을 파악하는 데 목적이 있다. 따라서 본 연구에서는 최근 1년간 사극을 시청한 경험을 가진 고등학생 100명을 대상으로 하였다. 본 연구의 설문지는 포털 검색엔진을 이용한 전자설문조사로 제작되어 고등학생이 자주 이용하는 카페 및 사이트의 게시판, 학교 게시판에 설문 협조 요청글과 함께 해당 링크 또는 QR 코드를 제공하였다.

연구진은 연구목적에 따라 2017년 1월에서 2월까지 설문지를 개발하고, 2017년 3월에 대전광역시 중구 고등학교 2학년 학생 30명을 대상으로 사전조사를 실시하였다. 사전조사결과 발견된 문제점을 바탕으로 설문 문항을 수정하고, 2017년 4월 13일~4월 20일 1주일간 조사를 실시하였다.

2 측정도구

측정도구는 설문지를 일컫는 말입니다. 조사연구방법에서 설문 문항은 연구목적 달성에 가장 중요한 요소입니다. 따라서 신뢰도가 검증된 설문지를 사용하면 연구의 신뢰도를 더욱 높일 수 있습니다.

이 항목에서는 연구의 신뢰도를 제시하기 위하여 측정도구인 설문지의 구성, 주요 문항, 신뢰도 등을 제시함으로써 연구목적과 측정도구와의 관련성을 제시할 수 있습니다. 기존에 있는 설문지를 사용하는 경우 기존 설문지가 갖고 있는 신뢰도를 제시할 수 있으며, 연구자가 직접 설문지를 개발하거나 기존 설문지를 수정한 경우에는 설문지 개발절차 및 수정절차 등을 서술할 수 있습니다.

본 연구에서는 '사극의 왜곡이 고등학생의 역사인식에 미치는 영향'을 파악하기 위하여 '사극의 시청 정도', '고등학생의 역사인식 정도'를 측정하기 위한 도구가 필요하다. 하지만 본 연구에 맞는 설문지가 미개발되어 본 연구와 유사한 장희홍, 차경호, 구혜진(2010)이 개발한 '중학생의 역사 드라마 시청이 역사의식에 미치는 영향'을 참고로 새로 개발하였다. 본 설문지는 고등학생의 일반적 특성을 파악하는 문항 10개, 고등학생의 역사의식을 파악하기 위한 문항 20개로 구성되어 있다.

3 분석방법

설문조사는 방법에 따라 데이터 수집방법과 결과분석이 달라질 수 있습니다. 그러므로 본 항목에서는 우편조사, 전자설문조사, 면접조사와 같은 조사방법을 서술하고 이를 선택한 이유에 대하여 서술합니다. 또한 조사방법에 따른 응답결과의 처리방법을 기술합니다. 이

학 | 습 | 활 | 동

렇게 모은 데이터는 추후에 연구문제를 확인하기 위한 분석절차를 거쳐야 합니다. 분석방법은 평균과 표준편차를 활용한 기초통계를 활용할 수도 있으며 상관관계, 집단비교와 같은 고급통계를 활용할 수도 있습니다. 하지만 소논문에서는 수학 시간에도 배웠던 평균과 표준편차를 활용하는 기초통계를 주로 사용합니다. 설문 인원이 적은 경우에는 평균을 직접 계산할 수도 있지만 마이크로소프트사의 엑셀 프로그램을 사용하면 빠르게 분석할 수도 있습니다. 고급통계의 경우에는 SPSS나 R과 같은 전문 통계 프로그램을 활용하여야 합니다. 이 부분에서는 어떠한 분석방법을 어떠한 프로그램을 활용하여 분석하였는지 기록합니다.

> 본 연구의 연구문제를 검증하기 위하여 조사된 자료는 해당 사이트에서 엑셀파일로 제공되었다. 본 연구진은 조사대상자의 일반적 특성, 고등학생의 역사인식 정도를 파악하기 위하여 빈도, 백분율, 평균 등 기술적 통계방법을 사용하였다.
> 청소년의 역사인식을 묻는 문항은 20개로 각 문항별로 "전혀 그렇지 않다, 그렇지 않다, 보통이다, 대체로 그렇다, 매우 그렇다"로 자신이 느끼는 정도를 체크하도록 구성하였다. 분석에는 "전혀 그렇지 않다" 1점, "매우 그렇다"에 5점을 부여하여 점수화하였다.

▶ 연구결과

연구결과는 조사한 데이터의 결과를 그대로 기술하는 부분입니다. 앞서서 설명한 바와 같이 연구결과는 평균 및 표준편차를 중심으로 하는 기초통계를 이용하여 단순결과를 비교할 수도 있으며, 고급 통계기법을 활용하여 집단 간 비교나 영향관계 등을 확인할 수도 있습니다. 또한 결과를 제시할 때에는 독자가 이해하기 쉽도록 표나 그래프를 활용하여 단순히 결과만을 기술하는 것이 좋습니다.

그리고 질문지의 문항을 세분화하였더라도 모든 문항을 묶어서 하나로 제시할 수도 있으며, 문항별로 선택지를 세분화하였더라도 연구자의 의도에 따라 선택지를 합칠 수도 있습니다. 여러분의 연구주제와 목적을 가장 잘 제시할 수 있는 방법을 고민하여 결과를 표현할 수 있어야 합니다.

예를 들면 청소년의 역사인식을 묻는 문항 20개를 합쳐 역사인식에 대한 평균값으로 제시할 수도 있으며, 조사대상자의 해당 지역을 묻는 문항에 선택지를 서울, 인천, 경기 등으로 세분화하였더라도 서울, 인천, 경기를 하나로 묶어서 제시할 수도 있습니다.

학 | 습 | 활 | 동

1. 조사대상자의 특성

본 연구의 조사결과 조사대상자의 성별은 남학생이 38%, 여학생이 62%로 나타났고, 학년은 1학년 45%, 2학년 40%, 3학년 15%로 나타났다. 지역은 서울경기권 35%, 대전충청권 35%, 경상권 15%, 전라권 10%, 기타 5%로 나타났다.

2. 일반적 특성에 따른 분석

(1) 성별에 따른 역사인식

고등학생의 성별에 따른 역사인식을 확인하기 위하여 본 연구에서는 고등학생의 역사인식을 묻는 20개의 문항을 하나로 묶어 평균값을 계산하였다. 성별에 따른 역사인식의 평균값은 〈표 1〉과 같다.

〈표 1〉 성별에 따른 역사인식

	인원	평균	표준편차
남	38명	3.1	0.568
여	62명	3.5	0.083

조사결과 남학생의 역사인식은 평균 3.1, 여학생의 역사인식은 평균 3.5로 남학생보다는 여학생이 높았다. 표준편차 역시 남학생의 표준편차는 0.568, 여학생의 표준편차는 0.083으로 남학생의 표준편차 값이 더 큰 것으로 보아 남학생의 역사인식이 여학생의 역사인식보다 개인별로 편차가 큰 것으로 나타났다.

▶ 결론 및 논의

결론은 앞선 연구결과를 해석하고 그러한 결과를 얻게 된 원인을 분석하는 단계입니다. 이처럼 연구결과의 해석 및 원인을 분석하기 위해서는 앞선 연구들이 도출한 결론이 바탕이 되어야 합니다. 그러므로 이 단계에서는 자신이 얻은 결과와 선행연구와의 비교를 통하여 자신의 연구의 의의를 밝히고 추후에 이루어져야 할 연구에 대하여 제안할 수 있습니다.

학 | 습 | 활 | 동

이상에서 본 연구에서는 '사극이 고등학생의 역사인식'에 미치는 영향에 대해 살펴보았다. 연구결과 '사극의 시청 정도'는 '고등학생의 역사인식'과 관련이 있는 것으로 나타났다. 사극을 많이 본 학생은 긍정적 역사인식을 갖고 있었으며, 남학생보다는 여학생에게 이러한 경향이 더욱 두드러졌다. 이러한 연구결과는 중학생의 역사드라마 시청이 역사의식에 미치는 영향을 조사한 장희홍, 차경호, 구혜진(2010)의 연구와도 비슷한 결과이다.

마무리

이 장에서는 현재의 상황을 파악하는 연구방법 중의 하나로 널리 이용되는 조사연구방법에 대하여 학습하였습니다. 조사연구방법은 연구목적을 달성하기 위하여 설문조사를 활용합니다. 이처럼 조사연구방법에서 설문 문항의 개발은 연구의 성공을 좌우하는 가장 중요한 요소라고 할 수 있습니다. 또한 설문은 한 번 배포되면 수정이 어려우므로 개발단계부터 신중하게 개발할 필요가 있습니다.

최근에는 전자정보통신기술의 발달로 설문지의 배포 및 수집이 손쉬워져 조사연구방법에 드는 시간과 노력이 매우 절감되었습니다. 그러므로 평소에 궁금한 점이 있었다면 조사연구방법을 통하여 확인해 보는 건 어떨까요?

Chapter

11 소논문 쓰기(3) : 실험연구방법

1절 실험연구방법으로 논문 쓸 준비하기

2절 실험연구방법의 수행절차

건희는 어제 과학시간에 지구 온난화에 대해 배웠습니다. 내용이 그다지 어렵지 않다고 생각했습니다. 그런데 문제가 생겼습니다. 선생님께서 온실효과에 대한 실험을 과제로 내주셨습니다.
건희는 과학시간에 지구 온난화 현상에 대한 선생님의 설명을 듣고, 환경의 중요성을 알게 되었습니다. 지구온난화로 인한 기후변화의 원인인 온실효과, 온실가스 등에 대하여 간단히 설명을 듣고, 이상기후변화 방지를 위한 국제적 노력과 지구온난화를 멈추기 위해 우리가 할 수 있는 일에 대해 생각해 본 시간이었습니다. 선생님께서 다음 시간에 온실효과에 대한 토의를 할 것이라고 하시면서, 온실효과에 대한 실험을 각자 진행해 보고 결과 자료를 작성해 오라고 했습니다. 온실효과를 이해하기 위한 실험을 해야 할 텐데... 어떻게 해야 할지... 뭐부터 해야 하는 것인지... 막막합니다.

학습 목표

- 실험연구방법을 설명할 수 있다.
- 실험연구방법을 활용하여 논문을 쓸 수 있다.

건희는 실험연구방법에 대해서도 관심이 많습니다. 과학시간에 해봤던 실험관찰을 좀 더 발전시키면 실험연구방법으로 소논문을 쓸 수 있을까? 그러나 걱정하지 않아도 됩니다. 방법을 알면 어렵지 않습니다.

예를 들어 온실효과를 이해하는 실험을 해보려 하지만, 어떻게 하면 될까요?

① 알고자 하는 문제, 즉 연구의 결과를 통해 무엇을 알고 싶은가? 온실효과 ~ 끝!

② 교육효과는 교육을 하면 나타나는 효과인데, 교육이라는 원인에 따른 결과 ~

③ 그러면 온실효과는 온실이라는 원인에 따른 결과~ ㅋㅋ

④ 온실이 원인이고, 온실이 있을 때의 온도와 없을 때의 온도를 확인하면 ~ 끝!

☞ 온실이 있을 때 온도와 온실이 없을 때 온도를 재면 되지~

1절 실험연구방법으로 논문 쓸 준비하기

1. 실험연구방법 준비

실험연구는 인위적으로 통제하는 상황에서 변수 간의 인과관계를 밝히고자 실시하는 연구방법입니다(4장 참조). 실험연구에서는 어떤 원인이 결과에 미치는 관계를 밝히기 위해서 어떤 처치(조작)를 연구대상에게 가하고 그 처치에 따른 변화를 분석해야 합니다. 스마트 폰을 활용한 학습법이 학습결과에 미치는 영향을 밝히거나, 어떤 연고를 피부에 발라보고 나서, 피부에 나타나는 반응을 분석하는 경우를 예로 들 수 있습니다. 실험연구방법에서 가장 중요한 것은 실험입니다. 연구대상에게 어떤 처치(조작)를 하는 것이 실험입니다. 어떤 실험을 하고 그 실험의 결과를 확인하기 위해서는 실험을 잘 준비해야 합니다. 실험연구방법을 준비하기 위해서는 실험연구에 자주 활용되는 주요 용어를 이해하고, 각 용어에 해당하는 내용을 구체적으로 정리해야 합니다. 다음을 통해서 실험연구방법의 용어를 이해해 봅시다.

2. 실험연구방법의 주요 용어

실험연구에서 가장 많이 쓰이는 용어는 통제, 처치변수, 종속변수, 매개변수, 통제집단, 실험집단입니다.

1) 통제

실험연구에서 가장 중요한 것은 실험하려고 하는 상황을 '통제'하는 것입니다. 사전적 의미로 통제는 일정한 방침이나 목적에 따라 행위를 제한하거나 제약한다는 의미입니다. 실험연구에서 통제(control)라는 용어는 변수들을 조작한다는 의미로 사용합니다. 변수들을 조작한다는 말은 변수를 "조절(manage)한다"는 것과 변수를 "규제 혹은 고정(fixed)시킨다"는 두 가지 의미를 포함합니다. 예를 들어 어떤 기계를 통제(control)할 수 있다는 말은 기계를 "자유자재로 다룰 수 있다"는 뜻이며, 온

〈표 11-1〉 독립변수, 종속변수, 매개변수의 개념

독립변수(처치변수)	연구자가 의도한 영향을 '주는' 변수
종속변수	연구자가 의도한 영향을 '받는' 변수
매개변수	연구자가 의도한 독립변수는 아니지만 결과적으로 영향을 '주는' 변수

도를 통제(control)하고 부피를 증가시킬 때 압력이 내려간다고 할 때의 통제(control)는 "고정시킨다"는 의미입니다(성태제, 시기자, 2006).

"고등학교 1학년 학생의 영어단어 암기력 향상에 있어서 강의법과 토의법을 사용한 교수법이 어떤 영향을 미치는가?"를 연구할 때, 두 집단으로 구분하는 연구대상들이 다른 능력을 소유하였다면 그 다른 능력이 암기력에 주는 영향을 처치(조작)하여야 합니다. 즉 이 연구에서는 다른 능력, 즉 교수법을 제외하고 암기력에 영향을 줄 수 있는 능력을 모두 '조작'하여야 합니다. 여기에서 사용된 조작이라는 의미는 '제거'하거나 '배제'한다는 의미입니다. 실험을 위해서 두 집단의 상태를 같게 하거나, 그 능력에 영향을 주는 요인을 제거하는 것을 통제라고 합니다.

[그림 11-1] 독립변수, 종속변수, 매개변수의 관계 예시 1

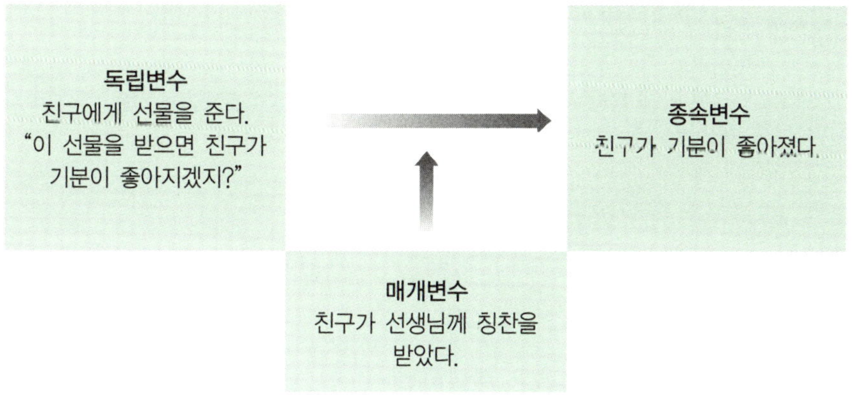

친구는 선물 때문에 기분이 좋아진 걸까, 아니면 칭찬 때문에 기분이 좋아진 걸까? 혹은 둘 다일까?

→ "매개변수가 없었더라면(=선생님께 칭찬을 안 받았더라면) 독립변수가 제대로 영향을 주었는지(=선물 때문에 기분이 좋아진 건지 아닌지) 분명히 알 수 있었을 텐데!"

2) 처치변수와 매개변수

실험연구는 원인과 결과를 확인하는 것이 연구의 목적입니다. 따라서 영향을 주는 변수와 영향을 받는 변수가 어떤 것인지를 구분해야 합니다. 여기서는 변수들의 이름과 의미를 실험 상황에서 이해해 봅시다.

일반적으로 영향을 주는 변수를 '독립변수'라고 합니다. 반대로 영향을 받는 변수를 '종속변수'라고 합니다. 실험에서는 독립변수를 '처치변수'라고 하며, 처치변수는 실험에서 영향을 주는 변수로서 연구결과의 원인이 되는 변수를 말합니다. 즉 어떤 실험을 할 때 가해지는 처치에 따라 어떤 변화가 일어났는지 확인하게 되는 것입니다. 어떤 변화가 일어났는지는 영향을 받는 변수인 종속변수를 통해서 알게 됩니다.

한편, 실험에서 처치변수 이외의 다른 변수가 종속변수에 영향을 줄 수 있는데, 이런 변수들을 '매개변수'라고 합니다. 여기서 말하는 매개변수란 처치변수와 종속변수의 중간에 개입되는 변수를 의미합니다. 앞서 예로 들었던 "고등학교 1학년 학생의 영어단어 암기력 향상에 있어서 강의법과 토의법을 사용한 교수법이 어떤 영

[그림 11-2] 독립변수, 종속변수, 매개변수의 관계 예시 2

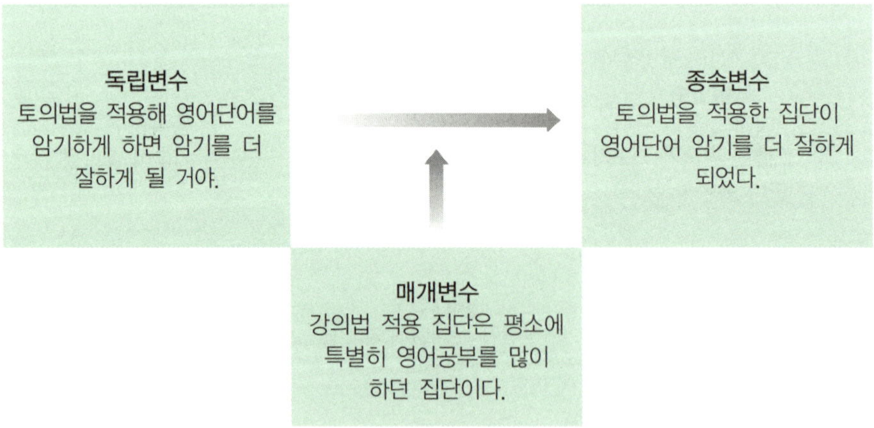

토의법을 적용한 집단이 영어단어 암기를 더 잘하게 된 건, 토의법 때문일까 아니면 평소에 영어공부를 많이 했기 때문일까?

→ "매개변수가 없었더라면(=평소에 영어공부를 특별히 많이 하지 않았더라면) 독립변수가 제대로 영향을 주었는지(=토의법 때문에 영어단어 암기를 더 잘하게 되었는지를) 분명히 알 수 있었을 텐데!"

향을 미치는가?"의 연구에서, 강의법을 적용(처치)한 A집단과 토의법을 적용(처치)한 B집단의 영어단어 암기력은 처치변수인 강의법 또는 토의법에 따라 종속변수인 영어단어 암기력에 변화가 생기게 됩니다. A집단과 B집단의 영어단어 암기력이 교수법 이외의 다른 변수에 따라 결과가 달라진다면 교수법에 의한 결과가 아닌 것이 됩니다. 어쩌면 교수법과 함께 각 집단 구성원들의 지능이나 영어에 대한 사전 경험 등이 영어단어 암기력에 영향을 줄 수도 있습니다. 즉 교수법(처치변수) 이외에 영어단어 암기력(종속변수)에 영향을 미치는 변수를 매개변수라고 합니다. 따라서 실험연구에서는 매개변수를 얼마나 잘 통제하는지에 따라 연구의 성공과 실패가 결정되기도 합니다.

3) 통제집단과 실험집단

실험연구는 처치의 효과를 알아보기 위한 연구입니다. 실험에서 어떤 처치의 효과를 알아보는 방법은 처치를 하기 전과 후의 변화를 확인하면 됩니다. 이를 절차대로 이해해 봅시다. 먼저 처치하기 전에 검사를 실시하여 값을 확인합니다. 이 값을 사전검사 결과(①)라고 합시다. 뒤이어 처치를 가한 뒤 검사를 실시해서 다시 값을 확인합니다. 이 값을 사후검사 결과(②)라고 합시다. 실험이 끝나고 사전검사 결과(①)와 사후검사 결과(②)를 비교해서 변화된 값(①-②)을 확인하게 되는데, 그 변화의 원인이 처치에 의한 것이라고 분석하게 됩니다.

그러나 한 집단에게 사전검사와 사후검사를 해서 값을 확인하면, 검사의 과정에서 똑같은 검사를 두 번 경험하게 되면서 결과에 영향을 미치게 됩니다. 즉 사후검사에서는 사전검사에서 얻어진 기억이나 검사 요령이 사후검사의 결과에 영향을 미칠 수 있습니다. 이런 문제를 해결하기 위해 실험연구에서는 두 집단을 실험하여 그 값을 비교하는 방법으로 연구를 진행합니다. 한 집단에는 처치를 가하지 않고, 다른 집단에는 처치를 가한 뒤 두 집단 간에 차이가 있는지를 비교하는 것입니다. 이럴 경우 처치를 가하지 않은 집단을 통제집단(control group)이라고 하고, 처치를 가한 집단을 실험집단(experimental group)이라고 합니다.

2절 실험연구방법의 수행절차

1. 실험연구방법의 종류

실험연구는 실험에 대한 통제를 얼마나 엄격히 하는가에 따라 실험설계(experimental design)와 준실험설계(quasi-experimental design)로 구분할 수 있습니다. 실험설계는 연구에 필요한 변수들을 완벽히 통제하기 때문에 변수 간의 인과관계를 비교적 명확하게 확인할 수 있습니다. 그렇기 때문에 실험의 결과가 처치변수에 의한 것이라는 것을 논리적으로 잘 밝힐 수 있습니다. 다시 말하면 실험연구는 처치변수의 효과를 밝히기 쉽다는 장점을 가지고 있습니다. 하지만 실험설계에 의한 결과를 현실 상황에 일반적으로 적용하기 어렵다는 단점도 있습니다.

준실험설계는 실험설계에 비해 실험을 위한 처치가 충분하지 못한 설계를 의미합니다. 실험에 영향을 주는 다양한 변수들을 완전하게 통제하지 못하고, 변수들에 대한 처치도 충분하지 못한 설계를 의미합니다. 준실험설계는 정교한 실험을 통해 연구의 적합성을 높이기는 어렵지만 현실 세계와 같은 자연스런 조건에서 실험이 진행되기 때문에 실험결과를 현실에 적용하기가 쉽다는 장점이 있습니다.

2. 실험연구방법의 수행절차

1) 임의배정

실험연구에서는 연구대상을 특정 집단으로 분류해야 합니다. 실험집단과 통제집단에 배정해야 하는데, 연구자가 의도하여 정해 놓은 기준이나 법칙에 따르지 않아야 합니다. 한마디로 임의로 배정해야 합니다. 여기서 말하는 임의배정은 연구대상이 각 집단에 속할 확률을 같게 한다는 의미입니다. 즉 임의로 배정한다는 의미는 실험집단과 통제집단의 동등성을 보장해야 한다는 의미입니다.

그러나 유의해야 할 것은 모든 실험연구 상황에서 임의배정을 할 수 없다는 사실입니다. 이런 경우에 연구자는 임의배정과 같은 효과를 확보하기 위해 다양한 방법을 동원해야 합니다. 임의배정으로 매개변수가 종속변수에 미치는 영향력을 통제집단과 실험집단에 고루 분포하게 해야 합니다. 또한 각 집단의 크기가 충분해야 임의배정의 의미가 보장됩니다. 각 집단의 크기가 작으면 임의배정으로 실험집단과 통제집단의 동일성을 확보하기가 어렵기 때문입니다.

2) 매개변수 통제

연구결과는 처치변수 외에 영향을 주는 다양한 요인(매개변수)들을 통제해야 종속변수에 미치는 처치변수의 효과를 알 수 있습니다. 여기서 말하는 '통제'는 종속변수에 영향을 주는 요인을 동일하게 한다는 뜻입니다. 실험연구는 다른 연구방법에 비해 많은 매개변수를 통제할 수 있는 연구방법입니다. 연구자는 가능한 모든 매개변수를 통제하도록 해야 합니다.

임의배정은 사전에 변수를 통제할 수 있는 방법입니다. 처치변수 외에 종속변수에 영향을 주는 매개변수의 효과를 동일하게 한다는 것입니다. 남성인지 여성인지에 따라 종속변수의 영향력이 차이가 있다면 연구대상을 남성으로 제한하게 되면 성별은 하나로 고정됩니다. 연구결과에 대한 일반화는 남성에게만 제한하여 적용할 수 있습니다. 통제하기 위해서 각 변수에 대해 짝을 지어 대응관계를 만들 수도 있습니다. 예를 들어 학년이 연구결과에 영향을 준다고 판단되면 같은 학년의 연구대상을 각각의 그룹에 배지하여 통제할 수 있습니다.

3) 실험연구방법의 수행절차

실험연구에서 가장 필요한 것은 실험입니다. 통상적으로 실험연구를 위한 절차는 다음과 같습니다.

[그림 11-3] 실험연구의 절차

① 가설에 따른 실험변수 선정

↓

② 연구문제의 선정(확인)

↓

③ 연구대상의 선정 및 배치

↓

④ 실험진행

① **가설에 따른 실험 변수의 선정**: 실험연구방법의 주제와 연구문제를 확인하기 위한 실험설계의 첫 단계로 가설을 설정하고 실험에 필요한 변수들을 선정합니다. 가설은 연구목적을 달성하기 위해서 실험 전에 연구자가 제시하는 사전 결론입니다. 사전 결론을 제시하고 실험을 통해 가설이 맞는지 틀리는지를 확인하는 것입니다. 변수를 선정하는 것은 실험에 필요한 처치와 그에 따라 영향을 받는 요소를 맞대응시키는 것을 의미합니다. 예를 들어 처치변수에는 '수업방식'을 대응시켜 놓고, 종속변수로는 '문제해결력'을 대응시켜 놓는 것입니다. 즉 '수업방식(처치변수)'이 '문제해결력(종속변수)'에 어떤 영향을 미치는지를 확인하기 위해 변수에 해당하는 내용을 대응시키는 것입니다.

② **연구문제의 선정**: 실험연구에서 연구문제는 실험을 통해서 확인하고자 하는 구체적인 내용입니다. 예를 들어보면 수업방식의 효과 검증을 위한 연구를 위해 다음과 같은 연구문제를 선정할 수 있습니다.
첫째, 토의식 수업에 대한 인식은 어떠한가?
둘째, 실험집단과 비교집단 간에 문제해결력에 차이가 있는가?
셋째, 실험집단과 비교집단 간에 학업성취도에 차이가 있는가?

③ **연구대상의 선정 및 배치**: 연구대상의 선정 및 배치는 연구에 적절한 상황을 구상하여 비교집단과 실험집단으로 연구대상을 배치하는 것입니다. 실험연구의 유의사항으로 집단 간 비교를 위해 임의배정의 중요성을 설명하였듯이, 실험집단과 비교집단의 동일성을 입증할 수 있으면 바람직합니다. 그러나 실제로 사람들이 생활하는 곳에서 실험을 위해 사람들을 연구자의 편의대로 배정

하기는 어려운 일입니다. 일반적으로 이미 구분되어 있는 두 집단을 활용하여 각각 비교집단과 실험집단으로 선정합니다.

④ **실험의 진행과 기록** : 실험연구에서는 연구의 합리성을 저해하는 요인을 잘 파악하는 것이 연구의 성패를 좌우합니다. 따라서 선행연구를 정교하게 분석하여 실험을 합리적으로 구성하고, 변수를 적절하게 통제해야 합니다. 즉 종속변수에 영향을 주는 처치변수 이외의 다양한 요인을 철저히 배제하여 처치변수의 효과가 나타날 수 있도록 해야 합니다. 마지막으로 연구를 진행하면서 얻어진 결과는 효과적이고 명료하게 기록합니다.

⑤ **실험결과의 해석** : 실험의 결과는 논문에서 결론으로 활용됩니다. 결론은 실험연구결과를 해석하고 그러한 결과를 얻게 된 원인을 분석하는 단계입니다. 이처럼 연구결과의 해석 및 원인을 분석하기 위해서는 앞선 연구들에서 얻어진 결과를 바탕으로 해석이 되어야 합니다. 그러므로 이 단계에서는 얻어진 결과와 선행연구와의 비교 및 연구자의 주장에 대한 관계를 밝히는 것입니다. 또한 추후에 이루어져야 할 연구에 대하여 제안할 수 있습니다.

학 | 습 | 활 | 동

실험연구방법으로 논문 쓰기

1 연구가설에 따른 실험변수 선정

건희가 수업과제인 온실효과를 이해하기 위한 실험을 실시하려고 합니다. 건희는 실험연구의 주제를 '온실의 효과검증'으로 정하였습니다. 건희는 어렸을 때 비닐하우스에 들어가 본 경험이 있습니다. 그때의 기억을 통해 "온실이 있을 때 기온이 높아질 것이다"로 가설을 설정하였습니다. 실험을 통해서 가설을 검증하기 위해 먼저 실험에 필요한 처치변수는 '온실'로, 종속변수는 '온도 변화'로 설정하였습니다.

※ 함께 해봅시다.

☞ 실험연구의 주제에 따른 가설은 무엇입니까?

☞ 가설을 검증하기 위한 처치변수와 종속변수는 각각 무엇입니까?

2 연구문제 선정

온실의 효과를 알아보기 위해 실험 상황을 통해 확인해야 할 실험문제를 다음과 같이 선정하였습니다.

첫째, 온실이 없는 상황(통제집단)에서 어떻게 변화되었는가?

둘째, 온실이 있는 상황(실험집단)에서 어떻게 변화되었는가?

셋째, 실험집단과 실험집단 간에 온도 변화의 차이가 있는가?

학 | 습 | 활 | 동

※ **함께 해봅시다.**

☞ 실험연구를 통해서 확인할 연구문제는 무엇입니까?

첫째, ______________________________

둘째, ______________________________

셋째, ______________________________

3 연구대상의 선정 및 배치

온실의 효과 검증을 위한 실험 상황으로 온실이 있는 상황이 필요합니다. 이를 위해 간단한 온실을 제작합니다. 그림에서 보듯이 '온실이 없는 상황'은 온도계를 검은색 종이 위에 놓고, '온실이 있는 상황'은 비닐봉지를 씌워 놓습니다. 실험에 사용된 비닐봉지는 단순한 비닐봉지가 아닌 실험용 온실이 되는 것입니다. 이것은 연구에 적절한 상황을 구상하여 적용한 것으로 연구대상을 비교집단과 실험집단으로 구분하는 상황을 설명하는 것입니다. 즉 통제집단은 '온실이 없는 상황'으로 실험집단은 '온실이 있는 상황'으로 구분하였습니다.

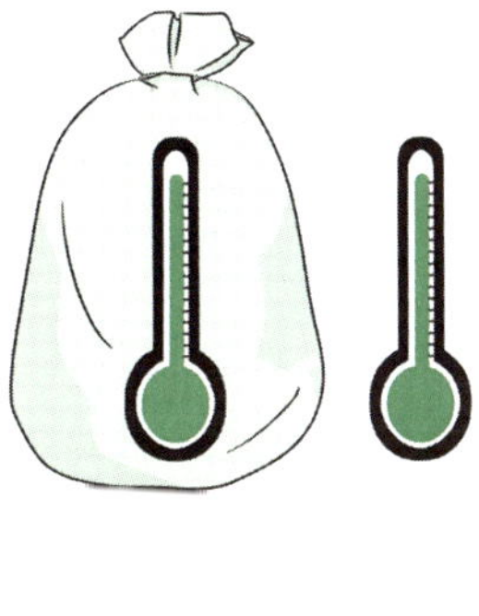

학 | 습 | 활 | 동

※ **함께 해봅시다.**

☞ 여러분의 실험 장면을 그림으로 그리거나 기호로 설계도를 제시해 보세요.

4 실험의 결과 기록

실험을 두 개의 상황으로 진행하게 되면 실험결과도 두 가지로 얻게 됩니다. 실험을 진행하는 동안 온실이 있을 때와 없을 때의 온도를 3시간 동안 15분씩 측정하여, 그래프에 표시해 보기로 하였습니다. 실험이 끝나면 '온실이 없는 상황'과 '온실이 있는 상황'의 온도 그래프가 완성됩니다. 이를 통해서 온실효과를 검증할 수 있습니다. 통제집단과 실험집단의 온도를 측정한 그래프와 비교해 보면, '온실이 없는 상황'과 '온실이 있는 상황'의 온도 변화가 명확하게 밝혀집니다.

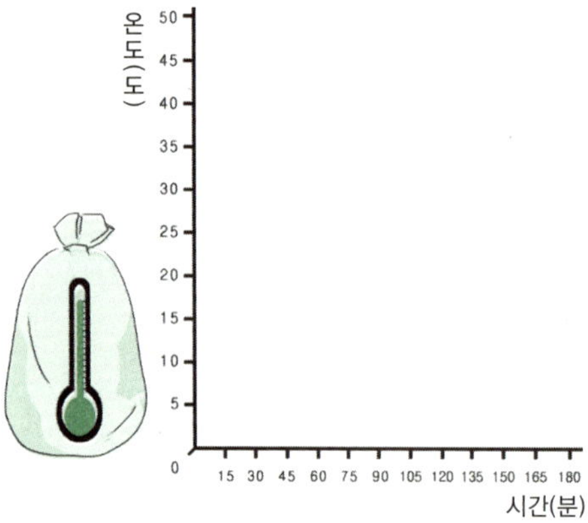

[온실상태에서 측정한 온도 그래프]

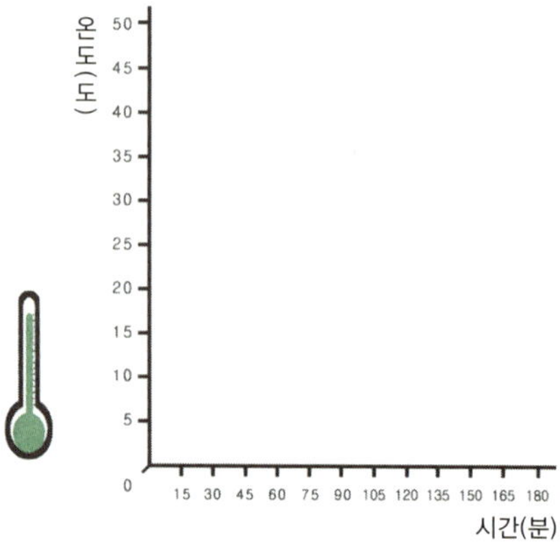

[온실이 없는 상태에서 측정한 온도 그래프]

마무리

이 장에서는 현상에 대한 인과관계를 파악하는 연구방법으로 활용되는 실험연구에 대하여 학습하였습니다. 실험연구는 연구목적을 달성하기 위하여 실험을 진행합니다. 따라서 실험연구에서 가장 중요한 것은 실험이라고 할 수 있습니다. 실험은 인위적으로 설계된 상황에 처치를 가한 후 그 결과를 분석하는 정교한 절차가 필요합니다. 이를 위해서는 변수의 선정과 연구대상을 통제집단과 실험집단으로 구분해야 합니다. 실험연구의 마지막은 실험을 통해 얻어진 결과가 연구질문에 적합한 해답인지, 부적합한 해답인지를 해석해야 합니다. 이때의 해석은 처음 제시했던 가설과 실제결과를 비교하여 판정하는 논리적 절차를 통해 가능합니다.

Chapter

12 소논문 집필하기

1절 집필의 본질 이해하기
2절 집필의 원리와 소논문 쓰기

다음은 글쓰기 습관에 대한 점검 항목입니다. 예, 아니오로 대답해 봅시다.
① A4 1매 분량의 보고서를 쓰기 위해 걸리는 시간이 얼마인지 잘 알고 있다.
② 글을 쓰기 전에 나를 방해할 만한 것들이 없는지 먼저 확인한다.
③ 초고를 쓸 때부터 어법(맞춤법 등)에 신경을 쓰는 편이다.
④ 초고를 작성하다가 글을 쓰기 어렵다는 생각이 들면 적극적으로 해결방법을 찾는다.

위의 질문은 모두 집필하기 단계에서 지켜야 할 원리들을 반영하고 있는 질문입니다. 사람마다 자신만의 글쓰기 스타일을 갖고 있지만, '보다 효율적인' 집필하기 방법이 있는 것이 사실입니다. 이번 장에서는 한 편의 완결된 소논문을 작성하는 데 보다 도움이 되는 다양한 원리와, 그에 따른 방법들을 살펴보겠습니다.

학습 목표

- 집필의 본질을 이해할 수 있다.
- 효율적인 집필하기에 도움이 되는 원리를 이해할 수 있다.
- 집필의 원리에 따라 소논문을 집필할 수 있다.

제법 많은 내용을 수집한 건희는 연구의 진척도가 상당하다는 생각에 마음이 뿌듯합니다. 내일부터는 본격적으로 한 편의 완결된 소논문을 집필하리라고 다짐을 했습니다. 그런데 너무 많은 노력을 해서였을까요? 불을 끄고 자려고 누웠는데 갑자기 소논문에 포함시킬 좋은 표현이 떠올랐습니다. "이것은 소논문에 꼭 포함시켜야 돼." 건희는 침대에서 벌떡 일어나서 컴퓨터를 켰습니다. 그리고 컴퓨터가 부팅이 되기를 기다려 워드 프로그램을 실행시키고 글을 쓰려고 하는데….

"내가 무슨 내용을 쓰려고 했더라?"

몇 개의 단어로 떠올렸던 생각을 적어 보았지만, 아무래도 건희가 맨 처음 떠올렸던 그 표현은 아닌 것 같습니다. 조금 전까지만 해도 아주 생생했는데, 컴퓨터를 부팅하는 그 사이에 머릿속의 좋은 생각이 싹 날아가 버리다니, 건희의 소논문 쓰기는 오늘도 당황스러움의 연속이네요.

1절 집필의 본질 이해하기

1. 집필의 본질

집필하기란 앞선 다양한 단계들을 통해 확보한 내용들을 실제 소논문으로 작성하는 단계를 말합니다. 지금까지 앞 장에서 학습한 모든 내용들은 결국은 집필하기를 원활하게 하기 위한 것이라고 해도 과언이 아닙니다. 그런데 흔히들 하는 오해 중의 하나는 집필하기 단계만을 글쓰기라고 생각하고, 앞선 단계들은 글쓰기와는 아무런 관련이 없는 것으로 생각하는 것입니다. 하지만 이렇게 생각할 경우 집필을 할 때 큰 어려움에 처하게 될 확률이 높습니다.

집필하기는 본질적으로 다중과제입니다. 다중과제란 여러 가지 작업을 동시에 해나가는 것을 의미합니다. TV를 보면서 밥을 먹는다거나, 옆 사람과 대화를 하면서 걸어가는 것, 라디오를 들으면서 운전하는 것은 모두 다중과제에 속합니다. 집필하기 역시 전형적인 다중과제라는 점을 이해하는 것이 매우 중요합니다. 여러분은 소논문을 실제로 써나갈 때, 글씨만을 만들어 내는 것이 아닙니다. 글씨를 쓰는 것 외에도 수많은 작업들을 같이 진행해 나가야 합니다. 앞선 소논문 준비단계에서 얻어낸 내용들을 떠올리면서, 동시에 자신이 전달하고자 하는 바에 적합한 단어나 어휘를 선정해야 합니다. 또한 문장을 정확하고 효과적으로 구성하는 데에도 신경을 써야 합니다. 집필하기는 수없이 많은 선택과 결정을 내려야 하는 상황의 연속입니다.

집필하기의 어려움은 운전을 처음 배울 때 겪는 어려움에 비유할 수 있습니다. 이제 막 운전을 배우기 시작한 사람들은 운전이 익숙한 사람들과는 달리, 차량을 출발시키기 위해 거쳐야 하는 매우 많은 단계들(문 열기-자리에 앉기-문 닫기-안전벨트 매기-기어 중립 확인-차량 열쇠 꽂기-브레이크 페달 밟기-열쇠 돌려 시동 켜기 등)을 의식적으로 떠올려야 합니다. 만일 이때 누군가가 옆에 있어서 대화를 해야 하는 상황이라면, 대부분은 의식적으로 떠올리고 있는 출발하기까지의 과정을 제대로 떠올리는 데에 실패하게 됩니다. 하지만 운전이 익숙한 사람이라면 어떨까요? 음악을 듣고 있건, 주변이 소란스럽건, 옆에서 아무리 흥미있는 이야기를 하건

차량을 출발시키는 데에 아무런 어려움을 겪지 않을 것입니다.

머릿속의 생각을 글자로 표현하기까지의 과정 역시 이와 마찬가지입니다. 이제 막 글쓰기를 배우기 시작한 초등학교 1학년 학생들은 자신의 이름을 쓰기 위해서 혼신의 노력을 기울여야 합니다. 주위 사람과 대화를 하면서 자신의 이름을 쓰라고 한다면, 이제 막 운전을 배우기 시작한 사람이 차량을 출발시키기 위한 절차를 떠올리는 데에 어려움을 겪는 것처럼 실패할 확률이 매우 높을 것입니다. 하지만 고등학생들에게 수업의 내용을 놓치지 않으면서 자신의 이름을 펜으로 써보라고 하면, 그 누구도 이름을 쓰는 데에 어려움을 겪지 않을 것입니다. 초등학교 1학년 학생과 고등학생의 이러한 차이는 인지적 능력의 차이로 설명할 수 있습니다. 초등학교 1학년 학생들은 고등학생만큼 인지적 능력이 발달하지 않았기 때문에, 고등학생들은 아무렇지도 않게 하는 이름쓰기를 어려워하는 것입니다.

하지만 소논문을 쓴다는 것은 이름쓰기처럼 간단하지 않습니다. 소논문을 작성하기 위해 요구되는 글쓰기 실력은 이름쓰기와는 비교할 수 없을 정도로 복잡합니다. 고등학교 수업 시간에 잘 다루지 않는 복잡하고 높은 수준의 내용을 소논문으로 작성하기 위해 여러분이 겪게 될 어려움은, 이제 막 글씨 쓰기를 배우기 시작한 초등학교 1학년 학생에게 두 문장으로 된 글을 써보라고 했을 때 느끼는 어려움과 크게 다르지 않을 것입니다. 집필하기가 어려운 이유, 그리고 집필하기의 본질에 대해 이해해야 하는 이유는 바로 여기에 있습니다.

2. 집필을 하는 데에 적합한 상황 만들기

집필하기가 다중과제라는 점은 앞에서 설명하였습니다. 그렇기 때문에 소논문 집필하기를 보다 수월하게 해나가려면, 오로지 글을 쓰고 있는 내용에만 집중할 수 있도록 자신이 처해 있는 소논문 집필 상황을 적극적으로 조성해 나가야 합니다. 집필하기를 할 때에는 머릿속에서 크게 두 가지 기능이 작용하는 것으로 알려져 있습니다. 첫째는 떠오른 생각을 문자로 옮기는 것으로, 전사하기(description) 기능이라고 부르기도 합니다. 둘째는 어법적인 면이나 글을 쓰는 목적과 맥락, 예상 독자 등 글쓰기를 둘러싼 다양한 요소들에 비추어 보았을 때 자신이 적절한 글을 쓰고 있는지를 확인하는 것으로, 점검하기(monitoring) 기능이라고도 합니다.

그런데 여기서 글씨를 써나가는 속도는 생각의 속도를 따라잡지 못한다는 점을 떠올려야 합니다. 전사하기 기능은 최대한 빠른 속도로 글씨를 써 내려 갈 것을 요구하지만 점검하기 기능은 빠른 속도로 쓰기보다는 '제대로 된' 글을 쓸 것을 요구합니다. 자신이 처해 있는 소논문 집필 상황을 적극적으로 조성해 나간다는 것은 이 두 기능이 서로를 방해하지 않게 하고, 대신에 보다 좋은 글을 작성하는 데에 협조적으로 기여할 수 있도록 하는 것을 의미합니다.

이상의 내용을 토대로 했을 때, 집필하기 단계에서는 다음과 같은 점을 알아두는 것이 도움이 됩니다. 이 내용들은 이 장의 맨 앞에서 제시했던 4가지 질문과도 연결이 되는 부분입니다. 첫째, 사람마다 글을 쓰는 속도는 서로 다릅니다. 그렇기 때문에 자신의 글쓰기 속도를 평소에 측정하여 소논문 집필을 완수하는 데에 걸리는 시간을 충분히 확보해야 합니다.

둘째, 소논문을 집필할 때에는 당연히 글을 쓰는 데에만 집중해야 합니다. 방해받지 않기 위해서는 오로지 글쓰기에만 집중할 수 있는 여건을 스스로 조성해야 합니다. 만일 기숙사의 같은 방을 쓰는 친구가 게임을 하고 있거나 야식을 먹고 있다면 결코 소논문 집필에 적절한 환경이라고 보기 어렵습니다.

셋째, 소논문을 처음 집필할 때에는 정서법과 같은 규범에 얽매이지 않는 것이 좋습니다. 왜냐하면 규범에 신경을 쓰는 것은 글의 내용에 집중하는 것을 방해하기 때문입니다. 검토 및 고쳐 쓰기 단계가 남아 있다는 점을 분명히 인식하고, 집필하기를 할 때에는 오직 내용에만 집중하는 것이 보다 좋은 소논문을 작성하는 데에 도움이 됩니다. 만일 스스로 어법적인 면에서 부족함을 느낀다면, 이에 대해서는 별도로 공부를 해두어야 집필하기 단계에서 발생할 수 있는 어려움을 줄일 수 있습니다.

넷째, 집필하기를 모두 마치지 않았더라도, 보다 구체적인 내용들이 필요하다면 다른 소논문 작성단계로 돌아갈 수 있습니다. 또한 마련한 내용이 불필요하다고 생각되면 삭제할 수도 있습니다. 소논문을 작성한 경험이 많은 능숙한 필자들도 집필하기 단계에 들어섰다가 소논문의 전반적인 계획을 수정한다거나, 자료 수집이나 정리를 다시 한다거나, 개요를 작성하는 등의 작업을 다시 하곤 합니다.

다섯째, 소논문을 본격적으로 집필하기 전에 거쳐야 하는 여러 단계에 아무리 공을 들였다 하더라도, 막상 본격적인 집필을 하게 되면 여러 가지 예상하지 못한 어려움에 부딪힐 수 있습니다. 이는 준비가 충분하지 않았다거나 다른 문제가 있어서 그런 것이 아닙니다. 집필하기 상황에서 겪을 수 있는 당연한 문제 상황이라는 점을 깨닫고, 이를 해소하기 위해 적절한 방법을 찾아야 합니다.

집필과정에서 예상치 못한 어려움에 처했다면, 스스로에게 다음과 같은 질문을 던져 보는 것이 좋습니다. 구체적으로 무엇이 문제인지, 이 문제를 해결하려면 어떻게 해야 하는지에 대한 통찰을 얻는 데에 도움이 될 것입니다(김현욱 외, 2016).

① 나는 어떠한 목적으로 이 글을 쓰고 있는가?
- 소논문 작성 계획단계에서 설정한 소논문의 목적에서 벗어나지 않는지를 점검한다.

② 내가 궁극적으로 말하고자 하는 바는 무엇인가?
- 내용이 소논문의 주제나 핵심 내용에서 벗어나 있지는 않은지 성찰한다.

③ 가장 효과적인 내용 배열 방식은 어떤 것일까?
- 개요나 구성을 통해 결정한 방식으로 글을 썼을 때 효과적으로 보이는지 확인한다.

④ 어떻게 하면 내가 의도한 바를 보다 효과적으로 전달할 수 있을까?
- 집필을 하기 전 단계에서 떠올리지 못했으나 집필을 하면서 떠올린 아이디어를 살린다.

⑤ 정서법과 같은 부분에 너무 지나치게 신경 쓰고 있지는 않은가?
- 수정의 기회는 충분히 있으므로, 집필을 할 때에는 일단 머릿속에 떠올린 내용을 글자로 적는 일에 집중한다.

2절 집필의 원리와 소논문 쓰기

여기에서는 보다 효과적이고 능률적으로 소논문을 집필하기 위해 알아두면 좋은 원리들을 소개합니다. 이러한 내용을 아는 것이 집필하기를 잘할 수 있게 해주는 충분조건은 아닙니다. 하지만 대부분의 능숙한 필자들은 이러한 원리를 직접적으로, 혹은 암묵적으로 갖추고 있다는 점에서 효율적인 집필하기를 위한 필요조건이라고 할 수 있습니다.

1. 집필하는 내내 예상독자를 고려한다

일기와 같은 특수한 몇 가지 상황을 제외하고는 모든 글은 누군가에게 읽힐 것을 전제로 합니다. 소논문 역시 마찬가지입니다. 여러분이 작성한 소논문은 누가 읽게 될까요? 가장 먼저 논문을 지도해 주는 선생님을 생각해 볼 수 있습니다. 그리고 대학 진학과 관련지어 생각해 본다면 대학 입학 사정관들도 여러분이 쓴 소논문을 읽게 될 수 있습니다. 나중에 여러분의 후배들이 소논문을 쓸 때 참고로 하기 위해 볼 수도 있습니다. 그런데 소논문을 쓰면서 여러분이 고려해야 할 점이 있습니다. 바로 여러분이 글을 쓰는 동안, 그들은 여러분 눈앞에 존재하지 않는다는 점입니다.

대화의 상황을 예로 들어 봅시다. 우리는 대화를 하다가 상대방이 말을 못 알아들으면 그에 맞는 표현이나 반응을 보입니다. 못 알아듣겠다는 표정을 짓거나 다시 말해달라고 직접 요구하기도 합니다. 그리고 상대방이 못 알아들을 만한 표현을 반복하는 경우, 소통 방식 자체를 바꾸기도 합니다. 대화가 이루어지고 있는 장소를 바꾼다거나 상대방에게 어떤 행동을 하거나 하지 못하도록 요구하는 방식으로 말이지요. 그래서 우리는 말을 할 때에 상대방이 제대로 알아듣는지 못 알아듣는지 걱정을 할 필요가 없습니다. 못 알아들었다면 그에 맞는 신호를 보낼 테니까요.

하지만 소논문을 작성하는 상황에서는 이것이 불가능합니다. 말을 통해서 다른 사람들과 소통하는 경우와는 다르게, 소논문을 읽을 사람은 여러분이 소논문을 쓰고 있는 동안에는 눈앞에 없는 경우가 거의 대부분입니다. 그렇기 때문에 많은 학생들이 도대체 무슨 말을 하려고 하는지 이해하기 어려운 글을 쓰는 경우가 종종 있습니다.

자기가 하고 싶은 말, 중요하다고 생각하는 부분, 잘 알고 있는 것을 쓰는 것은 매우 중요한 일입니다. 하지만 여기에만 집중해서는 다른 이들이 읽고 이해할 수 있는 소논문을 작성하는 데에 한계가 따릅니다. 잘 쓴 소논문인지 아닌지를 결정하는 중요한 요소 중의 하나는 글을 읽을 예상 독자를 고려하면서 작성했는지 여부입니다. 그렇기 때문에 여러분은 소논문을 작성할 때 일부러 소논문을 읽을 만한 누군가를 떠올릴 필요가 있습니다.

2. 각 하위 부분에는 들어갈 내용이 정해져 있다

① **제목**: 제목은 소논문의 주제와 내용을 모두 포함하는 것이 좋습니다. 그리고 독자가 읽고 나서 세부적인 내용까지 짐작해 볼 수 있다면 매우 적절한 제목이라고 할 수 있습니다.

② **초록**: 소논문 전체에 대한 요약문입니다. 초록은 집필을 모두 마치고, 수정까지 한 후 마지막에 작성합니다. 소논문을 읽는 데 익숙한(아마도 대부분 여러분이 작성한 소논문을 평가하게 될) 독자들은 대부분 제목–목차–초록의 순서로 읽거나 혹은 제목–초록–목차의 순서로 논문을 살펴보게 됩니다. 그렇기 때문에 초록은 여러분의 논문에 대한 인상이나 평가를 좌우하는 매우 중요한 요소입니다. 초록을 작성할 때에는 장별 내용을 그대로 요약하기보다는 연구의 필요성 및 목적, 연구방법, 연구결과, 한계, 추후 제언 등을 요약해서 제시하는 것이 적절합니다.

③ **목차**: 소논문 내용의 조직과 밀접한 관련이 있습니다. 목차대로 집필하는 것이 무리라는 판단이 든다면, 목차를 다시 작성하는 것을 적극적으로 검토해야 합니다. 목차를 작성하는 것이 어렵다면, 그 이전 단계인 연구문제가 적절히 설정되었는지를 다시 점검하는 것도 방법입니다.

④ **서론**: 어떤 목적으로(목적) 무엇을(대상) 왜(필요성과 의의) 어떻게(접근방법과 분석항목) 어떤 순서(서술 순서)로 분석하고 서술할 것인가가 들어갑니다.

각각의 내용을 질문으로 만들어 보고, 그 질문에 답을 한다고 생각하면 바로 그 내용이 서론에 들어갈 내용입니다. 해당 주제로 소논문을 쓰게 된 구체적인 동기가 있다면 이 점을 밝혀주는 것도 좋습니다. 이때 유의할 점은 주관적 경험을 수필 쓰듯이 진술하지 말아야 한다는 점입니다. 자신의 주관을 드러내기보다는 객관화시켜 기술하는 것이 좋습니다. 읽는 사람의 호기심을 불러일으키는 도입부 구성은 한 문단 이내로 짧아야 하고, 주제와 관련된 객관적 사실 중에서 지적 호기심을 유발할 만한 것에 한정하는 것이 좋습니다.

⑤ **선행연구 정리 (혹은) 이론적 배경**: 기반 이론이나 이론적 배경이 없는 소논문은 존재하지 않습니다. 만일 기반 이론이나 이론적 배경을 소논문에 제대로 포함시키지 않는다면 독자들은 저자의 의도와는 상관없는 방향으로 논문을 이해하기 쉽습니다. 이를 방지하기 위해 연구주제와 관련해 현재까지 알려져 있는 지식을 적절히 요약해야 합니다. 그리고 자신이 소논문을 통해 주장하고자 하는 바를 설명하는 데 필요한 선행연구를 적절히 제시해 줄 수 있어야 합니다. 만일 이 단계가 어렵다고 생각이 든다면 아직 선행연구를 충분히 검토하지 못했거나 이론적 배경을 이해하지 못한 것입니다. 이 경우에는 소논문을 쓰려고 하기보다는 미처 읽지 못한 자료들을 좀 더 읽고 고민해 보는 시간이 필요합니다.

⑥ **연구방법**: 가장 중요한 것은 자신이 수행한 연구를 다른 사람이 그대로 따라 할 수 있을 정도로 자세하게 정보를 제공해 주어야 합니다. 이 부분은 '주장'이 아니라 철저한 '정보 전달'의 방식으로 기술할 필요가 있습니다. 자신이 사용한 모든 연구방법, 기법, 장비 등에 대한 세부 정보를 설명하는 것입니다. 또한 연구를 수행하는 데 사용한 사진이나 그림, 도표 등도 사용하였다면 포함시킬 필요가 있습니다. 설문지, 설문조사 등의 방법에 대한 정보 역시 마찬가지입니다. 특정 분석방법을 사용하였다면 그 방법에 대해서 설명하고, 왜 그 방법을 사용하였는지도 설명해 주어야 합니다. 측정, 평정, 판단, 선택, 결과 산출 등과 관련하여 타당성과 신뢰성을 뒷받침하는 선행연구나 이론이 존재한다면 설명해야 하고, 데이터를 수집한 환경이나 상황에 대해서도 설명이 가능하다면 설명해 주어야 합니다.

⑦ **연구결과**: 연구결과를 한눈에 이해할 수 있도록 도표나 그림으로 제시하는 것이 가능하다면 최소한의 개수로 제시해 보는 것이 좋습니다. 실제로 산출한 데이터를 요약하거나 일부를 발췌하여 보고하는 것이 가능하다면 그렇게 해주어야 합니다. 산출한 데이터의 특징은 무엇인지, 산출한 데이터의 특징 중 예상했던 것과 예상하지 못했던 것도 구분할 수 있다면 설명에 포함시키는 것이 좋습니다. 산출한 데이터를 제시하고, 바로 이어서 그 데이터가 의미하는 바를 설명할 수 있다면 더 좋습니다. 예를 들면 "X와 Y는 0.73만큼의 정적 상관관계를 가진다"+"X는 Y와 함께 상당히 증가했음을 알 수 있다."와 같은 방식입니다.

⑧ **결론**: 결론은 간결하면서도 명료하고 포괄적으로 기술해야 하며, 반복되는 문장을 사용하지 않는 것이 좋습니다. 필요한 경우에는 서론의 문제제기를 상기시키기 위해 다시 언급해 줄 수도 있습니다. 결론에는 시사점과 함께 연구의 한계와 후속연구의 제안을 기술할 수 있습니다. 시사점은 본론에서 언급되지 않은 내용을 포함할 수도 있지만, 이것도 역시 논리적 추론이 가능한 범위 내에서 포함하는 것이 좋습니다. 연구의 한계 제시는 일반화의 타당도를 높이기 위해 필요합니다. 특히 실험연구나 통계연구처럼 연구의 직접적인 대상이 크게 한정될 경우에는 반드시 그 한계를 분명히 해주어야 합니다.

3. 소논문 집필을 개인적인 글쓰기와 혼동해서는 안 된다

소논문 집필과 개인적인 글쓰기를 혼동해서는 적절한 소논문을 작성하기 어렵습니다. 같은 생각을 표현한다 하더라도 글을 쓰는 자신을 드러내는 표현보다는 분석적이고 명확한 표현을 통해 문제의식을 밝히고 연구의 필요성이나 결과를 설득해야 합니다. 다음 예를 보면서 '짬뽕'이라는 대상을 바라보는 관점의 공통점과 차이점에 대해 생각해 보겠습니다.

1 짬뽕은 안 좋은 음식입니다. 왜냐하면 짬뽕은 맵고 짜기 때문입니다. 저는 맵고 짠 음식을 먹으면 종종 배탈이 납니다. 고등학교 첫 시험 기간에 짬뽕을 먹었다가 배탈이 나서 시험을 망친 후 짬뽕을 더 싫어하게 되었습니다.	2 짬뽕은 안 좋은 음식입니다. 왜냐하면 짬뽕은 맵고 짜기 때문입니다. 맵고 짠 음식이 건강에 좋지 않다는 건 여러 의사들이 경고하고 있는 바이기도 합니다. 식품공학을 연구하는 사람들은 우리나라 사람들이 맵고 짠 음식을 많이 먹는데, 그 중 가장 큰 원인이 짬뽕이라고 지적합니다.

위의 두 글은 모두 첫 문장에서 짬뽕이 안 좋은 음식이라는 점을 이야기하고 있습니다. 그리고 그 이유로 짬뽕이 맵고 짜기 때문이라는 점까지 이야기하고 있습니다. 이 점이 두 글의 공통점입니다. 그런데 짬뽕이 안 좋은 음식이라는 점을 이야기하는 근거를 제시하는 방식에서 분명한 차이가 있습니다. 1의 글은 자기 자신의 경험을 토대로 짬뽕이 좋지 않은 음식이라고 이야기하고 있습니다. 하지만 2의 글은 짬뽕을 안 좋다고 할 수 있는 근거로 자기 자신의 이야기가 아니라 의사들과 식품공학 연구자들의 주장을 언급하고 있습니다. 어떤 방식으로 기술하는 것이 소논문 집필에 적합한 방식인지 분명히 확인할 수 있습니다.

4. 집필하기가 어려울 때에는 특별한 방법을 사용한다

초고 쓰기에서 겪는 어려움 중 하나는 초고를 작성해 놓고 다시 읽어 보면 자신이 의도한 내용과 실제로 작성한 내용이 일치하지 않는 경우가 많습니다. 때로는 필자는 제대로 작성했다고 생각하지만 읽는 사람들은 자신이 의도한 바와 다르게 읽는 경우도 종종 발생합니다.

여기에서는 이러한 어려움을 해소할 수 있는 두 가지 방법을 소개하고자 합니다. 첫째는 스스로 아무 것도 모르는 독자의 입장이 되어 보거나, 혹은 무조건 반대를 하려고만 드는 독자의 입장이 되어 보는 것입니다. 예를 들어 기후 변화가 일어나고 있는 중이라는 내용을 기술해야 하는 경우를 들어보겠습니다. 이때 보다 명료하게 자신의 생각을 표현하고자 한다면, 기후 변화가 현재 일어나고 있지 않다고 주장하는 사람의 입장에서 관련 내용을 먼저 떠올려 보는 것입니다. 이러한 연습은 '사안에 대한 보다 심도 깊은 이해'를 할 수 있다는 측면에서, 소논문 작성이 보다 높은 수준의 공부로 이어진다는 본질과 관련이 있기도 합니다.

두 번째 방법은 일단 떠오르는 대로 작성하고, 중요한 내용을 찾아 표시한 후 다시 작성하는 것입니다. 가장 먼저, 3~5분 정도의 짧은 시간을 정해 놓고 작성해야 하는 부분과 관련해서 일단 떠오르는 내용이나 정리한 내용을 '무조건' 적어 내려갑니다. 그러고 나서 적은 내용을 다시 읽으면서 가장 중요한 단어나 문장 혹은 문단이 무엇인지 표시를 해보아야 합니다. 다음 단계로 중요한 내용을 표시했다면 적어 둔 다른 부분은 신경 쓰지 말고, 중요하다고 생각하는 단어, 문장, 문단 등을 좀 더 이어서 길게 작성해 보면 됩니다. 이때도 3~5분 정도의 짧은 시간을 정해 두고 실시합니다. 만일 내용이 잘 떠오르지 않는다면 이미 앞에서 작성한 중요하다고 표시한 내용과 관련된 부분을 되풀이해서 작성하는 것도 가능합니다. 정해 놓은 시간 동안 두 번째로 작성해 보았다면, 다시 앞에서 했던 방식대로 중요한 단어, 문장, 문단에 표시를 해봅니다. 이렇게 몇 차례 반복하다 보면, 자신의 머릿속에서 맴돌던 내용을 보다 명료하게 표현할 수 있게 되는 것으로 알려져 있습니다(Sassi & Gere, 2014, p.74).

학 | 습 | 활 | 동

1. 예상 독자 고려하기

1 글을 쓸 때는 예상 독자를 고려해야 한다.

- 내가 쓴 글을 읽을 사람을 구체적으로 떠올린다면 누구일까요?

2 읽는 사람이 지루하지 않은 글을 써야 한다.

- 읽는 사람이 지루하지 않으려면 어떻게 해야 할까요?(어떤 내용을 넣어야 할까요?)

3 사람마다 관점이 다르기 때문에 읽은 내용에 대한 이해가 다를 수 있다.

- 이 글을 읽을 독자를 달리 하더라도 읽는 사람이 지루하지 않는다는 점에는 변함이 없을까요?

4 예상되는 궁금증에 대한 반론을 제공하는 방법을 사용한다.

- "~(이)라고 생각할지도 모른다. 하지만"을 포함시켜, 설명하고자 하는 글에 포함시킬 수 있는 2문장 이상의 글을 써보세요.

5 글 속에 예상 독자를 포함시키는 방법을 사용한다.

- 이 글을 읽을 것으로 예상되는 사람은 이 글의 내용과 관련된 어떤 경험이나 지식을 갖고 있을까요? 그 내용을 글 속에 포함시키려면 어떻게 해야 할까요?

- 글을 읽을 사람이 주제와 관련하여 이미 알고 있을 것이라고 생각되는 내용을 적어 보세요.

- 글을 읽을 사람이 주제와 관련하여 알고 있는 내용은 아니지만, 이 글을 이해하기 위해서는 반드시 알고 있어야 할 내용에는 무엇이 있을지 내용을 적어 보세요.

학 | 습 | 활 | 동

2. 논증 모형 활용하기

다음의 예시를 보고, 자신이 작성하고자 하는 논문의 내용을 적절히 빈 칸에 요약해서 채워 넣어 보세요. 만일 빈 칸을 채워 넣기가 어렵다면, 아직 집필하기의 준비가 되지 않은 것으로 보아야 합니다.

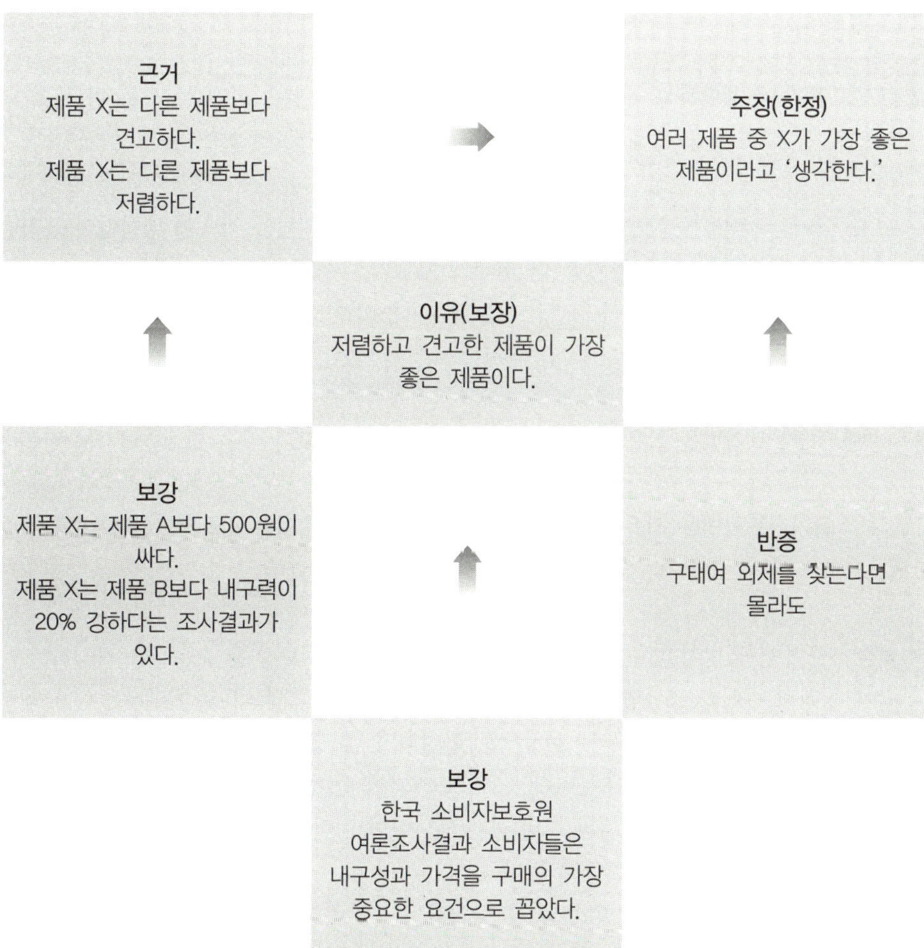

학 | 습 | 활 | 동

1 주장: 가장 먼저 자신이 소논문을 통해 말하고 싶은 바를 '주장'에 적는다. '주장'에 들어갈 내용은 말 그대로 자신의 의견을 주장하는 방식이어야 한다. 의문문이 되어서는 안 되며 단순한 정보를 전달하는 것이어서도 안 된다.

예 토의법을 적용해 영어단어를 암기하는 것이 보다 나은 영어단어 학습방법이다. (O)
토의법을 적용해 영어단어를 암기하면 보다 효율적일까? (×)
토의법을 적용해 영어단어를 암기한다는 것은 학급 동료들과 협력해서 영어단어를 학습할 수 있는 방법이다. (×)

2 근거: '근거'에 해당하는 내용을 적는다. 이때 '근거'와 주장은 아래 예시 중 한 가지 방식으로 연결되도록 작성해야 한다.

① '근거' 그러므로 '주장'

예 근거 : 토의법을 적용해 영어단어를 학습했더니 강의법을 적용해 영어단어를 학습한 집단보다 암기를 더 잘하게 되었다.
주장 : 토의법을 적용해 영어단어를 암기하는 것이 보다 나은 영어단어 학습방법이다.

② '주장' 왜냐하면 '근거'

예 주장 : 토의법을 적용해 영어단어를 암기하는 것이 보다 나은 영어단어 학습방법이다.
근거 : 토의법을 적용해 영어단어를 학습했더니 강의법을 적용해 영어단어를 학습한 집단보다 암기를 더 잘하게 되었기 때문이다.

3 보강: '근거'를 뒷받침할 수 있는 '보강'을 정리한다. 이때 '보강'은 소논문을 작성하는 사람이 실제로 수행한 조사연구나 실험연구, 문헌연구 등의 내용이 포함되는 경우가 대부분이다. 그리고 그 내용도 한두 문장으로 완성되지 않고, 실제로 수행한 연구의 내용을 상세히 요구하는 경우가 대부분이다. 그리고 여기에 들어갈 보강은 '근거'에 대해 "정말 그러한가?"라고 물었을 때 "정말 그러하다. 왜냐하면 이러이러하기 때문이다."와 같은 방식으로 진술될 수 있는 것이라야 한다.

예 근거 : 토의법을 적용해 영어단어를 학습했더니 강의법을 적용해 영어단어를 학습한 집단보다 암기를 더 잘하게 되었다.
보강 : '근거'에서 제시한 내용이 정말 그러한가? 이 점을 확인해 보기 위해 A집단은 1주일간 토의법을 적용해 영어단어를 학습하도록 했고, B집단은 1주일간 강의

학 | 습 | 활 | 동

법을 적용해 영어단어를 학습하도록 했다. 그 결과 A집단이 더 많은 영어단어를 암기한 것으로 확인되었다.

4 이유(보장): '이유(보장)'에는 기존에 알려져 있는 이론적인 내용이나 다른 사람이 수행한 연구결과 중에서 자신의 논문 주장에 힘을 보탤 수 있을 만한 내용을 찾아 넣는다. 이 내용을 찾아 넣기 위해서는 선행연구들에 대해서 상당한 정도로 이해하고 있어야 한다.

예 토의법은 다양한 언어적 상호작용을 높여 주기 때문에 주어진 정보가 머릿속에서 효과적으로 처리할 수 있는 기회를 제공해 준다.

5 보강: '이유(보장)'를 뒷받침할 수 있는 '보강'을 찾는다. 4에서 언급했듯이 이 내용을 채워 넣기 위해서는 선행연구에 대해서 상당한 정도로 파악하고 있어야 한다. 소논문의 논리적인 탄탄함을 만들어 내고 소논문을 읽을 독자들을 감탄시키고 싶다면 이 부분에서 자신이 얼마나 적절한 선행연구들을 찾아 읽었는지를 보여줄 수 있어야 한다.

예 연구자 A가 20××년에 발표한 B 저서에 따르면 사람들은 혼자서 중얼거리며 공부했을 때에 비해서, 듣기, 말하기, 읽기, 쓰기를 모두 활용하여 공부했을 때 학습효율이 더 높다는 점을 밝힌 바 있다. 또한 연구자 C는 20××년 발표한 D 논문에서 토의법을 활용한 학습의 장점으로 다양한 언어적 상호작용을 통한 학습효율의 증대를 꼽은 바 있다.

6 반증: 마지막으로 '반증'의 내용을 고민할 필요가 있다. 하지만 '반증'의 내용은 반드시 들어가야 하는 것은 아니다. 자신이 지금까지 제시한 논증에 대해 제기될 수 있는 반론을 스스로 고민해 보는 단계이다. 이때 특별한 반론이 예상되지 않는다면 반증은 생략할 수 있다. 하지만 반론이 예상된다면, 그 반론을 적절히 피해갈 수 있도록 단정적인 표현을 누그러뜨린다거나 예외적인 경우를 설정하여 주장의 범위를 한정시켜 줄 필요가 있다.

예
- 영어단어를 암기하는 것이 영어학습에서 그다지 중요하지 않다고 생각한다면 모르겠지만, 그렇지 않다면 이 연구결과는 상당히 중요한 의의가 있다.
- 이 연구는 토의법과 강의법만을 비교한 것으로, 또 다른 제3의 영어단어 암기방법이 있다면 연구결과는 달라질 수 있다. 다만 이 연구는 토의법이 강의법에 비해 상대적으로 효과적인 방법이라는 점을 밝히고 있다.

지금까지 연습한 논증의 내용을 다음의 논증 연습표에 기술해 보세요.

학 | 습 | 활 | 동

▶ 논증 연습

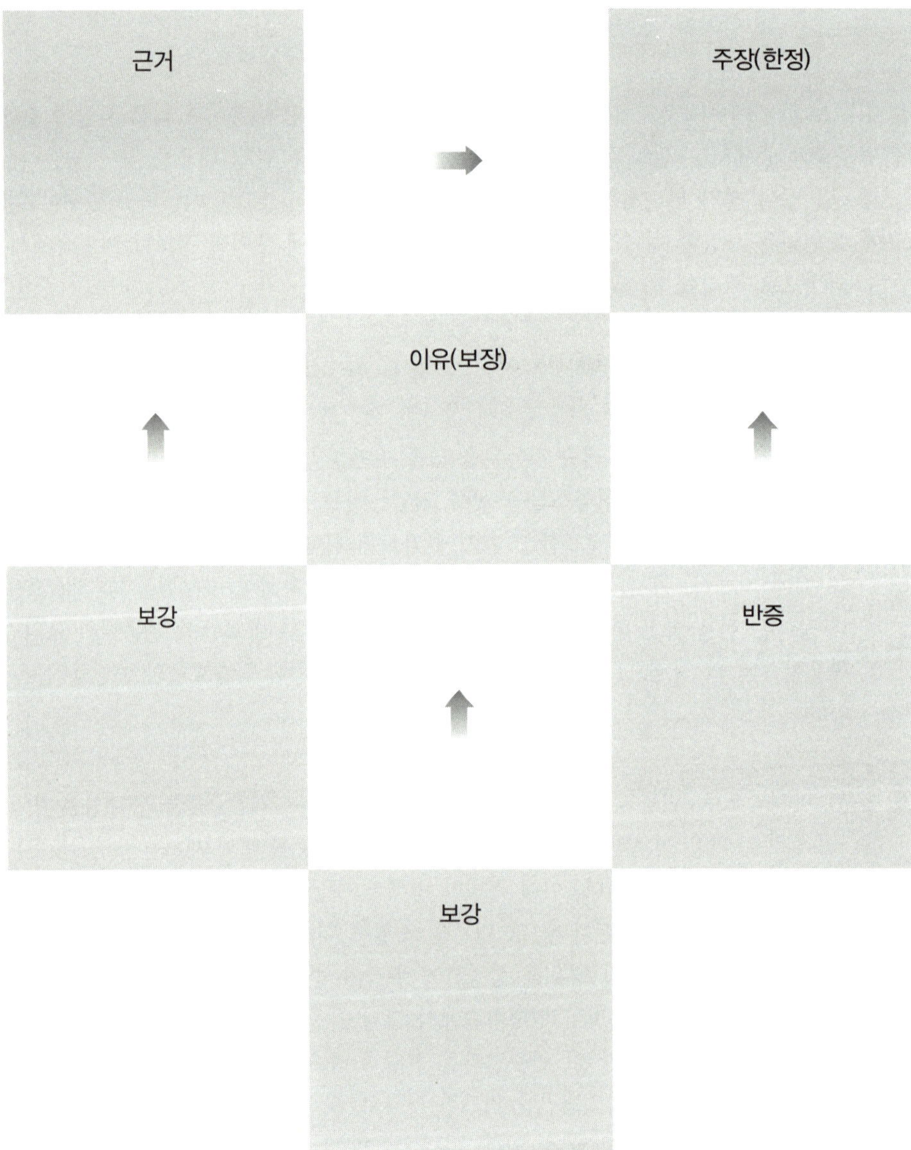

마무리

집필하기는 글을 쓰고 정리하는 단계입니다. 그러나 완성이나 종료를 뜻하는 것은 아닙니다. 오랫동안 연구주제에 대해서 자료를 정리하고, 분석하고, 종합하여 새로운 의견을 포함시키는 활동을 연구라고 합니다. 연구를 진행하는 과정에서 얻어진 결과물을 정리하고 기록하는 일, 그것이 논문의 집필입니다. 소논문을 쓴다는 것도 바로 연구질문에 대답하기 위해 진행되었던 일련의 활동을 정리하고 글로써 기록한다는 의미입니다. 기록을 하는 것이 완성도가 높아 한 번에 끝나면 좋겠지만, 한 번에 완성도가 높은 논문을 집필하는 것은 매우 어려운 일입니다. 따라서 처음에는 연구의 결과를 한 곳에 종합한다는 마음으로 초안을 기록하고, 초안으로 작성된 문건을 수정하고 또 수정하는 탈고의 과정을 통해서 완성도를 높여야 합니다. 자, 이제 여러분 스스로 자신의 소논문을 써봅시다.

| 참고문헌 |

구사회, 김병균(2007). **대학생을 위한 말하기와 글쓰기**. 서울: 도서출판 보고사.

기경석, 성찬용(2014). 고속도로 소음에 의한 북방산 개구리의 생물음향학적 특성 변화 연구. **한국환경생태학회지**. 28(3), pp.273-280.

김경호, 차은진(2012). 중학생의 인터넷 중독이 사이버비행에 미치는 영향: 인터넷 윤리의 매개효과 검증. **보건사회연구**. 32(2), pp.364-401.

김경호, 차은진(2012). **학위논문 프로포절**. 서울: 사회복지전문출판 나눔의 집.

김교정, 서상현(2006). 청소년 인터넷 중독성향에 영향을 미치는 심리적·환경 변인의 경로모형 연구. **한국청소년연구**. 17(1), pp. 149-179.

김기태(2008). **저작권 편집자를 위한 저작권 지식**. 파주: (주)살림출판사.

김아영, 차정은, 이채희, 주지은, 임은영(2006). **혼자 쓰는 연구 논문**. 서울: 학지사.

김은주(2015). **고등학생 소논문 쓰기 장미쌤의 실전사례**. 서울: 씨앤톡.

김재경(2008). 중·고등학생의 법의식이 사이버비행에 미치는 영향. 석사학위논문. 이화여자대학교 대학원.

김철호(2015). 중년기 여성의 고등교육 참여를 통한 학습경험에 관한 연구: 방송통신대학교 학습자들 중심으로. 석사학위논문. 공주대학교 교육대학원.

김힌길(2000). **생활속의 저작권**, 문화관광부.

김현욱, 박찬홍(2016). **글쓰기의 이해와 실제**. 서울: 학지사.

김혜영, 정훈(2016). **소논문을 부탁해**. 서울: 꿈결.

박재현(2016), **국어교육을 위한 의사소통 이론**, 사회평론.

박창원, 김성원, 정연경(2012). **논문작성법**. 서울: 이화여자대학교출판부.

브랜던 로열(2015). **탄탄한 문장력: 보기 좋고 읽기 쉬운 정교한 글쓰기의 법칙 20**(구미화 역). 서울: 카시오페아. (원서출판 2012)

성태제, 시기자(2006). **연구방법론**. 서울: 학지사.

송인섭, 박소연, 이희연, 김누리, 한윤영, 김효원, 김희정, 안혜진, 최영미, 성소연(2008). **(실제 논문작성을 위한)연구방법론**. 파주: 교육과학사.

양기석(2003). **학술논문 작성법**. 서울: (주)나남출판.

염동문, 김선주, 이성대(2014). 청소년의 인터넷 과다사용이 사이버비행에 미치는 영향 연구: 자기통제력의 조절효과를 중심으로. **한국청소년연구**. 25(4), pp.159-183.

움베르토 에코(2006). **움베르토 에코의 논문 잘 쓰는 방법**(김운찬 역). 서울: ㈜열린책들. (원서출판 1994)

장희홍, 차경호, 구혜진(2010). 중학생의 역사 드라마 시청이 역사의식에 미치는 영향. **학교교육연구, 5(2)**, 109-131.

정병기(2008). **사회과학 논문작성법**. 서울: 서울대학교출판부.

Sassi, K., Gere, A. R., & Christenbury, L. (2014), *Writing on Demand for the Common Core State Standards Assessments*. Portsmouth. NH : Heinemann Educational Books.

| 찾아보기 |

| 저자약력 |

황정훈

1jhhwang@u1.ac.kr

공주대학교에서 교육학 박사학위를 받고, U1대학교 교양융합학부에 재직 중이다. 양적·질적 연구방법을 활용한 다양한 논문을 작성한 경험을 바탕으로 대학생과 대학원생들에게 다양한 논문지도 및 강의를 진행하고 있다. 최근 국제학술지에 논문을 투고하여 우수논문상을 수상하기도 했다.

김철호

kch930@hanmail.net

공주대학교 교육대학원에서 평생교육 전공으로 석사학위를 받았다. 고등학생 소논문 작성 특강 및 방과 후 수업 등의 경력을 쌓았으며 청소년 진로교육과 글쓰기에 관심이 많다. 현재 늘배움평생교육연구소를 운영하면서 대학생 논문 특강, 글쓰기, 파워포인트 작성법, 프로그램 기획 등과 관련된 강의를 진행하고 있다.

유지은

jieun@knue.ac.kr

고등학교에서 국어를 가르치는 교사로 근무하며 교수·학습 방법에 대하여 의문을 가졌다. 의문을 해결하고자 대학원에 진학하여 평생 소논문을 써야 하는 삶을 선택하였다. 현재는 한국교원대학교 교육학과 박사과정으로 잘 가르치는 방법, 효과적으로 학습하는 방법을 연구하고 있으며, 연구 내용을 논문으로 쓰기 위하여 고군분투 중이다.

박찬흥

korheung@empal.com

한국교원대학교에서 국어교육 전공으로 박사학위를 받았다. 한국교육과정평가원, 한국교육개발원 등에서 국어교육 분야의 연구 경력을 쌓았으며 중학교 국어교과서를 비롯한 다양한 글쓰기 관련 책들을 펴냈다. 글쓰기 및 독서 교육 분야의 연구에 관심이 많으며, 현재 중원대학교에서 학술적 글쓰기와 관련된 과목들을 강의하고 있다.

소논문 작성 가즈아~!!

2018년 2월 20일 1판 1쇄 발행
2021년 2월 20일 1판 2쇄 발행

저 자 | 황정훈 · 김철호 · 유지은 · 박찬흥
발 행 인 | 이수영
발 행 처 | 도서출판 청람
서울시 마포구 독막로 288(대흥동, 세양상가 109호)
전 화 | 02) 3272-2601~2
팩 스 | 02) 3272-2603
홈페이지 | http://www.crbooks.co.kr
이 메 일 | crbooks@daum.net
등 록 | 2000년 8월 26일 제6-0509호

ISBN 978-89-5972-613-4 93800 [정가 15,000원]